25,000km 중국 자유여행기 周遊列國

대륙에 길을 묻다

25,000km 중국 자유여행기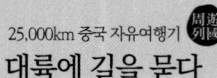
대륙에 길을 묻다

초판 1쇄	2022년 6월 30일
지은이	윤규섭
펴낸이	정경화
편집·디자인	정경화
펴낸곳	아웃룩
등록	2022년 3월 4일, 제2022-000025호
이메일	hwa4238aa@gmail.com
주소	서울시 관악구 쑥고개로2다길 2, 101호 아웃룩
인쇄	유림프로세스

ISBN 979-11-978210-5-9
가격 19,800원

• 잘못 만들어진 책은 바꿔드립니다.

25,000km 중국 자유여행기
대륙에 길을 묻다

추천의 글

김석동
전 금융위원장

한민족 고대 역사를 찾아 유라시아 대초원과 중국 북방 등지로 해외 탐방을 계속하던 중 우리 역사의 터전 만주 땅에서 윤규섭 부행장을 만나는 행운을 누리게 되었다. 그와 함께 우리 고대 역사의 주 무대였던 중국 동북 지역 일대를 함께 고생하며 돌아볼 수 있었던 감격은 지금도 생생하다. 눈 덮인 산길, 야간 완행 열차, 지프차로 달렸던 끝없는 벌판 등은 잊을 수 없는 장면들이다. 고조선의 역사를 증거하는 내몽골 자치구의 '적봉(赤峰)'에서, 고구려의 숨소리가 들리는 옛 도읍 '집안(集安)'에서, 한반도 북녘땅을 넘겨다보던 압록강 변의 단동(丹东)에서 역사의식이 강한 금융인 윤규섭과 함께했던 시간은 무엇보다 소중한 것이었다.

중국에서 훌륭히 금융인의 임무를 완수한 윤 부행장으로부터 코로나 펜데믹 상황에서도 부부가 함께 중국 대륙을 섭렵하는 자동차 여행을 하겠다는 소식을 접하고 역시나 중국통(中国通)다운 그의 도전이라 생각했었다. 141일간 자동차를 직접 운전하여 25,000km를 이동하는 만만치 않았을 여정에서도 중국 구석구석의 역사와 문화, 사람 사는 이야기와 숨어 있는 사연들까지 재미있게 풀어 전해주는 여행기를 블로그에 연재해 그의 여행을 더욱 값지게 만들었다.

이처럼 보기 드물게 수준 높은 중국 여행기를 여러 사람과 나눌 수 있었으면 하는 바람이 있어 여행을 마치고 귀국한 윤 부행장에게 여행기를 책으로 출판해 보라고 격려했는데 드디어 멋진 여행기가 나오게 되어 참으로 반가운 마음으로 축하를 보낸다.

오랜 시간 중국에서 직접 생활하며 깊이 공부하고 중국 친구들과 부대낀 경험을 바탕으로 141일에 걸쳐 직접 차를 몰아 대륙 곳곳을 섭렵하며 풀어낸 윤 부행장 부부의 아름다운 동행과 역사와 문화의 깊이가 배어있는 예쁘고 재미난 이야기들은 자유 여행을 꿈꾸는 많은 분에게 영감과 용기를 주게 되리라 확신하며 기쁜 마음으로 관심 있는 분들께 일독을 권하려 한다.

목 차

프롤로그

요녕성
22   흥성(兴城) / 충신 원숭환 장군의 슬픈 이야기

하북성
30   갈석산(碣石山)과 북대하(北戴河) / 고조선과 중원의 경계

산동성
38   제남(济南) / 봄이 불타는 광천수 도시
47   주가욕(朱家峪) / 산동성의 숨은 진주, 환상의 돌담길 마을
53   곡부(曲阜) / 2,500년을 넘어 공자를 만나다
65   소호릉(少昊凌) / 황제(黄帝)의 탄생과 소호(少昊)의 죽음이 함께하는 곳

강소성
72   양주(扬州) / 역사 위에 역사가 쌓인 곳, 양주 오브제 네 가지
84   소주(苏州) / 꿈속의 정원을 걷다
91   동리(同里)와 주장(周庄) / 900년 삶이 이어지는 '강남제일수향'

절강성
100 남계강(楠溪江) / 골짜기에 주렁주렁 열린 아름다운 옛 마을
108 태순(泰順) / 랑교(廊桥)와 숨은 옛 마을 고촌(库村)

복건성

118 안계(安溪) / 명차 철관음(铁观音)의 발상지
125 고랑서 / 중국의 지중해
130 토루 / 세상에서 가장 특이한 집단주택

광동성

140 남화선사(南华禅寺) / 중국 선종(禅崇)의 본산
147 천년요채(千年瑤寨) / 천년을 이어온 요족(瑶族)의 산채마을

광서성

160 양삭(阳朔) / 계림산수갑천하(桂林山水甲天下)
172 정양팔채(程阳八寨) / 풍우교(风雨桥)가 아름다운 동족(侗族)마을

귀주성

184 서강천년묘채(西江千年苗寨) / 묘족(苗族)의 산속 큰 마을
191 황과수폭포와 직금동굴 / 자연이 빚어낸 지상과 지하의 절경
200 구채평(韭菜坪) / 알프스를 능가하는 '부추평원'

운남성

210 석림(石林)과 토림(土林) / 신기한 조물주의 두 작품
218 이해호(洱海湖) / 대리(大理)의 아름다운 호수
224 여강고성(丽江古城)과 만년설의 옥룡설산(玉龙雪山) / 납서족(纳西族)의 전통마을

230 샹그릴라(香格里拉) / 호도협을 지나 꿈속의 유토피아로 가다
238 매리설산(梅里雪山) / 빙하가 흘러내리는 설산의 신(神)

사천성
246 향성(乡城) / 붉은 계곡을 넘어 만난 하얀 불심(佛心)의 마을
253 도성, 아정(稻城, 亚丁) / 상상하지 못했던 진정한 샹그릴라
262 아정(亚丁)에서 리당(理塘)까지 / 사천성 서부(川西), 하늘의 길(天空之路) 이야기
268 격섭남로(格聂南路), 318국도 / 하늘의 길(天空之路) 이야기
278 아강(雅江)·단바(丹巴)·마이강(马尔康) / 계곡의 길(峡谷之路) 이야기
286 양당(壤塘) / 홍군이 넘은 대장정의 길

청해성
298 반마(班玛)·서녕(西宁) / 청해(青海)의 길 이야기
304 청해호(青海湖) / 내륙의 푸른바다
310 격이목(거얼무, 格尔木) / 또 하나의 실크로드(丝绸之路) 길목
315 동대길내이호(东台吉乃尔湖) / 중국의 몰디브

감숙성
324 돈황(敦煌)과 막고굴(莫高窟) / 실크로드에 있는 고대 도시
331 명사산(鸣沙山)과 월아천(月牙泉) / 진짜배기 사막과 오아시스
340 가욕관(嘉峪关) / 만리장성 서단(西段)에 서다
348 장액(张掖) / 무지개 색의 대지

356 감가(甘加)초원의 밤 / 백리 유채꽃 바다(百里花海)를 지나서 만난 초원
364 하하(夏河), 랍보릉사(拉卜楞寺) / 신앙과 생활이 함께 하는 곳
371 병령사(炳灵寺) 석굴 / 황하(黄河)의 계곡 속 1,600년간 숨겨진 석굴 사원

영하성
382 은천(银川) / 서하의 역사가 살아있는 곳

섬서성
390 연안(延安) / 공산혁명의 성지(圣地)
400 함양(咸阳) / 한(汉), 당(唐)의 28 황제가 묻힌 곳

하남성
412 낙양(洛阳) / 함곡관(函谷关)을 넘어 중원(中原)의 역사를 만나다
420 안양(은허, 安阳) / 전설 속 상(商)나라의 존재를 증명해 준 곳

산서성
428 진중(晋中) / 태항산맥 넘어 진상(晋商)의 고향을 가다
437 응현목탑(应县塔)과 운강석굴(云冈石窟) / 불교 석굴 문화의 정화(精华)

최종편
450 우하량(牛河梁) / 인류의 가장 오래된 요하문명(辽河文明)과 홍산문화

에필로그

25,000km 중국 자유여행기 　周遊列國

대륙에 길을 묻다

프롤로그

여보, 이제 여행 가자!

　2021년 3월 7일, 드디어 아내와 함께 중국에서 24개 성(省)과 3개의 직할시(市)를 경유하며 거의 3만 5천 km를 지날 대장정을 시작하고자 한다. 미증유의 기승을 부리고 있는 코로나는 이미 안중에 없다. 정해진 것은 가고 싶은 방향만 정하고 출발한다는 것뿐, 언제 끝나게 될지 나도 확실히 알 수가 없다.

　31년간의 직장생활을 정리하는 지금 이 순간까지, 마치 화두처럼 지키며 놓치지 않으려 했던 자유롭고 노마드한 삶에 대한 간절한 동경을 드디어 실현된다는 기대가 나를 들뜨게 한다.

　시간과 공간 그리고 경제적 한계가 엉켜 있는 보통의 생활인들에게 수개월의 긴 시간의 자유여행, 특히 외국에서의 자유여행은 글자 그대로 언감생심일 수 있다.

감사의 마음을 담아 하나은행, 길림은행 엠블렘 스티커를 붙였다.

나 또한 평범한 직장인이자 보통 생활인으로서 자유로운 인생 여행을 버킷 리스트의 맨 윗자리에 올려놓고 살아왔다.

언젠가는 가정과 사회에 대한 의무라는 큰 짐이 누르는 압력이 엷어지고 시간과 경제적 굴레라는 끈질긴 장력이 느슨해지는 순간이 온다면 무조건 배낭을 메고 훌쩍 떠나리라는 강력한 갈망을 삶의 화두로 부여잡고 살아왔다.

이러한 화두가 흔들릴 때면 "여보! 나 회사에서 잘리면 우린 바로 떠나는 거야…!" 하며 아내에게도 수시로 그 다짐을 받아 놓았었다. 다른 것은 몰라도 여행에 대해서는 찰떡궁합인 우리 부부이기에 이 인생의 화두에 의기투합했고 실행의 날만을 내심 기다리며 살아왔는지도 모를 일이다.

사실 이번 여정의 또 다른 의미는 가정일에는 지독히도 무심했던 남편 뒷바라지를 묵묵히 견디며 지금까지 인생의 자상한 반려자가 되어준 나의 반쪽이자 이제부터는 잘 모셔야 할 '보스 (BOSS)'이기도 한 여행 좋아하는 내 아내에게 주는 작은 선물이기도 하다. 온전히 우리 둘만이 함께할 수 있는 시간이 될 것이기에 그저 감사할 따름이다.

지난해 말 10년간의 중국에서의 임무 완료를 통보받은 날, 아쉬운 마음을 여유로운 미소 뒤에 감추고 퇴근 하니 아내는 나에게 커다란 꽃다발을 안겨주며 긴 시간 명예롭게 임무를 잘 마무리해 주어 고맙고 멋들어진 인생의 세컨드 라운드를 기대한다며 진심으로 축하해 주었다. 이제는 앞뒤 따질 것 없이 그동안 부여잡고 있던 화두를 실행할 시간이 된 것이다. 이 여행으로부터 우리의 인생 제2막도 시작될 것이다. 바로 여행계획 수립에 착수했다. 다행히도 좋은 인연이 닿아 조직 생활을 마무리하게 된 곳이 중국 땅이었기에 요란한 코로나 팬데믹 속에서도 자연스럽게 그 첫 번째 대상을 중국 대륙으로 선택할 수 있었다.

이제 오랜 로망을 실현하기 위한 첫 번째 여정으로, 중국 대륙을 돌며 그 드넓은 대지(地大)에서 수많은 사람(人多)이 오랜 세월에 걸쳐 켜켜이 쌓아 놓았을 무수한 사연(物博)들과 그곳에 숨어있을 또 다른 무엇들을 찾아갈 것이다.
준비한답시고 두 달간 여러 권의 여행서와 인터넷을 샅샅이 뒤지고, 중국 대형지도 위에 가야 할 곳과 가고픈 곳을 일일이 찾아 표시하며 일정과 동선을 정하고, 장기간의 자유여행에 필요한 여러 가지 물건들과 먼 여행길에 수고할 차량을 준비하고, 장기간 비운 자리에 찾아올 일들을 미리미리 처리하였다.
자유여행은 여행 준비에 착수하는 순간부터 시작되는 것, 어디로 가서 무엇을 보고 무엇을 할 것인가를 그려가는 시간이 큰 즐거움이고 또 다른 행복이다.

이번 여행을 감히 '주유(周游)'라 이름 붙여 보고자 한다. 중국의 옛사람들에게 주유는 단순한 유람과 관광의 의미가 아니었다. 떠나보지 않고는 인생의 진리를 찾을 수 없다 했던가! 새로운 세상을 경험하며 그간 갈고 닦은 생각이나 철학을 과연 세상에 펼칠 수 있는 것인지, 천하의 인재들과 교류하며 확인하는 작업이자 뜻을 펼칠 수 있게 자신을 받아줄 주군(主君)을 찾아 유세(游说)하는 과정이 바로 주유였기 때문이다. 나 같은 보통 사람이야 인간적 무게로는 감히 선인들과 비교할 대상은 아닐 것이다. 다만 범부의 인생이나마 인생일갑(人生一甲)을 돌아가는 변곡점에서 작은 매듭은 한번 지어보아야 할 시간이겠기에 선인들의 행로를 이정표 삼아 흉내라도 내어보려는 것이다. 일생일대의 소중한 이 시간이 맹탕 단순한 관광이나 유람이 되지는 않았으면 하는 바람일 뿐이다.

여행은 지난 세월 번잡한 생활 속에서도 언제나 상수(常數)였었다. 달리 표현하면 역마살이 낀 인생이라고 할 수도 있겠다. 나 또한 주어진 법정 휴가조차 이 눈치 저 눈치를 살피며 속 편하게 사용하지 못하던 우리 세대의 보통 직장인이었지만, 이 역마살의 강력한 유혹에 이끌려 시간이 허락할 때면 그저 '어디로 떠날까'라는 화두를 해결하는 데 집착(?)하고 있었던 듯하다.

직장(하나은행)에서 중국으로 발령받아 일하게 된 지난 10여 년의 생활 속에서도 시간이 허락될 때면 부지런히 배낭을 둘러메고 꾸역꾸역 대륙의 이곳저곳을 돌아다녀 보았다. 이런 경험으로 이번에도 호기롭게도 긴 시간을 아내와 단둘이서 차까지 몰고 대륙을 샅샅이 돌아보겠다는 용기를 내게 된 것이리라. 그간 중국에서의 자유여행 경험을 기반으로 이번 여행을 계획하면서 몇 가지 원칙을 세워본다. 그래야만 좀 더 진지하게 모험의 여정속으로 들어갈 수 있을 것이리라. 먼저 내가 살고있는 길림성 장춘에서 출발하여 다시 장춘으로 돌아올 여정을 정하면서 아직도 외국인의 자유로운 차량 여행이 제한되는 신강성과 서장성(티베트) 그리고 여러 번 세세히 돌아본 적이 있는 흑룡강성과 내몽고자치구를 제외하고 중국대륙 내 모든 성급(省级) 지역을 일정에 포함하고자 욕심을 내보았다.

가늠하기조차 어려운 거대한 중국대륙을 한 번에 다 돌아보겠다는 것은 분명 무리한 욕심일 것이다. 그리고 지난 중국 생활 10년을 거치며 이미 돌아본 곳이 적지 않다. 하지만 일생일대의 여행계획을 세우는데 욕심을 좀 내어본들 무엇이 문제겠는가! 이 여행기가 마무리될 즈음이면 욕심낸 계획 중 얼마나 돌아보았는지 자연히 알게 되겠지만, 떠나는 이 순간만은 계획한 24개 성, 3만 5천 km를 모두 돌아보겠다는 의지를 내려놓고 싶지 않다.

더불어 이미 다녀온 지역과 대도시를 가급적 제외하고 가보지 못한 지역을 위주로 하되 가능한 한 숨어있고 덜 알려진 지역을 돌아보는데 우선권을 두기로 했다. 또 하나 이번 여행의 중요한 화두는 '시간으로부터의 자유'이다. 그동안의 여행은 말 그대로 시간과의 싸움이었다. 이번에는 아마도 우리 부부의 인생 여행 중 처음으로 빠듯한 시간으로부터 여유로운 여정이 될 것 같다. 비록 계획한 곳을 모두 돌아보지는 못할지라도 일정에 쫓겨 마음의 여유를 잃지 않았으면 한다.

그저 유유히 맘 따르는 길로 갈 것이고 몸 놓이는 곳에서 쉴 것이다.

또 이번 여행은 30여 년 열심히 일한 나 자신과 긴 시간을 아름다운 반려로 함께해준 아내에게 주는 감사의 선물이다. 이전의 여행에 비해 조금은 편안한 잠자리와 덜 험한 식사로 여행지의 여유와 운치를 즐겨 보기로 한다. 사실 그간 '생활인의 여행'은 '경비와의 싸움'이기도 했기 때문이다.

나름 이런 원칙을 정하고 이번 주유(周游)를 준비하며 내내 들이치는 생각은 나를 둘러싼 모든 것에 감사하다는 마음뿐이다. 먼저 긴 세월 든든한 생활의 터전이 되어준 나의 직장(하나은행), 연로하시고 건강이 안 좋으신 가운데도 금실 좋으신 구순의 아버님과 헌신적이신 어머님, 몸과 마음 모두 건강하게 잘 성장해 자기들의 갈 길을 잘 찾아가고 있어 자식 챙길 부담을 덜어준 신통한 딸래미 '해솔'과 대견한 아들래미 '승재', 기승을 부리는 코로나 상황에서도 큰 고민 없이 이번 여정을 선택하게 해준 중국의 직장(길림은행) 그리고 어디 가나 사람 많은 중국이지만 호젓하고 여유로운 여행을 즐기게 해 줄 지독한 '코로나바이러스' 그놈까지… 그저 나를 둘러싼 모든 것이 이번 여행을 축복해주고 있음을 실감하게 된다.

여정을 함께할 차량에 '吉韓路通 踏遍神州 (길림과 하나의 길을 열어 중국대륙을 밟아가다)'라는 작지만, 뜻은 작지 않은 플래카드와 두 은행의 작은 깃발 스티커를 붙였다. 너무나 고맙게도 30여 년 내게 삶의 터전이 되어준 나의 직장에 대한 조그만 감사의 표시이다. 앞으로 거의 지구 한 바퀴의 거리(3만 5천 km)를 우리와 함께할 예쁜 JEEP 차를 '데보라(Deborah)'로 부르기로 한다. 깊은 맘속으로 올 초 천국에 가신 사랑하는 '故 데보라(Deborah) 누님'과 함께하고자 하는 마음을 담았다. 더불어 평생을 나의 반쪽으로 성질 더러운(?) 남편 보살핌에 고생 많았던 나의 반쪽이자 영원한 보스인 아내에게 너른 세상을 보여주며 잘해줄 것이다.

"여보! 이젠 여행 가자!!"

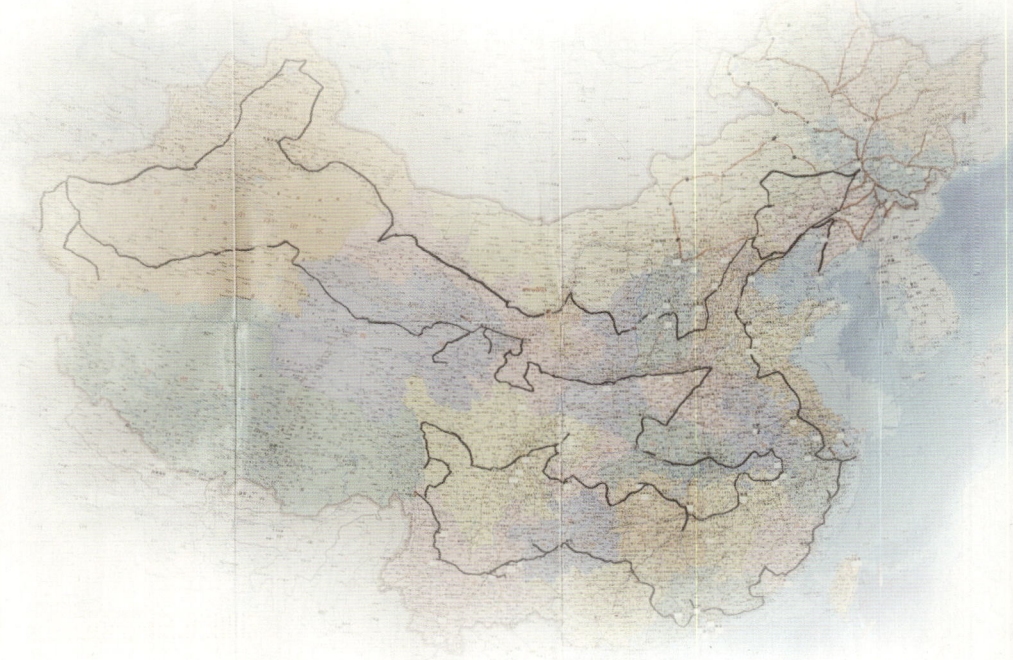

요녕성

흥성(兴城)

영원성의 야경.

흥성(興城)
충신 원숭환 장군의 슬픈 이야기

　이번 여행에 적용할 대원칙은 자유(自由)다. 가고 싶은 데로 가고 쉬고 싶은 곳에서 쉴 것이다. 서두르거나 시간에 쫓기지 않으리다. 하루하루의 여정은 일찍 시작하고 일찍 끝낸다. 하지만 이 두 원칙은 매번 출동하기 십상이다. 출발하는 날, 첫 번째 기착지를 하북성(河北) 고도이자 만리장성 동단 산해관이 있는 천황도(秦皇島)로 잡았기에 700km를 이동해야 하는 만큼 일찍 출발해야 했다. 여행에 많은 짐과 동행한다는 것은 첫 번째 금기이다. 하지만 여행 기간이 길고 특히 준비성(?) 많은 아내와 동행하는지라 미리 큰 플라스틱 박스 세 개를 준비했고 대형 이동식 트렁크까지 채웠으나 노정에 참고할 책, 좋아하는 원두커피 기계, 긴 노정에 만날 사람들과 나눌 선물, 깔끔한 보스(Boss, 아내)께서 특별히 준비한 이동식 세탁기까지…. 준비한 박스를 꽉 채우는 것은 선택이 아니라 필연이 되어버렸다. '험한 외지에서는 구하기도 어려울 텐데' 하는 아내의 미련과 '차가 싣고 가지 내가 들고 가나?'라는 자기합리화를 거쳐 동행할 친구(?)들은 엄청나게 늘어나고 말았다.

흥성고성(옛 영원성) 망루.

'일찍 출발하고 일찍 끝낸다.'는 여행 대원칙은 첫날부터 준수 불가. 전날 밤 장춘 친구들의 거한 환송, 그리고 꼭 출발시간이 되어서야 떠오르는 잡다한 일들을 챙기다 보니 결국은 오전 11시 무렵에야 집 앞에서 기념 셀카 사진 한 장을 찍은 후 출발할 수 있었다.

그래도 마음에 여유가 있으니 해결 방법은 의외로 간단하다. 출발시간은 늦었으니 가야 할 길을 줄이면 된다. 출발 첫날이지만 재빨리 일정을 변경했다. 원래 계획했던 오늘의 목적지 천황도를 요녕성(辽宁省)의 성도 심양(沈阳)으로 바꾸므로 달려야 할 거리를 반(350km)으로 줄였다.

심양은 2003년 중국어를 공부하기 위해 6개월간 머물렀던 곳이고, 2013년부터 2년 동안의 근무지였으며 꼭 만나야 할 친구들도 있는 곳이다. 일요일 오후 갑자기 연락했음에도 심양 친구들은 모두 모여 나의 여행을 축하해 주고 더불어 안전을 빌어 주었다. 이번 주유(周游)를 시작할 때 제일 큰 용기는 '시작' 그 자체였고, 반면에 제일 큰 걱정은 체력 약한 아내의 어깨 상태였다. 아내는 요즘 들어 극심한 어깨

흥성고성(兴城古城) 망루를 지키는 원숭환 장군기.

산해관 원숭환(袁崇煥) 장군상.

통증으로 많이 힘들어했다. 중년에 자주 오는 노화 현상이기도 한지라 여행 중 치료받을 작정을 하고 출발은 했지만, 길고 피곤할 여정 동안 잘 버텨낼 수 있을까 하는 걱정이 내심 한가득이다.

다음날 심양을 출발해 도착한 곳은 흥성(兴城)이다. 옛 이름은 영원성(宁远城)이다. 6년 전쯤 한 번 다녀간 적이 있었지만, 그때는 몰랐던 영원성에 얽힌 가슴 아픈 이야기(故事)를 접할 수 있었다. 중국 사람은 잘 알고 있는 이야기겠지만 중국 역사에서 충신으로 추앙받는 송나라 악비(岳飞) 장군에 버금가는 명나라 말기의 애국 명장 원숭환(袁崇焕) 장군의 안타까운 이야기다. 이 이야기 무대가 바로 오늘 일정이자 동북에서 유일하고 유서 깊은 명(明)나라 고성(古城)인 흥성(兴城)이다.

영원성은 명나라 때 동북 지역 만주족 침입을 저지할 군사적 필요에 의해 건설되었다. 당시 만주 지역을 통일하고 요동 지방을 평정한 만주족 수장 누르하치(努尔哈赤, 天命帝)는 요서 지방까지 공략하고 북경을 넘어 중원으로 진출할 교두보를 확보하기 위해 난공불락이었던 산해관(山海关)을 넘고자 엄청난 노력을 지속했다.

명 왕조는 만주족(후금) 세력에 지속적으로 밀리던 요동 지역에서 북경으로 향하는 마지막 방어선인 산해관 전방에 또 하나의 철벽 요새(要塞)를 구축해 방어선

황해 바다로부터 시작하는 만리장성의 동쪽 끝 노용두(老龙头)

을 두텁게 함으로써 만주 팔기군(八旗軍)의 침략을 막아내고자 했는데 이곳이 바로 지금의 흥성(興城)으로 부르는 영원성(永远城)이다.

명나라 말기에 추진한 이런 기막힌 전략은 명장 원숭환 장군의 지략에 의해 이루어졌다. 명나라는 요동 지역을 빼앗긴 상황에서 산해관마저 빼앗긴다면 그다음은 바로 북경이 직접 위협을 당하기 때문에 영원성은 '팔기 세력 방어'라는 큰 전략 하에 산해관을 넘어 최전방에 건설한 전략적 요새였던 것이다. 원숭환 장군은 영원성을 건설하고 요새화했고 이곳에서 직접 15만 팔기군과 맞서 싸워 대승을 거두고 만주족의 중원 도발 의욕에 결정적인 타격을 가했는데, 이를 '영원대첩'이라 한다. 이 공격을 주도했던 누르하치는 이 전투에서 부상을 당해 결국은 사망하게 되었다는 기록도 있다.

세찬 공격을 막고, 만주족 팔기군의 공격으로부터 중원을 지켜낼 수 있었던 것은 순전히 원숭환 장군의 공이었다고 볼 수 있다. 후금 세력은 결국 원숭환 장군이 있는 한 영원성과 산해관의 돌파는 어렵다고 판단해 산해관을 직접 공격하는 것을 포기하고 북서쪽으로 만리장성을 넘어 긴 우회로를 개척하는 것으로 중원공략 전략을 변경하게 된다.

그런데 많은 역사가 증거하듯이 적은 내부에 있었다. 위대한 명장 원숭환 장군을 음해하려는 청의 계략에 매수된 환관들, 그리고 세력 싸움에 골몰하던 당파들의 간계에 말려들게 되는데 결국 청과 내통했다는 억울한 누명을 뒤집어쓰고 명나라 마지막 황제였던 숭정제(崇禎帝)에게 끌려가 저잣거리에서 온몸이 찢기는 책형에 처해져 사라지게 된다.

명나라는 원숭환 장군이 죽은 후 후금의 세력 확장을 더는 막아낼 수 없었다. 그가 사형당한 후 14년이 지나고 민족 반역자 오삼계를 앞세운 만주 팔기군이 북경을 접수하면서 명나라는 역사에서 사라지게 된다. 간신들과 환관들의 간계에 빠져 원 장군에게 책형을 내렸던 숭정제는 자기 손으로 직접 처첩들의 목을 베고 자금성 뒤편 경산(景山)에서 굵은 소나무 가지에 목을 매고 외롭게 최후를 맞았다.

이와 같은 역사를 읽다 보면 드물지 않게 생기는 의문이 하나 있다. 조국을 위해

신명을 바쳤건만 돌아오는 것은 충성한 나라와 황제가 주는 능지처참이었다니 '역사의 신'은 과연 존재하는 것이며 역사 무대에서 승리는 진정 정의의 편인 것일까?

산해관의 천하제일관.

하북성

북대하(北戴河)

갈석산(碣石山)과 북대하(北戴河)
고조선과 중원의 경계

중화인민공화국에는 현재 4개의 중요한 정치 행사가 있다. 가장 큰 행사는 5년마다 개최하는 '공산당 대표자대회'다. 이 회의는 차기 중국 공산당 지도부를 선출하고 향후 5년 동안 추진할 국가의 대전략을 결정한다. 제19차 시기를 지나면 2022년 10월경 20차 대회가 개최된다. 다음으로는 매년 봄에 열리고 양회(兩会)라 불리는 두 개의 정치 행사인데 한국의 국회와 같은 입법 기관인 전국 인민 대표자 대회(人大)와 중국의 각 정당이 정책을 협의하는 정치 협상 회의(政協)다. 보통 매년 춘절이 지난 3월 초 열리며 행정부(국무원)가 보고하는 국가의 연간 계획과 목표 등을 확정하고 각 지역과 부서들의 사업 계획이 공표된다. 그리고 마지막은 '북대하 회의'(北戴河)다. 이 회의는 지금도 비밀에 가려 있는데, 중국의 특색인 밀실 정치를 대표하며 공식적인 행사는 아니지만 매년 여름 현재 중국 지도부와 퇴임한 공산당 간부 및 지도자가 대대적으로 피서를 겸해 국가적 인사·정치·정책 문제의 큰 방향을 논의하는 행사이다. 북대하 회의 전통은 모택동 주석 시절부터 이어지고 있으며 표면적이고 공식적인 절차보다 내면적이고 관계 중심의 세력 균형과 의사 절차 과정을 중시한다. 중국 정치문화의 특성상 실제로 가장 중요한 위치를 차지하고 있는 행사로 알려져 있다.

매년 7월 말에서 8월 초 이 지역의 경비가 강화되고 중국 국가 리더들의 소식이 언론에서 사라지기 시작하면 북대하 회의를 진행하는 것으로 볼 수 있다. 비밀이 없고 모든 것이 공개되는 현대 사회에서 이 같은 극비의 대규모 국가급 회의를 여전히 지속하고 있다는 사실은 오픈된 자유민주 국가에서는 찾아볼 수 없는 중국만의 정치적 특색이 강한 사회주의 의사 결정 방식임을 극적으로 보여준다.

오늘은 매년 여름, 이 정치 행사가 열리는 발해만의 아름다운 해변 휴양지 북대

북대하의 아름다운 해변.

하(北戴河)로 간다. 전날 이곳에 도착하면서 여느 때처럼 여행 전문 앱 '시에청(携程)'을 이용해 숙소를 예약했다. 그런데 막상 호텔에 도착해보니 외국인은 받지 않는단다. 북대하 지역에서는 외국인 손님을 받기 위해서는 허가를 받아야 하는데 자기 호텔은 그런 자격이 없다고 한다. 예약한 숙소에 묵을 수 없다니 당황스럽다. 상황에 따라 '안 되는 일도 없고 되는 일도 없다.'는 중국 여행이라서 곤란하고 답답한 처지에 닥칠 때면 큰소리로 한 번 떼를 쓰고 어필도 하며 분위기를 살피는 경우가 있는데, 이런 방식도 통하지 않겠다는 재빠른 판단이 선다.

후다닥 앱을 다시 돌려 근방에 있는 여러 호텔을 조사해 보았지만, 상황은 모두 비슷하다. 근사하게 보이는 주변 지역 로컬 브랜드 호텔은 모두 외국인 입장을 거부한다. 중국 여행에 나름 이골이 났다고 자부하던 나였지만, 여권도 해석 못하는 시골 여관도 아니고 북경에서 멀지 않은 이름난 휴양지에 있는 대형 호텔에서 외국인이라 받지 않는다니, 이게 말이 되는 소리인가. 그러나 이 또한 중국의 특색이라 이해하기로 하고 다시 열심히 앱을 뒤진 덕분에 단 100위안(18,000원)만을 더 주고 5성급 쉐라톤호텔(Sheraton Hotel)을 얻는 전화위복이 되었다. 곡절은 있지만 싸고 근사한 호텔을 득템했으니 하루 더 머물기로 했다

북대하는 북경에서 멀지는 않으나 발해만의 아름다운 백사장과 소나무 해변을

창려의 갈석산.

끼고 있어 마치 한국의 동해안 해변과 비슷한 분위기가 난다. 소나무 숲속으로 수많은 고급 별장들이 연이어 이어지는데 역시 최고의 휴양지답다. 북대하 회의가 열리는 곳임을 실감하는 것은 별장만큼 자주 보이는 군인과 경비초소이다. 이 동네는 보안을 경찰 대신 군인이 하는 모양이다.

관광객은 물론 인적까지 드문 해변을 아내의 손을 잡고 여유롭게 산보했다. 지금까지의 어떤 여행과도 다른 여유와 넉넉함을 느낄 수 있었다. 앞으로 우리 부부 앞에 어떤 생활이 기다리고 있을지 모르겠지만 지금 이런 여유로움을 즐길 수 있음에 그리고 그저 나를 둘러싼 모든 것에 감사할 따름이다.

해변을 걷다 보니 동네 아주머니(大妈) 한 무리가 광장 춤(广场舞)를 추고 있다. 부끄럼을 많이 타는 아내의 아픈 어깨에 도움이 될까 하여 잡아끌듯 광장 춤 대열에 밀어 넣고 덕분에 나도 함께 대열에 끼어 춤동작을 따라 해 보았다. 아주 단순하고 간단한 동작을 계속 반복하는 것인데도 시간이 지나니 이마에 송골송골 땀이 밴다.

해변에 가기 전에 우리 고조선 역사와 중요한 관계가 있는 갈석산(碣石山)에 먼저 가보았다. 하북성 갈석산은 우리나라의 일부 역덕(역사 마니아)을 제외하면 한국 사람에게는 별로 알려지지 않은 곳이지만, 한국 고대사에 있어서는 매우 중요한 지역이다. 왜냐하면 중국 여러 사서에서 갈석산과 패수(浿水)를 진나라, 한나라 등 중원의 고대 제국과 고조선의 경계로 기록하고 있기 때문이다. 갈석산이 있는 창려(昌黎) 옛 이름은 수암(水岩)이고 옛 기록에 진(秦), 한(汉)과 고조선의 경계는 수암에 있는 갈석산이라 기록되어 있다. 오래전 역사책을 읽을 때 자주 접했던 갈석산을 꼭 보고 싶었다.

 갈석산 초입에는 아름다운 호수가 있고 산은 전체적으로 붉은색을 띤 화강암 골산(骨山)이다. 진(秦) 시황, 한(汉) 무제, 위(魏) 조조, 당(唐) 태종 등 중국의 이름 있는 황제가 9명이나 갈석산을 올랐다고 한다. 나도 황제의 기운도 좀 받겠구나 하는 기대가 생긴다. 중턱에 있는 매표소에 도착해 주섬주섬 짐을 들고 등산길에 올랐다. 그런데 아뿔싸! '춘계 산불방지 입산 금지'라는 플래카드가 커다랗게 걸려 있다. 매표소 관리인이 문 앞에서 아쉬워하는 우리 부부에게 슬쩍 던져주는 갈석산 팸플릿 한 권 받아들고서 아쉬운 발길을 돌릴 수밖에 없었다.
 어쩌면 지금 내가 서 있는 이곳이 우리 민족이 처음 세운 나라의 강역일 수도 있었을 것이다. 이런 생각은 유라시아 대륙을 무대로 활약했던 우리 민족의 기상이 수천 년 세월을 넘어 우리를 이곳으로 부른 것이 아닐까 하는 생각이 망상(妄想) 아닌 망상(望想)이 되어 갈석산에 오르지 못한 아쉬움을 졸졸 뒤따르고 있다.
 이번 일정을 시작하며 블로그에 여행기를 포스팅하기 시작했다. 도대체 망각의

맨 뒤 노란색 옷이 아내.

속도를 따라잡을 수 없는 작금의 내 기억 능력으로 그래도 인생 여행인데 뭔가 기록을 남길 방법은 이것뿐인가 싶어 시작했다. 블로그란 것을 평생 처음 해보는 것이라 익숙하지도 않고, 사진 찍으랴, 글 구상하고 쓰랴, 편집하랴….

간단치 않은 작업이지만 무엇보다 큰 고역은 둔한 손가락으로 작은 핸드폰 자판을 두드려 장문의 글을 쓰는 일이었다. 평균 세 글자에 한자는 오타고 탈자인데, 맞

춤법, 띄어쓰기, 중국어 병기까지 하려니 노동도 이런 노동이 없는 듯하다. 이를 보며 안쓰러워하시던 섬세한 성격의 아내는 블루투스 자판을 준비해 오셨다며 숨겨놓았던 자판을 꺼내어 한글 자모까지 그려 넣어준다. 짐 많이 싼다고 엄청나게 면박을 준 것이 못내 미안하고 죄(?)스럽다.

북대하 발해만의 해변.

산동성

주가욕(朱家峪)

주가욱의 골목길에서 닭을 삶는 아주머니.

제남(济南)
봄이 불타는 광천수 도시

거의 20년 전쯤 심양(沈阳)에 파견을 나와 중국어를 공부할 때 장거리 침대 버스를 타기 위해 잠시 제남(济南)을 거쳐 간 적이 있었지만 내 기억에 남아 있는 제남은 그저 북적이는 인파와 무질서한 회색빛 도시였다. 사실 이번 여정에서도 아내를 태산(泰山)에 모시겠다는 생각만 없었다면 그냥 지나칠 수도 있었던 곳이었다. 결론부터 말하면, 패스했으면 엄청나게 후회했을 것 같다. 20년 만에 다시 찾은 제남은 사천성 성도(成都)에서 느꼈던 것처럼 유서 깊고 여유로우면서도 역사가 살아 숨 쉬는 아름다운 도시로 새롭게 기억될 것 같다. 무엇보다 아직 겨울이 한창인 동북쪽에서 스스로 찾아와 맞이한 신선한 봄의 향기와 기운은 내 인생의 어떤 봄보다 찬란하다. 옛 성곽 터를 둘러 돌아가는 해자(垓子, 성(城) 주위를 파서 경계로 삼은 구덩이. 외호(外濠)라고 부르기도 함.)를 따라 피기 시작한 벚꽃과 개나리, 목련이 향연을 펼치고 막 돋아나 살랑거리는 여린 수양버들 가지들은 광천수 맑은 물 위를 희롱하고 있다. 신기하게도 도시 곳곳에는 자연적으로 솟아나는 유서 깊은 노천 샘(泉)이 산재해 있는데 샘마다 솟구치는 그 샘물(矿泉水)을 길어가는 사람들로 가득하다. 공원 곳곳에 아이들을 돌보는 할머니들의 웃음소리 등 찬란한 봄기운 때문일까 눈에 비치는 모든 것이 활기차고 행복해 보인다. 새로운 제남의 인상(印象)으로 남을 듯하다.

산동은 중국 고대 용산문화(龙山文化)의 발원지며, 하(夏)나라가 번영했고, 강태공이 세운 춘추시대 첫 번째 패자(霸者) 제(齐) 환공과 그를 도운 최고의 제상 관중(管仲)의 땅이다. 물론 유교의 창시자 공자 중니(仲尼) 선생과 맹자가 나온 노(鲁)나라의 땅이기도 하다. 이런 유구한 역사가 소복이 쌓인 곳이기에 비록 첨단을 걷는 현재의 모습 속에서도 문화와 품위, 생활의 여유가 도시를 감싸고 있음을 느낄 수

고성 해자 주변 해방각(解放[閣]).

있는 곳이다. 제남 소개서를 보니 하나의 강, 하나의 호수, 세 개의 샘, 네 개의 정원(一河, 一湖, 三泉, 四园)이 있다고 한다. 그러나 제남은 기본적으로 샘의 도시(泉城)다. 크고 작은 72개의 자연적인 용천 샘이 도심 곳곳에 흩어져 있고 자연스럽게 좋은 샘을 이용해 만든 유서 깊은 정원과 전각이 많다.

오늘은 간편한 복장으로 느지막이 숙소를 나서 호젓한 해자 길을 따라 봄기운을 만끽하며 걸었다. 걷다 보니 시내 중심에 있는 큰 자연 호수인 대명호(大明湖)에 다다른다. 찬란한 봄 경치 때문일까. 아니면 호수 위에 아기자기한 섬들과 멋진 전각들 때문일까? 내 느낌은 천성명주(泉城明珠)라는 별칭에 걸맞게 항주의 서호(西湖)를 능가하고도 남음이 있는 듯하다.

천천히 돌다 보니 곳곳에서 솟아나는 광천수 호숫물, 그 위의 유람선, 곳곳에 흩어져 있는 수많은 정(亭), 대(台), 누(楼), 각(阁) 등이 너무도 조화롭다. 봄 마실 나오신 아주머니들의 웃음과 웨딩 촬영에 열중인 아리따운 신랑신부까지 모든 게 어우러져 그냥 봄의 제전이자 카니발이다. 남(南)으로 달려 나와 맞이한 봄이 찬란하다. 다음은 72개 자연 용천 샘 중 첫 번째 자리를 차지한다는 박돌천(趵突泉)으로 발걸음을 옮겼다. 이곳은 지하에서 콸콸 솟아나는 맑은 샘을 중심으로 멋진 정자와 누각을 짓고 정원을 만든 곳인데, 유명 화가 작품을 전시하는 공간으로도 활용하고 있었다.

노천에서 솟아나는 샘물을 뜨는 사람들

박돌천(趵突泉)으로 오는 길에는 작은 옛 골목(호동, 胡同)이 있다. 다닥다닥 붙은 작은 상가로 개조되었지만, 여전히 골목마다 옛 정취를 물씬 풍기고 있다. 이 골목에도 샘의 도시답게 솟아나는 광천수가 흐르는 예쁘고 작은 시내가 골목을 따라 정겹게 흐른다.

골목을 따라 걷자니 시장기가 밀려올 때쯤, 귀가 예민한 보스께서 주방에서 음식 만드는 불소리가 들린단다. 밥 먹고 가자는 말이다. 주방에서 들리는 분주한 소리를 따라가니 멋진 사합원(四合院)을 개조해 만든 분위기 물씬 풍기는 식당이 나온다. 산동에 왔으니 산동음식인 로채(루차이, 魯菜)를 먹어보기로 했

산동 음식 로채(魯菜).

다. 청도 맥주를 곁들인 멋진 점심 식사였다. 천천히 숙소로 돌아오는 길. 택시를 탈까 하다가 걷는 김에 해지는 도심 광장을 통과하고 다시 골목길을 지나 해자 길로 걸어서 돌아왔다. 제남에서 맞은 멋진 봄날은 일생 기억할 만큼 값진 시간이었다.

중국 사람들은 넓은 땅(地大)에 살아 그런지 표현도 대국적(大國的)이어서 상당히(?) 과장이 심하다. 더불어 그들이 가진 것에 대한 자부심의 표현도 '천하제일', '세계최대', '중화최고'라는 표현이 많고 남사스럽다 싶어 조금 양보할라치면 중화 3대 고찰, 5대 명산, 4대 사원, 명대 4대기서(四大奇書) 등 누가 인증하고 인정한 것인지는 모르겠지만, 자신들의 유적이나 경관에 이 같은 평가를 거침없이 내리며 자랑한다.

둘째 날, 제남 3대 명승 중 하나라는 천불산(千佛山)으로 향했다. 정상에서 도시

맑은 물이 솟아나는 박돌천.

72개 샘을 주제로 명나라 시인의 시(詩)를 새겨 놓았다.

를 둘러보니 자연스레 옛사람들이 이곳에 모여 도시를 건설한 이유를 알 것 같다. 제남이 제수(济水) 남쪽에 있다 해서 붙인 이름이라 하는데, 산 정상에서 내려다보아도 얼른 시야에 들어오는 강(江)이나 하(河)는 없다. 큰 강이 없으니 옛사람들은 도시 곳곳에서 솟아나는 샘을 이용해 물 문제를 해결했을 것이다. 그리고 천불산이 배산(背山) 역할을 했을 터이고 오랜 시간이 흐르다 보니 바위를 깎아 불상(佛像)을 새기고 계곡, 산록마다 절(寺)과 사원인 묘(庙)를 지어놓으니 처처(处处)에 조각(刻)과 전각(阁)이 즐비하다. 그런데도 서울 남산을 연상할 수 있을 뿐 3대 경관이라는 자랑이 못내 맘에 다가오지 않는 것은 처처의 조각에도 옛 모습은 없고 누각 또한 시간의 때가 묻어나기는커녕 덕지덕지 돈 냄새만 묻어나기 때문일 듯하다. 그저 제남의 전모를 일관(一观)하기 위해 오르면 모를까 이곳에서 고적의 품격을 찾기에는 아쉬움이 적지 않았다. 하지만 산을 오르는 가파른 길에서 주말을 즐기려 모인 제남 시민(老百姓)들의 활기찬 생활과 건강함을 만나는 즐거움은 큰 것이다. 아내의 눈치에 카메라에 담지는 못했지만 제남에는 늘씬한 미녀(美女)가 참 많다.

천불산을 뒤로 하고 산동성 박물관(山东博物馆)으로 향하는 길에 점심으로 맛본 소고기탕면(牛肉汤麵)의 매운맛은 오래 기억될 것 같다. 매운 것을 무서워하지 않는(不怕辣) 나였지만, 식사가 끝난 후에도 한참을 식당 앞에서 얼얼한 입안을 진정시켜야 했다. 산동성박물관은 웅장한 규모가 보는 이를 압도한다. 신도심의 중심도로에 있어 주변에 즐비한 마천루 속에서도 그 늠름한 자태가 뚜렷하다. 역사 깊고 인구 1억 명에 육박하는 산동성(省)의 문화와 역사의 힘이 느껴지면서 소장품과

대명호 패방.

대명호와 누각.

전시 내용이 어떨지 잔뜩 기대에 부풀었다. 사실 중국에서 자유 배낭 여행객들에게 필요한 경비 중 가장 큰 부담을 주는 것은 교통비도 숙박비도 아닌 바로 입장료(门票)다. 옛 고적지는 물론이고 자연 풍경구를 비롯해 거의 모든 관광지는 기가 막히게 벽을 둘러치고 돈을 받는다. 입장료 내고 들어간 곳에서 입장료를 또 받는 곳도 많다. 돈 버는 데는 신(神)의 수준인 중국인의 장삿속이 주머니 사정 얕은 배낭 여행객 입장에서는 절대 편치만은 않다.

백두산(중국명 장백산长白山) 입장료는 이것저것 합쳐 340위안(약 61,000원)이었던가? 구채구(九寨沟, 아홉 개 티베트족이 살고 있는 쓰촨성 북부 촌락 지역) 풍경구도 300위안으로 기억한다. 4인 식구가 움직인다고 생각해보면 입장료만 백두산 기준 244,000원이다. 여행길에 보아야 할 관광지가 어디 한두 곳이겠는가. 중국 백성이 유람할 때 내야 할 입장료 부담이 어느 정도일지 충분히 상상이 된다. 중국 정부는 인민 복지 향상을 위해서라도 관광지 입장료부터 인하해야 할 일이다. 그런데 신통하게도 박물관은 입장료가 없다. 신분증만 보여주면 공짜 관람표를 나누어준다. 요녕성, 길림성에 있는 박물관도 똑같다. 이런 것을 보니 중앙(中央)에서 정한 정책이 있는 모양이다. 기분 좋게 공짜 표를 받아 입장하니 잠실 실내 체육관만 한 웅장한 중앙홀이 있고 주변은 3층까지 이어지는 전시실이 둘러싸고 있다. 먼저 석불(石佛)을 전시하는 특별전이 열리고 있어 둘러봤다. 한 점 한 점이

골목길(호동)을 흐르는 물도 솟아난 광천수0다.

호수에서 노니는 금붕어 떼.

　고상하고 아름답다. 불경함을 무릅쓰고 성스러운 부처의 얼굴에 처사의 얼굴을 바짝 들이밀고 유심히 살펴본다. 1,500년을 넘은 불상도 있건만 시간과 왕조를 건너뛰어 모든 불상의 얼굴은 심오하고 온화하다. 하나같이 옅은 깨달음의 미소가 가득하다. 자신을 바라보는 뭇 경배자들에게 표정 하나로 모든 가르침을 전하는 듯하다.
　1,500년도 더 지났을 아담한 불상의 심오한 미소가 21세기 산동성 박물관의 웅장함보다 더 큰 울림을 준다. 천불산에서 얻은 아쉬움을 위로해줄 만큼 충분하다.
　선사문화관과 명나라 서화 작품전을 보고 나니 등산 피로와 겹쳐 더 이상 서

산동성 박물관의 웅장한 내부.

1,500년을 비추는 부처님의 미소.

뭘 본다는 게 고역이 되었다. 보고 싶은 것을 다 보지 않고 가고 싶은 곳을 다 가지 않겠다는 또 하나의 여행 원칙에 따라 박물관을 나서 다음 목적지인 태산(泰山)의 밑자락 태안(泰安)을 거쳐 론리가 추천하는 돌담길이 아름다운 옛 마을 주가욕(朱家峪)으로 향했다.

산동성 박물관의 석불 특별전.

주가욕(朱家峪)
산동성의 숨은 진주, 환상의 돌담길 마을

　세계의 자유 배낭 여행객(自助游, Back Packer)에게 『론리플래닛』(Lonely Planet)은 바이블로 통하는 여행안내서다. 영국의 유명한 배낭 여행가이자 여행작가였던 토니 휠러(Tony Wheeler) 부부가 세계여행을 하며 배낭 여행객에게 정말 필요한 정보만을 모아 담아 출판한 것을 계기로 이제는 세계적인 배낭 여행객 필독서이자 바이블 같은 존재가 되었다.

　서양인과 배낭 여행객이라는 두 시각에서 만들어지다 보니 약간의 오리엔탈리즘적 불편함을 느낄 때도 있지만 역사와 문화도 소개하고 볼 것, 할 것, 놀 것, 먹을 것 등 다양하고 유용한 정보가 많아 신뢰하기 어려운 허접한 인터넷 정보와는 차원이 다르다. 필자도 오래전부터 중국이나 다른 나라를 여행할 때는 『론리플래닛』을 기준으로 여행 계획을 잡았고 여행 중에도 항상 지니고 다니며 정보를 얻는다.

　아쉬운 것은 예전부터 20년 이상 중국 여행을 함께 했던 '나의 론리'(중국판, 2003년)가 실종됐다는 것이다. 오래전 버전이라 수록 정보도 지금과는 차이가 크겠지만, 나에게는 정이 많이 들고 애지중지하던 책인데, 혹시 이 글은 보는 나의 펑여우(친구, 朋友) 중에서 의도치 않게 점유한 분이 있다면 후과를 두려워 말고 즉각 반납을 요청하는 바이다.

2010년 『론리플래닛』 중국판.

이번 여행을 준비하며 노선을 그려갈 때도 당연히 '론리'가 필요했기에 나의 영원한 해결사인 아내가 인터넷 헌책방을 뒤져 상태도 양호한 2010년 버전으로 새 '론리'를 구해주었다. 그것도 한국에서 특급으로 공수해 왔다. 요즘 세상에 10년도 넘은 헌 책을 사서 여행 계획을 짠다고 욕하지 마시라! 우린 이렇게 아날로그로 여행 계획을 잡고, 떠나고, 떠돌고, 돌아올 것이다.

'론리'는 소개하려는 지역 맨 앞머리에 그 지역에서 꼭 가봐야 할 대표적 명소를 먼저 몇 군데 추천하여 소개하고 있는데, 다른 여행안내서와는 다른 시각으로, 더구나 전혀 예상치 못한 곳을 소개하는 까닭에 큰 기쁨을 준다. 특히 2003년 필자가

주가욕 마을 입구 누각 문.

론리가 추천한 곳이니 낯설수록 사뭇 기대가 커진다.

처음 중국에서 배낭여행을 할 때 '론리'의 중국 전체 소개 내용 가운데 맨 앞면에 추천하고 있는 장소 중 예상치 못한 두 곳을 발견했다. 하나는 산서성(山西省)의 평요(平遥)였고, 다른 한 곳은 광서성(廣西省) 의양삭(阳朔)이었다.

지금은 시간이 흘러 두 곳 모두 중국을 대표하는 명소가 됐고 배낭 여행객의 성지가 되었지만, 당시만 해도 북경에 있는 자금성이나 만리장성, 서안에 있는 병마용과 어깨를 나란히 하는 수준으로 소개할 정도는 아니었다. 또 그렇게 소개한 여행안내서도 본 적이 없었다. '론리' 추천을 믿고 찾아갔던 평요고성(平遥古城)은 그야말로 충격 자체였다. 전쟁 통에 전통 건축이나 유물이 거의 사라진 우리나라에서는 100년만 넘은 물건도 골동 대접을 받고 있다. 그런데 이곳은 수백 년 세월을 넘어서 명(明)나라 고성과 고색창연한 마을이 그 속에 살고 있는 사람들과 함께 온전히 보전되어 있는것이 아닌가. 한 마디로 400년 넘은 고대 성곽도시가 꿈처럼 완벽한 모습으로 내 눈앞에 나타났기에 놀라지 않을 수 없었음이다!

양삭은 아직 가보지 못한 곳이기에 이번 광서성 여정에 포함해 두었다. '론리' 중국판 2010년 버전을 보니 추천 지역에 평요고성은 빠져 있었고 그 대신 새로이 낯선 두 곳을 안내하고 있었다. 한 곳은 운남성에 있는 계단식 논 풍광으로 알려진 원양제전(元阳梯田)이고, 다른 한 곳은 유네스코 문화유산에 등재된 전통 집단주택 토루(土楼)로 유명한 복건성 영정현(永定县)이다. 영정현은 이번 여정에 포함시켰는데 원양제전은 예상 동선과 거리가 너무 멀어 운남에 도착한 후 상황을 봐야 할 것 같다.

여행의 전체 여정을 그릴 때도 '론리'에서 추천하는 각 지역 대표 여행지를 우선으로 포함해 설계했음은 당연한 일이다. 산동성에서 '론리'가 추천하는 곳은 다섯 곳이다. 당연히 포함될 태산(泰山)과 공자의 고향 곡부(曲阜), 청도(青岛)와 노산(崂山), 그리고 이곳들과 어깨를 나란히 하면서도 낯선 곳, 바로 주가욕(朱家峪)이다. 주가욕은 주씨 집안 골짜기 촌이라는 뜻이다. 론리가 추천한 곳이니 낯설수록 사뭇 기대가 커진다.

주가욕은 태산에서 동북쪽으로 130km 떨어져 있다. 건조한 봄이라 그런지 출발해서 도착할 무렵까지 산동평야에는 메마르고 황량한 밭들만 끝없이 펼쳐져 있었다. 게다가 10년 만에 제일 심하다는 짙은 황사 농도 탓에 기분도 좋지 않았다.

내비게이션을 따라 주가욕 입구에 도착했다. 아담한 산골 마을을 상상하고 왔건만 주차장과 매표소, 안내센터 등이 있는 입구는 급조한 무협영화 세트장처럼 천박함이 그득하여 실망스럽다.

뚜벅뚜벅 속닥한 느낌을 주는 돌로 만든 무지개 문을 지나니 다행히도 널찍한 청석(青石)과 커다란 호박돌이 잔뜩 깔린 정겨운 마을 길이 반긴다. 현대의 아스콘 포장길이 어찌 이 호박 돌길의 정겨움에 비할 것인가!

스르르 맘이 녹고 흘깃 본 아내 표정에도 웃음이 스친다. 얼마 올라가지 않아 마을 앞 실개울 너머에서 화덕에 밀전병을 굽고 있는 아주머니를 만났다. 이미 점심시간을 지난 터라 '에라, 일단 시골 밀전병 한 장 맛보고 가야겠다.'는 생각으로 자리를 잡았다. 얇은 밀가루 반죽 두 장을 겹치고 사이에 부추 소를 넣어 솥뚜껑 화덕 위에서 구운 전병 맛이 아주 담백하다. 가격은 더욱 담백하다. 한 장에 6콰이(한국돈 약1,000원)이다.

실개울을 따라 마을로 오르는 돌길은 꼬불꼬불 이어지다 갈라지기를 반복한다. 오른쪽과 왼쪽을 고민할 새도 없이 발길이 이어진다. 돌길을 따라가 보면 길보다 더 투박한 담벼락도 이어지고 있다. 마을 깊숙이 들어가니 세월을

동네 안에는 60년대 그렸다는 마오 주석 초상이 있다.

주가욕 민박집의 감자볶음과 국화싹계란부침.

영화 속 장면에서 튀어나올 것 같은 돌담길

이기지 못해 무너진 집들도 많이 보인다. 그러면 그렇지, 이런 돌길과 담벼락 끝에 반듯한 기와집만 그득했다면 '론리'가 추천지로 소개할 일이 아니었으리라!

앞으로 남은 여정에는 중국의 옛 마을(古镇)을 수없이 지나가겠지만, 돌아가고 꺾인 이곳 주가욕 청석길은 최고 중 한 곳이 될 것 같다. 마을을 한 바퀴 돌고 내려오는 길에 아담한 가정집 식당에 들렀다. 입 짧은 아내의 애호식 감자볶음(土豆丝)과 국화 싹(菊花笋)을 넣은 계란부침을 주문했다. 후덕하게 생긴 주인아주머니가 밥을 금방 새로 해준다며 쌀을 씻으러 나가신다. 잠시 마당에 늘어진 고양이와 놀고 있으려니 주문한 식사 대령이요. 맨날 먹던 감자볶음도 난생처음 먹는 국화 싹도 일품이지만 금방 퍼온 백반 한 그릇의 구수한 향기는 왜 밥쌀을 향미(香米)라고 말하는지 분명하게 알려준다. 비록 엊그제 태산 7,000계단을 오르며 생긴 계단 포비아(phobia, 공포증) 후유증으로 안짱걸음을 감수해야 했지만, 기대를 낮춰 들어갔던 골짜기 작은 옛 마을을 만나고 그 길을 기분 좋게 걸어 나올 때까지도 마을 초입에 있던 화덕 아주머니는 여전히 6콰이짜리 밀전병을 굽고 계셨다.

오늘 일정은 다시 한번 '론리'의 탁월한 안목을 확인하고 감탄하는 하루였다.

주가욕 길가에서 굽는 전병.

곡부(曲阜)

2,500년을 넘어 공자를 만나다

사회주의 혁명을 통해 농민과 노동자의 나라를 만든 현대의 중국은 한 시대를 계급투쟁의 광풍으로 몰아넣었던 문화대혁명(文化大革命)이라는 과정에서, 수천 년 동안 중국인의 사고와 철학 그리고 사회 통치 체제와 이념의 기틀이자 사유 체제인 유교(儒敎)를 철저하게 부정하고 외면했던 적이 있었다. 또한 중국 현대사 100여 년은 외침과 내전과 혁명이 점철된 시대였다. 이 격동의 시기에 시대정신은 공화제와 사회주의이고 계급투쟁이었으며 외세 침략을 물리치고 자립을 이루기 위한 고난의 시기였다.

인(仁), 의(义), 예(礼), 지(智), 도덕(道德)과 왕도(王道)를 논할 여유를 찾기 어려웠고 그저 유물

곡부에서 자주 보이는 공자상

론에 터 잡은 독립과 혁명의 완수와 인민 생활 안정이 최우선 과제일 수밖에 없었다. 이 과정에서 형식과 명분을 중시하고 형이상학적 가치를 추구하는 유교는 철저하게 배격당했고 비판의 대상이 되기도 했다. 그러나 최근 40여 년 동안 개혁과 개방을 통해 기록적인 경제발전을 이루는 과정에서 시나브로 중화의 굴기(崛起)와 부흥(复兴)을 외치는 중국 입장에서는 인류 보편적 가치에 부합하는 인본(人本), 도덕(道德), 왕도(王道)를 근간으로 하는 유교적 가치를 재평가했고 서방과 세계를 향해 유교의 철학적 가치가 가장 중국적이자 가장 세계적인 것이라 자랑하게 되었다. 이런 변화 과정을 가장 실감할 수 있는 곳이 전국시대 노(鲁)나라의 수도이자 유교(儒敎) 창시자 공자(孔子)의 고향인 산동성 곡부(曲阜)이다.

곡부는 고대 삼황(三皇) 중 한 명인 신농씨(神农氏)의 고향이고 오제(五帝) 중 한 명인 황제(黃帝) 탄생지이며, 노나라의 수도였고, 공자 출생지이다. 더불어 2,000년 이상 공자를 모신 사당이 존재하며 그의 후손들이 모여 살며 공자를 모시고 후예의 권역을 인정받고 유지해온 곳이다. 지금도 곡부 전체 인구 중 30% 이상이 공자 후손들이다. 간단히 말해 곡부는 공자에 의한 공자를 위한 공자의 도시다. 도심은 명나라 때 건설한 옛 성곽으로 둘러싸여 있으며 고색창연한 공묘(孔庙), 공부(孔府), 안자묘(颜庙), 주공묘(周公庙)와 더불어 옛 향취를 머금은 고도(古都)이다. 이곳에는 역사적으로 중국인에게 공자와 유교가 얼마나 중요한 의미인지를 유적과 유물로 설명하고 증언한다. 그중 공자의 집이 있었다는 곳을 중심으로 창건되고 2,000년이 넘는 세월 동안 공자에게 제사를 지내는 곳이며, 여러 왕조를 거치며 개수와 확장을 이어온 공자 사당 공묘(孔庙)가 있다.

이곳은 면적도 넓을 뿐만 아니라 묘원(庙园)에는 1,000년을 넘는다는 엄청난 향나무 숲과 수많은 전각과 비석들이 가득하다. 공묘 앞쪽에는 아름다운 세 개의 패방(牌坊)이 자리를 잡고 있어 들어오는 이들에게 이곳의 엄숙함과 숭고함을 알려준다.

패방을 지나면 벽수교(碧水桥)라는 아름다운 석교를 지나서 정전인 대성전에 이르기까지 네 개의 장엄한 문(圣时门·弘道门·大中门·同文门)과 한 개의 각(奎文

공묘의 규문각(奎文阁).

閣)이 나타난다. 이곳의 모든 패(牌), 문(門), 각(閣), 전(殿)은 그것을 건축한 시대를 대표할 만한 걸작들이다.

　무엇보다 최고의 압권은 패방과 문, 문과 각, 각과 전을 연결하는 사당의 너른 공간을 빽빽하게 채우고 있는 나무들이다. 1,000년 넘는 기나긴 세월을 관통하며 우아하고 고상한 자태를 뽐내는 각양각색의 향나무인데, 원백(圓柏)과 측백(側柏) 등 노거수다.

　대성전 앞에는 최고 오래된 나무가 있는데, 수령이 2,100년이라고 한다. 공자 사당을 만들고 계속 보수와 확장하면서 지금의 모습을 갖출 때까지 아주 오랜 세월을 묵묵히 증언하고 있다. 그동안 이곳을 찾아 공자에게 경배했던 역사 속 인물들과

벽수교(碧水桥)

대성전(大成殿) 앞 수령 2100년 향나무.

수많은 행사를 지켜보아 왔고 수많은 이야기들을 들었을 노수(老树)의 품격은 말로 다 표현하기 어려울 정도의 장엄과 위엄을 발하고 있다.

패방, 교, 문, 각을 지나면 공자의 조상(雕像)을 모신 곳이자 제사를 지내는 대성전(大成殿)이 있다. 이 건물은 송나라 때 건축했으나 수차례의 소실과 화재를 겪으면서 개수와 증축을 했고 현재의 모습은 청나라 옹정제(雍正帝) 때 완성한 것이라 한다.

대성전은 자금성(紫禁城)의 태화전(太和殿), 대묘(岱庙)의 천황전(天皇殿)과 함께 명·청 3대 건축물 중 하나인데, 화려함과 장엄함은 최고라 해도 과언이 아닐 것이다. 실제 청나라 황제들이 이곳에 올 때 대성전의 화려함이 자금성 태화전을 능가한다고 해서 화려하게 조각한 기둥을 붉은 천으로 가렸다고 한다. 또 하나의 압권은 공묘의 위대한 기록 유산인 수많은 비석(碑)이다. 거대하고 웅장한 향나무 숲 사이사이에도 많은 비석이 배치되어 있다. 규문각(奎文阁) 앞쪽에는 거대한 비석들을 보호하기 위한 13개의 비각(碑阁)을 세웠고 각 비각 안에는 많은 역사적 비석을 전시하고 있다.

중국 역사의 여러 왕조를 거치면서도 존경과 숭앙을 받아온 것은 공자 자신과 그의 사상뿐만이 아니었다. 그의 자손들 또한 만년사표(万年师表) 공자의 후손이라

대명호의 북문.

는 이유만으로 이 지역에서는 각종 혜택을 누리며 살았다. 특히 공씨 가문의 적장자(嫡長子)는 거의 제후(諸侯) 수준으로 대우를 받아 이 지역 징세권과 형벌권까지 갖는 연성공(衍圣公) 자리를 세세손손(世世孙孙) 물려받아 왔다. 뿐만 아니라 지역을 관리하며 주거하던 관청 겸 대저택인 공부(孔府)도 완전한 모습으로 현존하고 있어 그 위세를 짐작할 수 있다. 더불어 공자가 사망한 후 그의 묘를 중심으로 조성된 자손들의 가족 묘지인 공림(孔林)은 세계 최대 가족묘원이다. 공림은 공자가 죽은 이래 공자에 대한 추앙이 그의 후손들에게도 면면히 이어져 지금도 현재 진행형임을 말해주고 있는 곳이다.

공자는 자신뿐만 아니라 자손들에게 만세(万世)의 영광과 영화를 남겨 주었다. 공자의 일생을 한마디로 표현하자면 인생의 전환점마다 불행을 큰 행운으로 바꾼, 말 그대로 천운(天运)을 타고난 사나이라고 할 수 있다. 그 첫 번째 새옹지마 행운은 50대에 이르기까지 나랏일에 중용되지 않았기에 중년까지 오랜 시

용 조각이 화려한 대성전 돌기둥.

공림의 정문.

간을 열심히 학문을 연마해 유교를 창시할 학문적 기반을 이룬 것이다. 공자는 15세에 입지하고 30세에 이립(吾十有五而志于學 三十而立)해서 학문의 일가를 이루었다고는 하나 관직 운은 그리 좋지 않았다. 19세에 창고지기를 시작으로 노(魯)나라의 말과 소를 관리하는 낮은 직책에 나아갔고 한참 일할 30~40 중년에는 등용되어 뜻을 펴고자 했던 바람과는 달리 50세가 지나서야 노나라에서 법무를 관장하는 대사구(大司寇) 직책에 등용되었다. 또한 노나라는 근본적으로 웅지(熊志)를 펼치기엔 큰 나라도 아니었다. 느지막이 대사구(大司寇)에 등용되어 능력을 발휘해 내치, 외교 등에서 많은 업적을 이루었고, 56세에 이르러서는 승상의 업무까지 겸임하게 되었으나 원래 강국이 아니었던 노나라가 강대해짐을 시기하는 이웃 제(齊)나라의 이간책과 거기에 현혹되는 군주와 대신들을 보고 실망하게 된다. 내부 권력자 간의 이전투구로 노나라에서는 자신의 이상을 실현할 수 없다고 생각한 공자는 제자들을 데리고 노나라를 떠나 춘추(春秋)의 여러 열국(列國)을 돌면서 뜻을 펼칠 기회를 찾아 주유(周游)를 떠난다.

세상이 혼란해 벼슬을 내려놓고 고생을 감내하며 주유를 떠난 것이 두 번째 전화위복의 행운이다. 공자가 주유열국을 떠난 것이 56세이고 당시의 평균수명으로 보자면 이미 장수한 노인으로 볼 수 있는데, 물경 13년에 걸친 주유열국(周游列國)을 통해 백가쟁명의 시대, 많은 열국의 군주와 사상가 등 유력 인사들과 교류하며 사상을 심화하고 강연 등을 통해 그의 학문을 널리 전파하게 되었으며 자신의 이상을 인정하고 등용해줄 군주를 찾고 교류했다. 비록 등용되어 이상을 펼칠 기회는 잡지 못했지만, 천하 주유를 통해 공자 사상은 더욱 깊어지고 확대되었으니 한 마디로 작은 소국의 고만고만한 지역 사상가로부터 글로벌한 수준으로 명성을 얻고 사상적 보편성까지 확인하게 되어 만세에 전할 수 있는 철학을 완성하게 된 것이다. 말하자면 지역 리그(KBL)에서 글로벌 리그(MBL)로 진출하고 몸값이 왕창 오른 것으로 볼 수 있겠다.

세 번째 큰 행운은 무료하게 휴식할 노년에 학당(学堂)을 개설해 우수한 제자를 많이 양성한 일이다. 말이 주유(周游)라 하지만 60세 노구(老軀)를 이끌고 오랜 시

공묘의 화려한 돌기둥.

간 많은 나라를 돌며 동가숙서가식(東家宿西家食) 여행을 한다는 것이 얼마나 서글프고 어려웠는지는 쉽게 짐작할 수 있다. 게다가 69세가 되어서야 고향 노나라로 돌아온 노학자 공자가 무슨 할 일이 있었겠는가. 그저 무료하게 집안에서 손자나 보며 휴식할 나이였지만, 공자는 그 시기에 결정적 반전을 이룩했다. 자신의 학문을 가르칠 공자학당을 개설해 제자를 양성한 것이다. '72 현자'로 부르는 엑기스 우등 졸업생을 포함해 3,000여 명에 이른다는 '大공자학파군단'을 형성하게 되었다.

이후 제자들이 여러 제후국에서 중책에 등용되면서 스승 공자의 사상과 이상이 사회제도가 되고 통치이념이 되어 세상에 실현되는 결정적인 계기가 된다.

더불어 공자 자신이 『육경(六經)』을 썼다고 하나 기실 공자 사상을 고스란히 후세에 전해준 것은 제자들이 공자의 강의와 문답을 기록한 『논어(论语)』에 의한 것이니 이렇게 대단한 제자들이 공자학당을 통해 나온 것이다. 이것이야말로 천운이 아니면 무엇이랴. 또한 공자는 13년 동안 주유한 까닭에 노년에 생고생 했으면서도 장수해 당시 나이 74세에 사망한다. 그의 아들 리(鲤)와 애제자 안회(颜回), 자로(子路)까지 앞서 보내며 늙어도 죽지 못함을 아쉬워했다지만, 오래 살며 배양한 자공

공자 75대손 가이드 공 여사와 함께 공림을 걷는 모습.

공자묘를 열심히 설명 중인 관리인.

(子貢), 증자(曾參) 등 기라성 같은 제자들을 통해 그의 사상을 세상에 전하고 실현하게 되었으니 이 또한 큰 행운이리라. 더불어 여러 제후국 각계각층에 진출한 제자들은 매년 곡부에 모여 제사를 모시고 공자를 칭송하며 그를 기렸으니 그 전통은 시대를 뛰어넘고 여러 황조(皇朝)를 관통해 21세기에도 발현하는 중이다.

공림 묘원 입구에 이르는 길에도 어마어마하고 장엄한 천 년 노수(老树) 향나무(香木)들이 도열하고 있어 이 묘원 또한 이미 기나긴 세월 동안 세심하게 관리해왔음을 알 수 있다. 묘원 곳곳에 스며있는 의미와 스토리를 살펴보지 않는다면 이 묘원에는 사실 공자묘를 제외하곤 볼거리가 별로 없다. 그저 올록볼록하게 묘원 전체를 덮고 있는 묘동이 즐비한 여느 공동묘지와 별반 차이가 없을 수도 있다. 필자가 중국 자유여행을 하며 고수하는 원칙 중 또 하나는 여행지에서 특별한 이유가 없으면 가이드를 쓰지 않는다는 것이다. 일단 어디를 가나 아무리 필요 없다는 손사래를 쳐도 인정사정 보지 않고 쫓아오는 그들의 집요함은 사람을 엄청 피곤하게 한다. 더우기 가이드 수준을 가늠하기 어려움에도 불구하

제자들과 함께 떠나는 공자의 주유열국상. 76대 적장자 연성공의 묘.

고 동일한 비용을 요구하기까지 한다. 하지만 결정적인 이유는 그들 대부분은 비용을 건넴과 동시에 태도가 돌변한다는 것이다. 뭐든 다해줄 것처럼 유혹하던 태도는 뭐든 비용을 추가해야 하는 이유로 돌변하는 것이다. 큰 비용을 지불하고도 시시각각 돌변하는 조건과 태도에 기분 상할 바에는 그냥 내가 안내판 읽어보고 딴 사람들의 가이드 설명을 슬쩍 도청(盜听)하는 것으로도 충분하기 때문이다. 하지만 이번 공씨 가족 공동묘지 참관에는 60위안을 주고 가이드를 불렀다. 결론은 공림을 참관하고 숨은 스토리를 듣는 데 아주 성공적인 선택이었다.

공자묘는 생각보다 아담하고 봉분도 크지 않다. 아마도 당시에는 벼슬도 높지 않던 한 명의 고명한 학자였을 뿐일 터이니 고관대작 묘처럼 화려한 묘장을 하지 않았을 것이다. 하지만 공자 사후로는 세월이 흐를수록 공자 묘역은 성역화되었다. 사당을 짓고 규모를 확장되고 후손인 연성공(衍圣公)들이 작위를 세세손손 계승하면서 더욱 성역화된 것이다. 특히 유학 이념을 국가의 이념으로 숭상했던 송·명·청을 거치며 추가되고, 확대되, 보수되어 현재의 엄청난 규모에 이른 것이다.

『중용(中庸)』의 저자로 유명한 손자 공급(孔伋)의 무덤 앞에 있는 문무(文武) 석상은 아주 재미있는 모습을 하고있다. 험상궂은 무인(武人)상이 뚫어져라 문인(文

자공(子贡)이 기거하며 6년 간 시묘한 곳. 지금은 기념품 가게다.

人)상을 노려보고 있고, 문인상은 그 시선을 피하려 슬며시 왼쪽으로 얼굴과 시선을 돌리고 있다. 무슨 심오한 의미가 있는 것 같지는 않지만, 공동묘원의 음침한 분위기와 딱딱한 석상에 작은 유머와 위트를 가미해 분위기를 전환해준다. 묘원 전체 규모가 엄청나지만 이미 20만 기의 분묘가 존재하고 요즘도 거의 매일 공 씨 자손의 시신을 매장한다고 한다. 이미 2,000년 넘게 매장하고 있으니 지금 20만 기의 무덤 아래에도 층층(層上層)이 조상의 유해가 쌓여있다는 공자 75대 후손 가이드 공 씨 아주머니의 설명이 재미있다. 이곳에는 여자 후손(며느리는 가능)과 범죄자를 제외한 모든 공 씨 후손이 매장될 수 있다고 한다. 화장을 거친 골분을 매장하는데 곡부나 산동 성내에서 들어오는 경우는 300위안, 외지에서 오는 경우는 900위안의 매장 비용을 받는다고 한다. 한국이나 중국이나 요즘 공원묘지에 골분 한 단지 보관하는 데 드는 비용에 비하면 그야말로 저렴하다. 게다가 정부가 법률로 관리하고 매일 전 세계 관광객이 입장권까지 사가지고 와서 참배하니 조상님 잘 둔 덕을 톡톡히 보는 공 씨 후손이 부럽기도 하다. 현재 공자의 후손은 80대(代)에 이르고, 77대 이후 적장손(嫡長孫)이 대만으로 이주했지만 지금도 매년 개최하는 공자 제사에는 적장손이 참석해 주재한다고 한다. 공자묘 옆에는 작은 전각이 하나 있는데. 공자 사후 이곳에서 72명의 제자가 삼년상(三年喪)을 치른 곳이다. 이 중 자공(子贡)은 3년을 더 추가해 6년 동안 무덤을 지키며 스승을 추모했다고 한다. 유교가 충(忠)과 효(孝)를 어느 정도로 중시하고 있고 어느 경지까지 이르렀는지 말해주는 것이다. 그러나 지금은 기념품 가게로 바뀌어 있어 앞으로도 아주 오랜 세월을 상점 주인이 제자들을 대신해 공자묘를 지켜줄 것이다.

곡부에서는 역사적으로 유명한 옛 비석의 탁본을 구할 수 있다.

소호릉(少昊凌)

황제(黃帝)의 탄생과 소호(少昊)의 죽음이 함께하는 곳

    중국 전통 인문 역사가 농후한 곡부(曲阜)에서 공자의 체취를 느끼고 그 가르침의 흔적을 따라 3일을 보내고, 떠나는 날에는 주변에 숨어 있는 다른 유적을 찾아 보기로 했다. 곡부의 유구한 역사는 공자 관련 유적 외에도 중국 고대 신화 역사와 관련 있는 유적도 많이 남아 있다. 중국 역사는 삼황(三皇)과 오제(五帝)부터 시작한다. 곡부 외곽에 있는 소호릉(少昊凌)에는 오제(五帝) 중 첫 자리를 차지한 황제(黃帝) 탄생 기념 유적과 상고시대 동이족 수령으로 추앙받고 있는 소호(少昊) 무덤이 함께 있다.

    곡부에 황제(黃帝) 탄생지가 있다는 사실은 소호릉에 와서야 처음 알았다. 역사적으로 보면 5,000년이 넘었을 황제의 탄생을 기념하는 거대한 피라미드 형태로 만든 기념 건축은 중국 어디에서도 찾아보기 어려운 건축 양식이다.

황제 탄생지 수구(壽邱).

고구려의 옛 수도, 길림성 집안(集安)의 우리에게 잘 알려진 장군총도 거의 원형을 보존한 피라미드 형식의 무덤이지만 이곳 황제의 탄생 기념 구조물인 수구(壽邱)는 송나라 때 흰색 대리석으로 조성했는데 아랫변이 너른 방추형으로 삼각뿔에서 꼭대기를 제거하고 전각을 설치한 모양이다. 각 변의 길이가 족히 30m는 됨직한 거대한 석조 구조로 맨 꼭대기에는 작은 전각이 있고 안에는 백옥으로 만든 황제 조각상을 모시고 있다고 한다.

소호릉은 곡부의 외곽에 있기도 하지만 성곽 안에 있는 찬란한 공자 유적에 가려져 있어 찾는 사람도 아주 드물다. 그래서인지 입장료도 받지 않는다. 하지만 화려한 공자 유적에 비해 호젓한 분위기이고 풍겨주는 느낌도 농후하다. 수구 바로 뒤편에는 오제 중 또 다른 한 명으로 분류되기도 하는 소호(少昊)의 작지 않은 흙무덤이 있다. 많은 사람이 봉분에 오른 흔적이 명확한 것을 보니 제대로 관리되고 있지 못한듯하다. 무슨 연유로 황제 탄생지에 무덤을 만들었는지는 알 수 없지만, 고대 오제 중 두 명의 황제(皇帝) 유적이 한 장소에 함께 있다는 것은 이곳이 중국 고대 역사에서 매우 중요한 지역이었음을 말해준다.

곡부에서 또 하나 그냥 지나치기 쉬운 유적은 주무왕(周武王)을 도와 상(商)나라

호젓하고 조용한 소호릉(少昊凌) 사당.

북위시대 마애석각 탁본. 6m가 넘는 거대한 탁본도 있다.

를 멸망시키고 주(周)나라를 건국했으며 천자로부터 분봉(分封)을 받아 노(魯)나라를 건국한 주공(周公)의 사당인 주공묘(周公庙)이다. 주공묘도 소호릉에서 멀지 않은 외곽에 있으며 관리 상태 또한 소호릉과 비슷해서 돈이 안 되는 쓸쓸한 유적지로 남아있으나 주공은 주나라 역사에서 빼놓을 수 없는 중요한 인물이다. 사당의 규모는 크지 않지만, 공자가 이상사회로 여겼음은 물론 고대의 주례(周礼)를 만들고 후세 중국 여러 황조가 이상적 사회의 모델로 추종했던 주(周)나라의 유적을 본다는 것은 참으로 즐거운 일이다.

곡부의 역사 기행을 마무리하며 마지막으로 소개할 곳은 곡부에서 남쪽으로 30km 정도 떨어진 맹자의 고향 추성(邹城)에 있는 마애석각(摩崖石刻)이다.

북제(北齐)의 승려이자 서예가였던 안도일(安道一) 선사가 불교 핍박으로 불경을 전하지 못할 것을 두려워해 추성의 철산(铁山) 바위 절벽에 새겨 놓은 불경인데, 서예사(書藝史) 차원에서 보면 예서(隶书)에서 해서(楷书)로 옮겨가는 과정을 보여주는 매우 기념비적인 작품이다. 직접 찾아가 보니 풍화가 심해서 맨눈으로는 쉽게 판독하기 어려웠다. 하지만 탁본으로 보면 웅대하고 힘차며 장식성을 배제한 고졸미(古拙美)가 살아 있어 멋진 북제 시대 작품임을 확인할 수 있었다.

소호릉 봉분 위를 사람들이 오른 흔적이 뚜렷하다.

곡부의 탁본 가게에서 바로 이 마애석각을 탁본한 작품을 구입했다. 아주 맘에 든다. 이제 중국 고대 인문문화(人文文化)에 푹 빠졌던 3박 4일간의 의미 깊은 여정에서 빠져나갈 시간이다.

소호의 '소호금천씨'(少昊金天氏)라는 위패를 모시고 있는데 삼국사기에 소호금천씨는 김유신의 조상이라고 기록되어있다.

강소성

양주(扬州)

하원(何园)의 가산(假山)과 연못(潭)

양주(扬州)

역사 위에 역사가 쌓인 곳, 양주 오브제 네 가지

    유교(儒家)와 인문(人文)의 향취에 흠뻑 취했던 산동성을 뒤로 하고 560km를 남으로 달려 강소성(江苏)에 도착했다. 이곳에서 염성(盐城)을 거쳐 양주(扬州)로 갈 것이다. 강소성은 바다를 접하고 있어 예로부터 생선과 쌀, 소금(盐)의 고향으로 불리던 곳이다. 수나라 때 건설된 경항대운하(京杭大运河)가 관통하며 장강(长江)과 교차하기에 물산(物产)이 모이고 물류(物流)가 사방으로 연결되어 상업과 무역이 발달한 부유한 지역이었다. 지금도 중국에서 가장 부유한 지역 중 하나로 1인당 GDP가 중국에서 제일 높다. 곳간(库)에서 인심(人心) 나고 학문(学文)도 나는 법이라는 말처럼, 부유한 지역이니 예로부터 자연스레 학문과 문화 예술이 발달해 많은 학자와 예술가를 배출했고 그들의 발자취를 따라 헤아릴 수 없이 많은 문화 예술 유산이 곳곳에 층층이 쌓여 있는 곳이다. 성도인 남경을 제외하고라도 이번 여정에 가고 싶은 곳만 해도 무석(无锡), 양주(扬州), 소주(苏州), 주장(周庄), 동리(同里), 태호(太湖), 록직(甪直) 등 헤아리기도 벅차다. 제비가 온다는 진정한 강남(江南)인 이곳에서 오래 머물러야 할 듯하다. 끝날 날을 정한 건 아니지만 6~7개월 정도로 계획한 여정이 이제 겨우 2주를 넘고 있건만 가는 곳마다 켜켜이 쌓인 역사가 전해주는 수북한 이야기와 화사한 봄기운을 머리와 가슴에만 담는 게 벅차다는 것을 실감한다. 이곳 강소성의 고도 양주(扬州)에서는 더욱 벅차다.

양주에는 전통적 중국 양식의 정원이 많다.

청나라 강희제가 사랑했다는 아름다운 수서호(瘦西湖)에서 만화방창(萬化方暢) 벚꽃과 수줍은 매화의 봄기운에 취하는 시간은 참으로 큰 감동이었지만, 이곳 양주에는 숨겨도 숨기지 못할 네 가지 오브제를 따라간다.

첫 번째 오브제는 정원(园林)이다. 정원은 본질적으로 먹고 살 걱정 없는 부자나 귀족의 문화이다 보니 벽지 도배나 장판 바꾸는 것도 집안의 대사인 보통 백성들에게는 거리감이 있는 대상이겠다. 더불어 성냥갑 같은 아파트 생활에 찌든 현대인들에게는 손바닥만 한 텃밭이라도 있어 상추라도 심어 먹을 수 있다면 감지덕지할 터이니 정원은 현실감 떨어지는 주제일 수 있다. 하지만 전통 정원은 어느 나라나 그들만의 생활 문화와 심미안(審美眼)을 제대로 보여주는 고급 종합예술이다. 문

양주 개원(个园)의 학정(鹤亭)

개원(个园)의 죽림(竹林)

밖의 자연 풍경을 집안으로 끌어들이는, 즉 차경(借景)이라는 특별한 재주를 보여주는 한국의 전통 정원과 협소한 마당에도 대놓고 분재(盆栽)나 수반(水盘)과 같이 아기자기한 자기만의 자연을 만들어 놓는 일본 정원과 중국의 전통 정원 양식은 확연히 다르다. 무엇보다 대륙인지라 스케일이 크다. 더불어 부자 동네가 주로 평지에 있기 때문이겠지만 일단 밖에서는 들여다볼 엄두가 나지 않을 만큼의 높은 벽을 둘러친 다음 담벼락 안에 엄청난 태호석(太湖石) 가산(假山)을 만들고 가산 사이로 연못(潭)도 만든다. 직접 만든 산과 연못 사이에 정(亭), 각(阁), 당(堂), 헌(轩)을 첩첩이 짓고 온갖 나무와 꽃들도 엄청난 규모로 심는다. 금붕어도 월척급으로 대량 방류한다. 서양의 정원처럼 나뭇가지들을 각 맞추어 재단하거나 잔디를 정갈하게 깎지도 않는다. 한 마디로 엄청난 물량을 투입해 산과 물, 그리고 숲을 통째로 집안에 옮겨놓는다는 말이 정확한 표현일 듯하다.

  강소성에는 이러한 중국 전통 정원이 산재(散在)한다. 특히 소주(苏州)를 필두로 이곳 양주(扬州)에도 멋진 전통 양식 정원이 많다. 가장 대표적인 두 곳은 개원(个园)과 하원(何园)이다. 개원은 보전 상태가 완벽하고 전형적인 청말(清末) 전통 정원이다. 정원을 건설한 주인장 역시 소금 장사로 막대한 부를 모은 황(黄) 씨인데, 이 양반이 대나무(竹)를 아주 좋아한 나머지 정원에 온통 대나무를 심어 놓고 그것도 부족해서 대나무 이파리를 닮은 한자인 개(个) 자를 정원 이름으로 썼다는데, 들

S型'으로 흐르는 양주 대운하 삼만(三湾).

이대는 죽림원(竹林园)보다는 훨씬 운치가 있다.

　대저택은 거주 구역과 정원 구역으로 확연히 구분되어 있다. 앞부분은 대나무가 뒤덮인 너른 뜰과 분재(盆栽)로 이루어져 있고 거주 구역 쪽은 커다란 연못과 엄청난 양의 태호석(太湖石)으로 쌓아 올린 현란한 가산(假山)이 있는데 기괴할수록 비싸다는 그 많은 큰 돌(太湖石)을 그 옛날 어떻게 옮기고 쌓아 올렸는지 그저 경이롭기만 하다. 개원의 경이로운 가산(假山) 위에는 멋들어지게 정자를 올려놓았다. 그중 연못 위에 있는 정자 학정(鶴亭)에 내가 좋아하는 판교 정섭(郑燮)이 쓴 더 멋진 편액(匾額)이 걸려 있어 반갑다. 세월이 묻은 엄청난 고목(老树)과 화사한 봄꽃나무, 화초들이 못과 산 사이에 그득하다. 거주 구역에는 부잣집이라 거느릴 식솔들도 많았겠다 싶다. 실로 숫자를 헤아리기가 어려운 정도로 많은 건물과 방이 첩첩

◀하원 바닥에 자갈로 만든 장식.
▼하원(何园)의 회랑. 집안 회랑만 연결해도 1km에 이른다.

이 연결되어 있다. 건물과 건물 사이에 높은 벽과 골목들이 이어지며 마치 미로(迷路)를 찾아가는 기분이 들게 한다. 각 방(房)에도 그 방의 목적과 용도에 맞는 멋들어진 편액과 와당(瓦)으로 만든 장식이 있으며 대나무를 그린 족자가 걸려 있다. 아무리 부자라도 이런 대저택과 정원을 개인이 짓기는 쉽지 않았을 것이라는 생각과 함께 북적북적한 관람객 탓에 아름다운 대나무 정원인 이곳의 진면목을 충분히 감상하지 못한 것 같아 아쉬움이 남는다. 하원 역시 소금 장사 부자 하(河) 씨가 만든 개인 정원인데, 이곳에서 인상적인 것은 공력이 많이 들어갔을 정원의 길 바닥 무늬와 정원 안 모든 전각과 건물이 회랑(回廊)으로 연결되어 있다는 것이다. 집안 정원 안의 회랑과 복도를 모두 합하면 1km가 족히 된다고 한다.

양주 오브제 두 번째는 서한의 광릉후(侯) 한왕묘(汉王墓)이다. 한국도 유구한 역사를 갖은 나라이지만 근세와 현대의 비극적 난리에 유물과 유적이 많이 사라진 까닭에 100년만 넘어도 귀한 유적취급을 받게 된다. 하지만 중국을 돌아보다 보면 기본적으로 1,000년이 넘는 유적과 유물들이 즐비하다. 이런 깊은 시간의 무게를 좀 더 잘 이해하려면 최소한 중국 왕조가 어떻게 흘러왔는지는 이해하고 있어야 한다. 겉만 보면 200년이 채 안 된 청(淸)나라 유적이나 2,000년이 훌쩍 넘은 주(周)나라 유적이나 별 차이가 없어 보일 수 있기 때문이다.

양주에서는 아름다운 수서호, 대명사, 개원을 보는 즐거움에 정신을 뺏기다 보면 수, 한, 당, 송, 명, 청의 첩첩이 쌓인 역사적 유적들을 스쳐 가기가 쉽다. 가이드북에서도 잘 소개하지 않는 숨은 유적들이 있다. 그중 기대를 뛰어넘는 또 하나의 유적이 한왕묘. 한왕묘는 서주(西周) 지방 제후인 광릉후 유서(刘胥) 부부의 합장묘이다. 지하 25m 아래에서 발굴된 부부의 묘실 바로 위에 보존과 전시를 위한 전시관을 짓고 지하 묘역을 개방하고 있다. 무엇보다 제후의 묘실을 그대로의 모습으로 들여다본다는 으스스함과 2,000년 전, 그것도 왜 지하에 거대한 묘실을 만들었을까 하는 경외심이 동시에 든다. 1,000년이 넘은 통나무(楠木, 남목)를 잘라 나무벽돌을 만들고 이것들을 맞추어 각각 240㎡ 규모로 묘실을 만들고 많은 부장

한왕묘(汉王墓). 전시실은 묘실 위에 지었다.

한 왕의 지하 묘실, 지하 묘실만 240 평방m이다.

품(물론 모두 도굴됐을 것이리라.)과 함께 넣었다. 이 같은 묘장형태를 황장제주(黄肠提凑)라고 설명되어 있다. 2,000년 넘은 묘를 본다는 것은 우리에게 벅찬 감동을 전해준다.

남편의 묘실보다 규모가 약간 작은 부인의 묘실에서 13세트나 발견되었다는 테라코타인 토용(土俑) 마차(馬車) 모형 부장품도 특별하다. 주(周)나라 시절만 해도 많을 때는 1,000개가 넘는 제후국이 있었다고 한다. 그렇다면 중국 역사에 그렇게 많았던 황제, 제후, 그리고 그들의 가족을 묻은 땅속 묘원은 얼마나 많이 있을까 상상해본다.

양주에서 세 번째 오브제는 고구려 때문에 망했다는 수나라의 두 번째 황제 수양

제후비 묘에서 발견된 부장품. 토용 마차

한왕묘실 둘레는 통나무 벽돌로 쌓았으며 지하에서 2,000년을 넘기고도 건재하다.

제(隋炀帝)이다. 서한 이후 대략 370년 동안 분열되어 있던 삼국시대와 위진남북조시대를 마감하고 중국 대륙을 통일한 수(隨)나라의 두 번째 황제이다. 수나라를 건국한 아버지 문제(文帝)를 시해하고 황위를 찬탈한 패륜아이기도 하지만 길지 않은 재위 기간 동안 대운하, 만리장성 등 후손을 위해 많은 업적을 남겼다.

암튼 천하(天下)를 통일한 수나라는 마지막까지 입조(入朝)를 거부하며 고개 숙이지 않는 나라, 우리의 고구려를 정복하고자 3차에 걸친 대원정을 실시하지만, 번번이 실패했다. 그로 인한 국력 소진과 내부 분열로 이어져 30년 만에 망해버린 비운의 왕조가 되었다. 문제 시기에도 30만 대군이 출정했으나 열에 여덟아홉이 죽을 만큼 대패했고, 이에 학습효과를 얻은 양제는 기록도 정확한 113만 3,800명의 역사적인 대군(大军)을 동원했다고 하는데, 북경지역에서 부대가 모두 출발하는 데만 40일이 걸렸고 그 길이만 960리(377km)에 이르렀다는 중국 역사서 기록을 보면 얼마나 큰 거병 규모였는지 짐작이 가고도 남는다.

거꾸로 보자면 천하를 통일한 천자의 국가가 동북의 작은 나라를 치기 위해 그 많은 병력과 국력을 동원했다는 사실 자체가 당시 고구려의 위세와 힘이 어떠했는지 반증해주고 있다. 그 후 당(唐) 태종(唐太宗)의 친정(親征)을 비롯해 70년 동안 수, 당의 침공을 모두 막아낸 고구려는 그야말로 천자의 나라도 어쩔 수 없었던, 아니 천자의 나라와 격이 대등했던 고대 동아시아 강대국이었음을 역사가 증명하고 있는 것이다.

그런데 수양제 무덤은 왜 양주에 있는 것일까? 안내서를 보니 양주에서 반란군에게 살해당했다고 한다. 나라는 망해가고 반란군들이 살해한 적폐 황제에게까지 예우를 갖추어 장사를 지냈을 리는 만무하고 그저 가까운 곳에 던져놓고 매장했으리라는 생각이 든다.

양주의 외곽에 있는 수양제의 묘는 황제의 묘라고 하기에는 쓸쓸할 정도다. 오랫동안 방치했다가 청나라 말에서야 광동 순무(巡务) 겸 대학사(大学士)였던 완원(玩元)이 방문한 이후에야 그가 비문을 쓰고 주변 농민들이 돈을 모아 비석을 세웠고 1995년에 지금의 모습을 갖추었다고 한다. 양주에 누워 고구려의 역사를 증언하는 수양제는 중국인에게는 수많았던 황제 중 하나일 뿐이겠지만 한국인에게는 특별한 의미로 다가온다. 이는 나 하나만의 감상은 아닐 것이다.

끝으로 양주 스토리 네 번째 오브제는 신라인 최치원(崔致远)이다. 중국 본토(本土)에서 한국 민족으로서 중국 사람과 중국 정부에 의해 공식적·역사적으로 기억

수양제 릉.

되며 존경의 대상이 되고 있을 뿐만 아니라 동상과 기념관까지 만들어진 인물은 몇이나 될까? 물론 한국인이 한국인의 돈으로 만들어서 기리고 있는 기념물은 제외하고 말이다. 기억하는 바로는 중화민국 장개석(蔣介石) 총통으로부터 "항일 투쟁에서 4억 중국인이 못한 일을 조선의 한 젊은이가 해냈다."라며 찬사와 존경을 받은 안중근(安重根) 의사의 기념관과 동상이 흑룡강성 하얼빈(哈尔滨)에 있다. 더불어 중국 4대 불교 성지(圣地) 중 하나인 구화산(九华山)에서 등신불(等身佛)이 되어 1,500년 이상 지장보살(地藏菩萨)의 현신불(现身佛)로 추앙받고 있는 신라의 왕자이자 승려 김교각(金乔觉) 스님이 있을 것이다.

그런데 이곳 양주에서 1,300년의 세월을 넘어 당나라의 관리이자 대문장가(大文章家)로 기억되고 존경받고 있는 분이 계시니 통일신라 시기 당나라에 국비 유학생으로 입당(入唐)해 과거(빈공과)에 장원으로 합격했고 대문장가로 이름을 떨친 해운(海云) 최치원(崔致远) 선생이시다. 사실 양주의 봄 풍경과 유적에 취했지만, 이곳에 중국 정부가 주도해 설립한 최치원 선생 기념관과 동상이 있다는 사실은 알지 못했다. 양주에서 시간을 쪼개서 알찬 여행지를 둘러보던 마지막쯤이 되어서야, 너무 다행스럽게도 당성자(唐城子) 유적지에 최치원 선생의 기념관이 있다는 사실을 알고 반가운 마음에 한걸음에 달려가 보았다.

과연 당나라 성벽을 복원한 아름다운 언덕 위에 최치원 선생의 격조 있는 기념관을 조성해놓았고 선생의 일대기와 멋진 동상까지 모시고 있었다.

선생은 통일신라 말기 약관(弱冠)도 못 되는 12살에 6두품이라는 신분의 한계를 극복하고 큰 뜻을 이루려는 꿈을 안고 당나라 유학을 실행했다. 유학 생

기념관 입구의 최치원 선생 동상.

활 불과 6년 만에 과거에 장원으로 합격한 천재다. 당시 1년에 과거 합격자가 50명 내외였다는 기록으로 볼 때 외국인이 불과 6년(18세) 만에 과거에 합격했다는 사실만으로도 그가 얼마나 처절한 노력을 했고 뛰어난 능력을 지니고 있었는지를 말해 준다.

학창 시절 국사 교과서에서 '토황소격문'(討黃巢檄文)으로 당나라에서 이름을 날린 문장가라는 사실을 배운 기억도 이제는 가물거리는데 중화 중심의 역사관과 문화적 자부심이 하늘을 찌르는 중국에서 중국인에게 추앙받으며 기려지고 있다는 사실이 당혹스럽기까지 하다. 한국에는 최치원 선생 기념관이 어디에 있는지 궁금해서 찾아보니 경기도 양주에 있다고 한다. 한국에도 양주라니 아마도 이곳 양주와 이름 같은 인연이 있을 듯하다.

강소성 양주에 선생의 기념관을 모신 이유는 선생이 과거에 합격한 후 현위(县尉)라는 벼슬로 관리 생활을 처음 시작한 곳이기 때문인데. 선생은 이곳에서 관리 생활을 하는 동안 여러 인물과 깊은 교류를 하고 수많은 시와 문장을 저술했다고 한다. 당 말기 나라를 혼란에 몰아넣었던 황소(黃巢)의 난(乱)이 일어나자 최치원 선생은 토벌대장 수행비서 격인 종사관(從事官)이 되어 반란의 수괴 황소를 위

양주의 최치원 기념관.

81

협하고 어르고 반역의 부당성을 피력해 반군의 명분을 저하시키고 당 군의 사기는 높여 난을 제압하는 데 큰 역할을 한「격황소서」(擊黃巢書, '토황소격문'을 말함.)를 저술했다. 격황소서는 난(乱) 평정 후 당나라 황제로부터 "난을 평정한 것은 당나라 군사의 힘이 아니라 최치원의 문장이었다."는 찬사를 들었다고 한다. 국사 교과서에 있는 한 줄의 단순한 사실이 아니라 당시에는 엄청난 영향을 끼쳤던 역사적 사건이었던 듯하다. 공을 세운 선생은 조국 신라로 귀국을 요청하자 당나라 황제는 국서를 전달하는 황제의 사신 자격을 부여하는 것으로 격을 높여주며 귀국을 허락했다. 그런데 선생이 그토록 사랑하여 돌아온 고국 신라에서 많은 좌절을 격은 듯하다. 당시 신라 진성여왕에게 신라 말기 혼란을 극복하기 위한 개혁 정책인 '시무 10조'(時務十條)를 건의했으나 인정받지 못하고 결국 성골, 진골이 장악한 주류 세력에 밀려 벼슬에서 물러난 채 세상을 등지고 산천을 주유하다 해인사에서의 행적을 마지막으로 흔적이 사라졌다고 한다. 당나라 국난을 구하고 10,000수 이상의 시(诗)와 문장(文章)을 남긴 유학자인 그에게 조국 신라는 불가(佛家) 스님의 비문이나 쓰라고 했다. 다행히 지금까지 남아 있는 몇몇 화상(和尚, 수행을 많이 한 승려.)의 비석 때문에 그의 문장과 필적을 감상할 수 있게 되었음은 감사할 일이나 불세출의 글로벌 인재도 몰라보고 나라의 큰 보도(宝刀)를 연필 깎는 데 쓴 신라가 어찌 멸망의 길을 걷지 않을 수 있었겠나 싶다.

필자는 짧지 않은 시간 중국 현지 회사에서 중국 사람들과 같이 일하고 적잖이 중국 사회의 수준 있는 친구들과 교류해본 경험이 있는 까닭에 중국인들의 인문학적 소양과 문화적 자존심이 얼마나 높은지 잘 알고 있다. 그렇기에 더욱 양주에서 만난 최치원 선생의 아름답고 짙은 그림자에 깊이 머리 숙여 존경을 표하고 싶다. 감동을 새기며 기념관을 나서는 길목에서 놀랍게도 고려 말 충신 포은 정몽주(郑梦周) 선생 동상을 또 만났다. 설명을 읽어 보니 선생이 양주를 방문한 적이 있고 양주 관련 글도 남긴 인연이 있다고 한다. 옛 선인들이 21세기 한·중을 정신적으로 이어주고 있다는 생각이 든다. 돌아가신 충절의 선죽교가 연상되는 빽빽한 대나무(竹) 숲이 있어 또 한 번 선생의 충절에 머리를 숙이게 된다. 기나긴 세월을 지나고 머나먼 나라에서 옛 고인들의 자취를 따라서 우리 역사를 이곳 양주에서 만나니 감개무량하기도 했지만, 여행 네 번째 성(省)에서 만난 양주에는 양주볶음밥(扬州炒饭) 말고도 참으로 많은 것들이 있었다.

양주의 거대한 양주볶음밥(扬州炒饭).

소주(苏州)
꿈속의 정원을 걷다

　소주(苏州)의 구(旧)시가지는 지금은 대부분 사라지고 몇 군데 흔적만 남은 성벽과 성벽을 둘러싼 해자(垓子) 안쪽에 있다. 옛 성에는 6개의 높은 망루를 가진 우람한 성문(城门)이 있고 성안(城內)에는 남북으로 이어진 6개의 수로와 동서로 연결된 14개의 수로가 마치 바둑판을 연결하듯 지나간다. 성안 지역은 개발이 많이 제한된 듯 골목길 안쪽 거주 지역은 상당히 노후하다. 하지만 대부분의 유서 있는 정원들과 유적들이 구시가지 즉 성안에 산재해 있으며 관리도 잘 되어 있다. 소주는 정원의 도시다. 한때는 100여 곳이 넘었다고 하는데 지금은 보존 가치가 있는 몇 곳의 정원을 정부가 관리한다. 물론 관리비는 매우 성실하고 불만 없이 정원을 들어갈 때마다 입장료를 지불하는 선량한 백성(老百姓)이 부담하고 있을 것이다.
　아무튼 이곳의 정원은 중국 전통 정원의 대표작들이다. 1,000년 전 송(宋)나라 때 지은 창랑정(沧浪亭), 원(元)나라 시대 사자림(狮子林), 명(明)나라의 졸정원(拙政园)과 왕사원(网师园) 등이 시대별로 민간의 정원을 대표한다. 더불어 사원(寺院)의 정원인 한산사(寒山寺), 서원사(西园寺) 등 사찰의 부속 정원들은 민간 정원들과 격식을 달리한다. 중국의 3대 정원 양식 중 황실(皇室)의 정원이 없는 것이 아쉽지만 소주의 정원을 돌아보면 중요한 중국 전통 정원을 시대별, 격식별로 섭렵할 수 있을 것 같다. 그리고 도시 곳곳에서 운하와 작은 수로(水路)에 걸쳐진 다양하고 아름다운 아치형의 돌다리들은 지금도 주민들의 실생활에 이용되면서 역사를 쌓아가고 있다. 그중 돌다리인 풍교(枫桥)나 오문교(吴门桥) 등은 엄청난 규모에도 불구하고 돌로 쌓은 반원형의 구름다리인데, 그 형태의 아름다움과 구조의 맵시로 보는 사람이 쉽게 발걸음을 돌리지 못하는 매력이 있다.

소주에서 터벅 걸음으로 전통 정원을 거닐며 예쁜 돌다리들을 건너고 골목과 수로에 묻어난 백성들의 생활을 엿보는 것은 아주 흥미로운 경험이다.
　먼저 창랑정(沧浪亭)으로 가기 위해 호텔을 나와 버스를 탔다. 청명절(清明节) 연휴 동안에는 성 안쪽으로는 외지 번호판을 붙인 차량은 진입금지라고 한다. 덕분에 중국에서 버스를 타본 것이 정말 몇 년 만이다. 승차료는 소주 교통비 전문 핸드폰 앱으로 내야 한단다. 우선 버스를 탔는데 승차료를 계산하는 앱이 없어 버스기사의 따가운 눈치받으며 다른 승객의 도움을 받아 어렵사리 해결하느라고 진땀을 뺐다. 말이 나온 김에 한마디 하자면, 중국 생활에서 IT와 디지털 수단이 차지하는 범위는 상상을 초월한다. IT 강국인 한국보다도 더욱 많은 생활에서 디지털화(Digitalization)의 위력을 실감할 수 있다.
　이번 여행이 차를 직접 몰고 다니는 상황이다 보니 더욱 실감한다. 고속도로 톨게이트, 주차장 이용, 숙소 예약, 맛집 검색, 음식 배달, 각종 금융서비스까지는 한국에도 핸드폰 앱을 통해 해결하리라 생각하지만 공용자전거 이용, 버스승차권, 관광지 입장권 구매(요즘에는 현찰 매표소가 없는 곳도 많아졌다)는 물론이고 코로나 통제를 위한 모든 사람의 최근 14일 동안의 행적, 채소나 약품 등 소소한 일상용품 쇼핑 대행, 집 안 청소, 교통 법규 위반 딱지까지 모두 디지털 전자 방식을 통해 해결한다. 호텔 내에서 룸서비스까지 로봇을 이용하며 생활의 많은 것을 디지털 수단으로 처리할 수 있는 나라이다.

시내 길목마다 뻗은 수로와 돌다리.

아직 각종 민원이나 행정 절차 처리는 공무원 밥줄인지라 디지털에 자리를 내놓지 않아 매우 불편하지만 이것 말고는 정말 핸드폰 하나로 거의 모든 문제를 해결할 수 있는 사회이다. 자신 있게 말하건대 이미 중국은 핀테크 드림을 실현했고 진짜 '배달(?)의 민족' 국가가 되어버렸다. 다만 부작용은 모든 것이 디지털화되다 보니 매번 어디를 가더라도 '깔~고 깔~고'를 계속해야 하는데 우리 같은 세대처럼 디지털에 익숙하지 않은 사람들에게는 보통 고역이 아니다. 더욱이 가는 곳마다 그 많은 앱을 다운받고 회원 가입하고 계좌를 연결하는 일들이 때로는 정신을 빼놓기도 한다. 나이를 먹어도 디지털 세상을 부지런히 따라가야 할 이유가 여기에 있다.

송나라 때 만들어졌다는 창랑정(沧浪亭)은 예쁜 수로를 넘어 들어간다. 정원에 들어서서 왼편으로 돌면 수로를 접한 주랑(走廊)을 지나 물가에 근사한 관어대(观鱼台)에서 천적인 오리와 함께 노닐고 있는 엄청난 송사리 떼를 감상할 수 있다. 더불어 송나라 소순흠이 지었다는 「창랑정기(沧浪亭记)」를 멋진 예서체로 쓴 커다란 편액을 감상할 수도 있다. 뜰 안으로 들어가면 집안에서 제일 높은 곳에 그 이름도 어여쁜 창랑정이 솟아 있다. 다른 정자와는 달리 튼튼한 화강암으로 만든 기둥과 대들보가 특이하다. 이 정자는 역사적으로 아주 유명해서 많은 관광객이 찾는다.

창랑정(沧浪亭). ▶
오문교(吴门桥). ◀

창랑정(沧浪亭) 난초(兰花).

  중국 전통 정원의 모델이라는 창랑정도 태호석으로 쌓은 가산과 금붕어가 노니는 연못, 대나무와 멋진 전각들로 이루어져 있다.

  사실 양주에서 세심히 살펴보았던 개원(个园)이나 하원(何园)과 특별한 차이를 느끼기는 어렵다. 다만 개원에 대나무가 있었다면 창랑정에는 난초(兰花)가 있다. 이 찬란한 봄날에 치명적인 향기를 뿜어내는 춘란(春兰)이 정원과 전각들 곳곳에 피어있다. 지금도 창랑정 난향이 코끝을 스친다. 특히 창문으로 쏟아지는 햇살 아래 빛나는 소박한 난초의 꽃잎은 그 향기만큼이나 은은하고 고아하다.

  창랑정을 나오면 바로 앞쪽에 또 다른 정원인 가원(可园)이 있다. 안내문을 보니 원래 창랑정에 속해 있던 정원이었단다. 규모는 아담하지만 있을 것은 다 있다. 가산, 연못, 정자, 꽃과 나무, 그리고 더 많은 사람들…. 이곳은 관광객이 적은 곳이라고 해서 찾아왔는데 넘쳐나는 청명절 상춘객 물결을 피할 수는 없었다. 가산은 다른 곳과는 다르게 태호석이 아닌 진흙 성분이 많은 황석(黃石)으로 쌓여져 있다.

가원(可园)의 연못과 전각.

  정원을 돌아서 나오는 쪽에는 정의서원(正誼书院)이 있다. 이 서원에는 우리가 잘 아는 주자학의 창시자 주희(朱熹)와 당대 대 유학자 정현(郑玄) 조각상이 있는데, 정기적으로 제사를 모신다고 한다. 역시 주희는 중국에서도 추앙받는 유학자임을 실감했지만, 이 양반이 왜 그리 조선 땅에서 과도하게 추앙을 받았는지는 모를 일이다. 소중화(小中华)를 자처하던 조선 600년을 지배한 그의 사상이 아니었다면 지금 대한민국 역사도 많이 달라지지 않았을까. 또 주제넘은 상상을 해본다.

다음 정원인 왕사원(网师园)은 걸어서 갔다. 꼬불꼬불 작은 수로와 골목길을 걸어가다 출출함을 느낄 즈음에 사람들이 길게 줄은 서 있는 국숫집을 만났다. '정원경(庭园景)도 식후경(食后景)'! 대기 번호표를 받고 한참을 기다려서야 소주의 특색이라는 오조면(奧灶面)을 맛볼 수 있었다. 우리나라 소면과 비슷하다. 육수 국물에 쫀득한 면발을 말아서 먹는데, 고기나 볶은 야채를 고명으로 넣어 먹는다. 죽순볶음과 청경채 볶음을 고명으로 해서 게 눈 감추듯 흡입하고도 먹는 속도가 두 배나 느린 마누님 드시는 모습을 한참이나 바라보았다. 쩝, 곱빼기로 시킬 걸…. 먹고 나서야 후회가 든다.

왕사원(网师园)은 소주에서도 규모가 작은 편인데 12세기에 조성했고 청나라 말기에는 퇴직한 관료가 구입해서 꾸몄다고 한다. 지금이야 정부가 관리하며 잘 꾸며 놓았지만, 예전 사진을 보면 오랜 세월 동안 모진 풍파를 겪어 폐허가 되었다가 호시절에는 좋은 주인을 만나 멋지게 꾸며지기도 하는 곡절을 거치면서 오늘에 이

정의서원(正誼书院)에 모신 주희(朱熹)와 정현(郑玄).

르고 있음을 알 수 있다. 정원이나 사람의 인생이나 구렁에 처박힐 때도 있고 휘황하게 광채가 날 때도 있는데 광채 찬란한 중국의 정원을 이렇듯 유람하고 있는 이 시대의 대한국인(大韓國人), 이 몸은 어떤 때를 만난 것일까.

소주의 정원 순례 마지막은 중국 4대 정원 중 최고라 평가받는 졸정원(拙政园)이다. 명나라 때 만들었다고 하며, 소주 최대 규모이고 가장 화려한 정원이다. 면적이 다른 정원에 비해 큰 규모임에도 모든 회랑과 전각 가산들이 연못으로 연결되어 있다. 아름답고 균형이 잘 잡혀있는 졸정원에서는 가는 곳마다 명승이고 보는 곳마다 절경이다. 그 옛날 이 정원을 설계한 사람들이 많은 생각과 의미을 담아 못을 파고 산을 만들고 정자를 지었을까 하는 생각을 하며 정원을 돌아본다. 졸정원은 20여 년 전에 한 번 다녀갔던 곳인데 지금 정원을 돌아보니 완전히 처음 보는 것처럼 새롭다. 인간의 기억이란 이런 것인가 보다.

졸정원은 400년을 넘게 버텨왔는데 인간의 기억은 20년을 못 가니 기억을 믿지 말고 그저 기록을 믿어야겠다는 생각이 든다. 처음 왔을 당시 졸정원에서 깊이 남

태호석 대신 황석(黃石)으로 쌓은 가산(假山)과 정자.

졸정원(拙政园) 호수와 전각.

은 한 가지 인상을 확인하고 싶었다. 그것은 '빗소리를 듣는 곳'이라는 작은 누각 청우헌(听雨轩)인데 당시 이곳의 당호(堂號)가 왜 그리 멋들어지게 느껴지던지 졸정원에 대한 가장 깊은 기억으로 남아 있었다. 정원을 돌고 돌아 다시 마주한 청우헌은 졸정원에서 외진 곳에 규방처럼 숨어있는 작은 전각이었다. 사방이 벽으로 둘려져 있고 마당에 작은 연못이 있다. 화려하지 않지만 청우헌이라는 현판만은 아직 그대로다. 의젓하고 단아한 자태는 빗소리만 집중하여 감상할 만한 호젓한 분위기를 만들어낸다. 20년 만에 다시 보는 청우헌이 반갑다. 문 닫을 시간이 되었나 보다. 퇴장해달라는 애절한 마이크 소리가 무정하게 반복된다. 정원에 가득 찼던 사람들이 썰물처럼 빠져나가니 더욱 호젓하다. 최대한 발걸음을 느리게 해서 사람 빠진 호젓한 졸정원을 느긋이 즐기다 나왔다. 졸정원을 나와 비파 소리가 울리는 작은 식당으로 들어갔다. 꽃잎처럼 튀긴 귀어(桂鱼) 튀김과 아내의 영원한 양식 가지볶음으로 백주(白酒) 한 잔 얹어 마시고 예쁜 숙소 소원반점(苏苑饭店)으로 돌아왔다. 터덜터덜 걸어서 돌아본 멋진 중국의 정원 순례의 하루였다. 하지만 높은 담으로 둘러싸여 인공으로 만든 산과 연못으로 꾸민 중국 정원은 화려하고 아름다웠지만, 툇마루에 앉아서 앞들과 먼 산을 내다볼 수 있고 주변의 자연과 조화를 중시하는 정감 있는 우리의 전통 정원보다는 왠지 맘이 덜 간다. 우리의 전통 정원에 맘이 더 가는 것은 내가 우리 것의 감수성에 편안함을 느끼는 어쩔 수 없는 한국 사람인 때문이리라.

20년 만에 다시 보는 청우헌(听雨轩)이 반갑다.

동리(同里)와 주장(周庄)
900년 삶이 이어지는 '강남제일수향'

강소성 소주(苏州)는 물과 운하를 떠나선 이야기할 수 없는 곳이다. 양자강(扬子江), 경항대운하(京杭大运河), 태호(太湖)의 물을 이 땅에서 사는 사람들과 이어주고 있는 수많은 수로(水路)가 있다. 지금이야 물길보다는 도로가 훨씬 편하고 유용한 교통수단이 되었지만, 그럼에도 지금까지 오랜 세월을 면면히 살아남아 그들의 삶에 생활의 혈액을 공급하는 혈관 같은 역할을 하고 있다.

소주(苏州)는 예로부터 큰 성과 곽으로 둘러싸인 대도시였다. 그 주변 백성들이 살아가던 작은 마을들은 물과 물길의 인연에서 떨어질 수 없기에 지금도 수백 년 전 본래 모습을 유지한 채 그 속에서 삶을 꾸려가고 있다. 소주와 곤산시(昆山市) 주변에는 아직도 이와 같은 많은 고진(古镇, 옛 마을)이 산재해 있다. 그중 소주에

소주에서 지금도 이용되고 있는 옛 운하.

소주를 떠나는 길에 들린 판문의 서광탑(瑞光塔).

서 자동차로 한 시간 정도 떨어져 있는 동리(同里)와 주장(周庄)은 아름다운 옛 모습이 그대로 남아있는 전통 수향(水乡) 마을이다. '강남제일수향'(江南第一水乡)의 명성을 얻은 이 마을들은 역사가 송나라 때부터 이어졌다니 이미 900년 세월을 훌쩍 뛰어넘었는데 지금까지 그 모습을 면면히 잇고 있다는 것이 신기하기만 하다.

 소주 역시 20년 전 상해에 왔을 때 둘러본 적이 있다. 당시 기억에도 한국적 상황에서는 상상할 수도 없는 유럽의 르네상스시대 보다도 오래된 마을이 거의 완벽한 모습으로 보존되어 있고, 더욱이 그 속에서 현지인들의 삶이 이어지고 있다는 사실에 매우 놀라고 크게 감동했었다. 이번 아내와 함께하는 여정에 이곳은 그냥 지나칠 수는 없는 일이었다. 지금 다시 보아도 감동이 되살아난다. 날이 갈수록 상업화되고 나름 꾸민답시고 어울리지 않은 화장을 해대는 탓에 호젓한 옛 정취가 점점 사라지고 있다. 그래도 이 정도라도 유지하고 있다는 것이 고마울 따름이다. 물론 시간이란 것이 흘러 흘러 역사가 되었으니 담과 벽으로 둘러쳐지고 명승(名胜)이라는 이름을 얻어 박제된 삶을 관광객에게 보여주는 것을 생활 수단으로 삼고 있는 이들도 많다. 마을을 빙 돌아 사방으로 크고 작은 호수들이 있고 그 호수의 물을 끌어들여 마을의 골목과 골목을 연결하는 수로가 있다. 또한 수로 위로는 물길을 건너는 돌다리들이 즐비하다. 세워진 시대도 다리의 이름도 다르지만, 돌다리 하나하나에서 오랜 시간 그 다리를 건넜던 사람들의 이야기와 사연들이 들리는 듯하다. 참으로 정감 가는 어여쁜 돌다리들이다.

주장의 수로를 따라 늘어선 옛 가옥들.

네온 빛으로 장식한 마을. 어스름한 호롱 빛 정취가 그립다.

흐느적 흐느적 수로를 떠가는 나룻배.

전통 의상을 입고 다리 위에서 인생 샷을 찍는 여인.

동리의 아담한 천주교당.

    먼저 소주에서 가까운 동리(同里)로 간다. 절대 싸지 않은 입장료(100위안)를 내고 마을로 들어서자마자 넓은 수로를 넘어 흰 담과 검은 기와지붕으로 연속된 마을의 모습이 정겹다. 상해에서 들렸던 작은 칠보고전(七宝古镇)과 녹직고전(甪直古镇)과는 사뭇 그 아우라가 다르다. 규모도 크고 수로 양쪽으로 심은 멋진 나무들이 만들어주는 초록의 터널이 반사된 물빛이 더욱 푸르다. 그 초록의 수로 위에 흐느적흐느적 떠가는 관광객을 실은 나룻배들은 한 폭의 그림 같다.

    최대한 천천히 발걸음을 내어 딛는다. 이 아름다운 수로가 금방 끝날 것 같은 아쉬움 때문이다. 아무렇게나 걸어도 두 시간이면 모두 돌아볼 수 있는 마을의 규모이니 나룻배가 다닐 만한 나무숲 우거진 수로는 그리 길지 않다. 많은 상점과 식당들이 연이어 있다. 그래도 평일이라 인파가 많지 않아 다행이다. 밝은 햇살이 나뭇잎들을 뚫고 수로에 떨어진다. 여기저기 예쁜 전통의상을 입고 인생 사진을 남기

가마우지 고기잡이.

줄지어 관광객을 기다리는 나룻배.

늦은 오후 주장의 한적한 골목

청석 370개로 만든
좁은 골목길(弄).

려는 아가씨들도 보인다. 이런 경치라면 뭘 입고 찍어도 인생 샷이 나올 것 같다.

수로를 걷다 보니 아담한 천주교당도 보인다. 지붕 위에는 앙증맞은 십자가 모습이 보인다. 이 작은 성당도 마을의 역사와 함께했으리라. 수선화꽃 너머 '천주당'이라는 글씨가 참 예쁘다. 수로 삼거리에 다다르니 가마우지를 실은 나룻배가 있다. 돈을 받고 가마우지가 물속으로 들어가 물고기를 잡는 모습을 보여준다. 조금만 기다리다 보면 꼭 돈을 내고 가마우지 고기잡이를 보여 달라는 사람이 있다. 이때 주변 구경꾼은 가만히 공짜 구경을 즐기면 된다. 아내와 나는 아예 가마우지 배 옆

둥리에서 주정으로 가는 멋진 드라이브 길

에 자리를 잡고 점심을 즐기며 공짜 가마우지 고기잡이를 몇 번이나 즐겼다.

동리(同里)를 보고 주장(周庄)에서 묵을 예정이었기에 점심을 먹고 수로를 한 바퀴 돌아보며 마을을 나왔다. 예전에 이곳에 왔을 때도 감동이 컸지만, 이런 고전에서 하루를 묵으며 호젓한 저녁의 정취를 체험해보지 못한 것이 무척 아쉬웠다. 그래서 이번에는 꼭 며칠 묵으며 옛 마을의 정취를 감상해볼까 한다. 이곳에 오면 마을 객잔에서 하루를 꼭 묵어가길 바란다. 새벽 물안개 피고 저녁 어스름 녘에 옛 골목을 어슬렁거리는 맛을 꼭 만끽해야 하기 때문이다. 동리에서 주장으로 가는 길도 드라이브하기에 매우 아름다운 코스다. 동리 습지 공원으로 이어진 길은 아내가 계속 '아, 아!' 감탄사를 반복했던 환상적인 가로수를 만날 수 있는 드라이브 길이다. 주장(周庄)에 도착했다. 미리 예약해 놓은 객잔은 이름도 참 예쁜 '상월(上月)'이다. 도착하자마자 서둘러 짐을 풀었다. 객잔에 들어가는 순간 감탄이 절로 나

상월객잔의 수변정자.

상월객잔의 정원.

온다. '아, 이리 예쁜 객잔이 있다니!' 카운터가 있는 모옥(茅屋)에 이르는 길은 S자 물길을 파 놓았다. 바로 남호(南湖)를 끼고 있는 전통가옥인 이 객잔은 건물도 멋질 뿐 아니라 정원 또한 일품이다. 정원 가운데 커다란 노수(老树)에서 뻗어 나온 큰 가지가 마당 대부분을 품고 있는데, 그 주변으로는 내가 좋아하는 대나무를 듬뿍 듬뿍 심어놓았다. 바닥은 작은 자갈이 모여 예쁜 무늬를 만들고, 기와 조각을 모로 세워 만든 계단식 오름에는 에이징(Aging)이 충분한 탁자와 의자가 놓여 있다. 이 객잔에 들어선 순간, 산책 나갈 생각이 사라졌다. 그저 넋을 놓고 마당에 앉아 정원을 감상한다. 조용한 거문고(古琴) 소리만이 객잔의 정적을 깨우고 댓잎에 바람 스치는 소리가 악기가 되어 연주한다. 너무 행복하다. 문득 정신을 차리고 곧바로 카운터로 가서 숙박을 하루 더 연장했다. 내일은 온전히 여기서 하루를 지내리라. 저녁을 해결하기 위해 객잔 밖으로 나가 어둠이 내리는 옛 마을(古镇)의 저녁 시간을 만끽했다. 허름한 동네 식당에서 저렴하고 맛있는 음식과 백주를 한잔 걸치며 지난날 하룻밤 지내지 못해 내내 아쉬웠던 기억을 되새겼다.

여유로운 이튿날, 아침나절 객잔 주변을 한 바퀴 돌고 다시 돌아와 또다시 아름다운 정원의 운치를 만끽했다. 아내도 느긋한 아침을 즐기며 오랜만에 편치 않은 어깨에 휴식을 주고 있다. 평화롭고 여유 있는 하루다. 그간 밀린 여행기도 포스팅했다. 이번 여행의 기본 원칙은 '여유롭게'에 있다. 장춘을 떠난 지 벌써 한 달이 지났다. 마음속 계획대로라면 지금쯤 복건성을 지나고 있어야 할 텐데 아직 저장성에도 도착하지 못했다. 이런들 어떠하랴. 이번 여행에 안복(眼福)이 많음을 느낀다.

숙소 선택에 있어선 운이 참 좋았다. 느긋하게 하루를 온전히 보내고 저녁에서야 어슬렁어슬렁 아내 손을 잡고 마실을 나선다. 봄 가랑비가 내리는 수향 골목길과 돌다리는 어제와는 또 다른 분위기를 준다. 저녁 무렵이 되니 마을에는 관광객도 별로 없다. 이쪽저쪽 식사하고 가시라는 호객 소리를 무시하고 어제 저녁을 먹었던 가게를 다시 찾아갔다. 인상 좋은 사장님께서 맛난 민물새우 볶음, 죽순 볶음, 가지볶음을 만들어주신 곳이다. 오늘 식사도 여전히 최고의 가성비다. 안복(眼福), 숙복(宿福)을 거쳐 구복(口福)까지 넘치는 듯하다.

절강성

태순의 랑교.

남계강(楠溪江)
골짜기에 주렁주렁 열린 아름다운 옛 마을

　강소성을 떠나 춘추시대 월(越)나라 땅 절강성(浙江省)으로 들어간다. 원래 계획은 가흥(嘉兴)의 또 다른 유명한 고진(古镇) 서당(西塘)과 오전(乌镇)도 답사해보는 것이었다. 그러나 우리가 지났던 동리나 주장에서 멀지 않은 곳이어서 분위기나 건축 양식이 큰 차이가 나지 않고 이미 녹직, 동리, 주장을 다녀온 뒤라 그 감동만으로도 강남수향의 정취를 감상하고도 남음이 있었기 때문이다. 이 두 곳은 다음에 다시 올 기회를 위해 남겨놓기로 한다. 찹쌀로 빚은 황주(黄酒)로 딸아이를 낳으면 담갔다가 시집갈 때 마신다는 여아홍(女儿红)으로 유명한 소흥주(绍兴酒)의 고향 소흥(绍兴)을 지나 고대 해양 비단길(丝绸之路)의 출발점이자 국제 무역항으로 유명한 영파(宁波)를 경유해 아름다운 남계강(楠溪江)계곡 골짜기에 걸린 아름다운 옛 마을을 찾아 나섰다.

부용촌, 어떤 모습이 숨어 있을까.

나의 든든한 여행 동반자이자 가이드인 『론리플래닛』이 절강성(浙江省)에서 추천하는 5곳의 여행지가 있다. 성도 항주(杭州), 유명한 수향(水乡) 오전(乌镇)과 서당(西塘), 불교 성지 보타산(普陀山)인데, 모두 상당히 유명한 곳이라 추천하는 이유를 알겠다. 그런데 나머지 한 곳인 남계강(楠溪江)은 들어보지 못한 곳이어서 더욱 관심이 간다. 이번 여행 계획을 짜며 『론리플래닛』 추천지를 기본 틀로 구성했음은 밝힌 바 있다. 지금까지 중국 여행에서 『론리플래닛』이 추천하는 곳은 절대 실망을 주지 않았기 때문이다. 물론 여러 여건상 추천하는 모든 곳을 가볼 수는 없겠지만 가능한 론리에서 추천하는 곳을 이어가는 여정으로 큰 틀을 구성했다. 항주는 이미 몇 번 가본 도시이고, 오전과 서당은 지나온 동리와 주장과 비슷한 곳이다. 그리고 보타산은 배를 타고 바다를 건너는 번거로움 때문에 건너뛰기로 했기에 남는 시간만큼 남계강에서 보낼 생각이다.

론리에 따르면 안탕산(雁荡山)에서 발원하는 남계강(楠溪江) 지류에 옛 모습을 오롯이 간직한 아름다운 작은 옛 마을이 모여 있다고 하니 이 지역에서 여유롭게 며칠 보내며 천천히 옛 마을 정취와 그곳에 살고 있는 사람들의 모습을 둘러볼 것이다.

안탕산과 남계강은 온주시(溫州市) 영가현(永嘉縣) 지역에 속해 있다. 하루를 지낸 영가빈관에서 아침을 든든히 챙기고 내비게이션을 따라 처음 찾아간 곳은 부용

마을의 구멍가게. 지붕 위 태양광 패널이 튄다.

촌(芙蓉村)이다. 내비게이션이 알려주는 길로 핸들을 돌리다 보니 남계강 주변을 끼고 꼬불꼬불 작은 시골길로 이어진다. 한참을 달리니 목적지에 도착했다는 메시지가 나오는데 언뜻 보아서는 그저 평범한 농촌 마을로만 보인다.

론리에 대한 믿음을 가지고 추적추적 내리는 가랑비를 맞으며 마을을 둘러싼 돌담길을 빙빙 돌아 입구를 찾으니 나지막한 돌담을 갈라놓은 입구가 너무 옹색하여 실망스럽다. 나중에 알았는데 마을 뒤쪽으로 들어간 것이었다. 골목길로 들어서면서부터 역시나 론리 소개대로 아름답고 정겨운 자갈길과 세월의 무게가 그득한 호박돌 담벼락들이 꾸불꾸불 이어진다.

마을에는 시간의 무게 탓에 많이 낡아버린 전통 가옥들과 중간중간 새로 지은 콘크리트 집들이 섞여 있다. 현지에 오랫동안 살아온 사람들 입장에서는 생활 속에서 현대 문명의 영향이 융합하고 개입하는 것은 어쩌면 당연한 일이다. 사실 사람들이 생활하는 마을이 수백 년 긴 세월을 오롯이 옛 모습을 지켜낸다는 게 쉬운 일도 아니고 현실적이지도 않다. 물론 여행객이야 옛 모습대로 남아있었으면 하는 욕심이겠지만 그런 기대는 그곳에 사는 그들에게는 잔인한 일일 수 있다. 비율로 보자면 7:3 정도로 옛 모습과 현대적 모습이 섞여 있는 듯하다. 하지만 마을의 대문, 중앙 연못, 정자, 사당, 서원 등은 옛 모습을 그대로 간직하고 있다. 무엇보다 남계강에서 가져다 깔았을 예쁜 자갈돌 바닥과 호박돌 돌담은 거의 원형을 간직하고 있었다. 세월을 못 이겨 무너져 내리고 있는 건물들도 드문드문 있었지만, 봄비에 젖어 윤기가 자르르 흐르는 자갈 돌길과 호박돌담은 무엇과도 비길 수 없이 아름답

돌담을 쌓은 모양을 유심히 살펴보니 돌의 재질이나 모양에 따라 그 쌓음새가 매우 다양하다.

마을에 둘러친 아치형 돌문.

마을 연못에 비친 정자.

다. 돌담을 쌓은 모양을 유심히 살펴보니 돌의 재질이나 모양에 따라 그 쌓음 새가 매우 다양하다. 찬찬히 골목길을 걸으며 담벼락들마다 돌 쌓은 모양을 비교해보는 재미가 오롯하다. 이름 없는 동네의 사내들이 쌓았겠다 싶은데 어떤 것은 매우 현대적 조형 감각을 보여주는 것이어서 놀랍다. 마을 중간에는 사각형의 아담한 연못이 있다. 그 연못 중간에는 더욱 아담하고 정겨운 정자도 있다. 아무런 장식도 단청도 없지만, 마을과 함께한 세월의 품위가 그윽하다. 연못을 지나는 멋쟁이 아가씨들과 묘한 하모니를 이룬다.

후문으로 들어와 마을을 돌다 보니 끝에 이르러서야 정문을 보게 되었다. 그러면 그렇지! 마을 앞쪽 대문은 마을 명성만큼이나 고아하고 늠름하게 생겼다. 문 옆에 세워진 전혀 작동하지 않을 것만 같은 빨간색 예쁜 소방차도 고색창연한 솟을대문과 아주 잘 어울린다. 안내판을 보니 처음 이 마을은 당나라 때 만들어졌고 송나라 때 천우지(陈虞之)와 그 무리가 원나라에 항거하다 실패해 파괴되었는데 다시 원나라 중기에 재건했다고 한다. 마을의 형상을 부용화(연꽃) 모습으로 정하고 음양오행에 따라 건설해 중국 향토 건축의 전형이 되었다고 설명하고 있다. 부용촌을 돌아 나오는 길에 보니 돌로 쌓은 아치형 문도 아름답고 외곽을 둘러친 돌 담벼락 구석구석에 달아 놓은 붉은 홍등(红灯)도 돌담과 잘 어우러진다. 아치형 돌담 문을 나오니 뽕나무밭 너머로 구름에 걸린 마을 뒷산의 멋진 모습이 발길을 잡는다.

또 다른 옛 마을 창파촌(苍坡村)은 부용촌에서 차로 15분 정도 떨어진 곳에 있다. 고색창연했던 부용촌을 바로 보고 온 후라 비슷한 느낌의 창파촌의 분위기는 설렘을 중화시킨다. 게다가 반듯한 건물들이 많고 비교적 보수가 잘 된 이곳의 모습이 약간은 생경하기까지 하다. 세련되게 화장을

창파촌(苍坡村) 홍등.

마을 입구 솟을 대문에 세워진 소방차의 조화

연못가를 거니는 멋쟁이 꾸냥(아가씨)들

한 부용촌의 모습 정도로 생각하면 될 듯하다.

중국의 유적지를 돌아보다 보면 보전과 보수가 서로 균형점을 찾아야겠다는 생각이 깊어진다. 적잖이 조급하고 조잡한 수리와 보수로 원형을 잃어버린 많은 유적을 보았기 때문일 터이다. 한번 수리나 보수를 잘못해 놓으면 훗날 사라진 원형을 어찌 찾을 것인가! 아쉬운 마음이 든다. 비 내린 뒤인 지라 이곳에도 고즈넉하고 차분한 운치가 마을을 감돈다. 이 순간 감명 깊은 장면은 마을 연못에서 바라본 구름 낀 뒷산과 하얀 건물들이 연못에 비친 모습이다. 마을 연못 망형정(望兄亭)은 애틋한 형제의 사연이 있어서인지 더욱 정감이 간다. 안내판에 적혀 있는 사연을 옮

겨본다. 남송(南宋) 시절, 이 마을에 우애 깊은 두 형제가 있었는데 형이 그리 멀지 않은 1리(里) 밖으로 이사를 하게 되었다. 매일 만나 서로 농사일을 돕던 우애 깊은 형제는 저녁이면 헤어지기를 아쉬워해서 형은 자기 마을 입구에 동생을 배웅하는 '송제각(送弟閣)'을 짖고 동생은 자기 마을에 형을 바라보는 '망형정(望兄亭)'을 지었다고 한다. 나도 갑자기 우리 형이 보고 싶다!

남계강 변의 세 번째 옛 마을은 임갱(林坑) 마을이다. 다른 마을과는 다르게 안탕산의 깊지 않지만 호젓한 산속에 자리 잡고 있는데 부용촌과는 30km쯤 떨어져 있다. 큰 도로를 빠져나와 좁다란 산길로 달리다 보니 근사한 패방(牌坊)이 늠름한 마을 입구에 닿는다. 주차료만 내면 입장료는 없다. 이 지역의 고전들은 인심이 좋은지 아직 입장료를 받지 않는 곳이 많은 듯하다.

마을로 들어서자마자 추적추적 내리던 빗줄기가 굵어진다. 이층집 처마에 잠시 비를 피하고 마을 중심으로 흘러내리는 개울물을 따라 찬찬히 올라가다 보니 개울 건너로 작은 서낭당이 보인다. 돌로 기단을 쌓고 역시 돌로 지은 작은 서낭당이다. 여러 마을을 다녀 보았지만, 마을 입구에서 서낭당을 본 기억은 별로 없다. 마치 우리의 시골 마을로 들어가는 기분이 든다. 조금 더 오르니 개울에 걸쳐진 아주 예쁘고 지붕이 있는 나무다리가 나타난다. 오래되어 보이지는 않으나 마을 분위기와 아주 잘 어울린다. 다리에는 착하게 생기신 할머니 한 분이 몇 가지 산채와 오리알, 말린 버섯 몇 무더기를 펼쳐 놓고 팔고 계신다. 다시 굵어지는 비도 피할 겸 나무다

비 온뒤 뒷산과 어우러진 창파촌의 전경.

망형정(望兄亭)에서 정담을 나누는 노부부.

리에 걸쳐 앉아 할머니와 몇 마디 나누었다. 마을 이름이 임갱(林坑)이라 임가(林氏)가 많이 사냐고 여쭤보니 마을 사람들의 성씨는 주로 모(毛) 씨인데 옛날 이곳에 살던 임 씨가 다른 곳에 살던 모 씨와 마을을 통째로 바꾸었다고 한다. 그런데 왜 이름은 안 바꾸었는지 모를 일이다!

올해 74살이라는 이쁘디이쁘신 할머니는 이미 증손자가 15살이라는데 계산이 잘 맞지 않는다… 그럼 대체 몇 살에 시집을 가신 것인지. 한국에서 왔다 하니 물어보지도 않은 여러 말씀도 해주시는데 사투리가 하도 심해 도저히 몇 마디 말고는 알아들을 수가 없다. 그래도 열심히 하시는 말씀에 고개를 끄덕이며 듣다 보니 비가 잦아든다. 개울을 따라 조금 더 오르니 마을이 펼쳐진다. 이곳의 집들은 목재로 지은 이층집들이 주를 이루는데 한집 한집 그 규모가 작지 않다. 옹기종기 검고 넓은 기와지붕들과 대나무가 빽빽한 뒷산의 모습이 조화롭다. 다시 느끼는 바지만 옛 마을들은 모두 주변의 자연환경과 너무도 잘 어울린다. 아마도 그 지역에서 나는 나무와 돌 그리고 흙으로 만들어 그러하리라. 다만 이곳 임갱 마을만 해도 곳곳에서 보게 되는 조화를 깨는 흉물스러운 콘크리트 건물들이 있어 그냥 깡그리 부숴버리고 싶다.

마을에서 제일 높은 곳. 기다란 처마가 인상적인 객잔(客棧)에서 생찻잎으로 우린 차 한잔을 마시며 몸을 데우고 어슬렁어슬렁 마을을 내려왔다. 내일은 또 무슨 안복(眼福)이 기다리고 있을지 부푼 기대를 품고 남계천 길을 유유자적 거닐러 간다.

임갱(林坑) 고촌 입구.

마을을 흐르는 개울의 나무 다리.

태순(泰順)

랑교(廊桥)와 숨은 옛 마을 고촌(库村)

 절강성 온주(温州)에서 남서쪽으로 약 100km 떨어진 곳에 태순(泰順) 옥룡산(玉龙山) 풍경구가 있다. 이곳은 라돈(氡) 성분이 많은 온천수로 유명한데, 부근에는 곳곳에 멋진 고진(古镇, 옛 마을)이 숨어 있고 무엇보다 아주 품위 있고 특색 있는 전통 교량인 랑교(廊桥)도 여러 곳에서 볼 수 있는 곳이다.

 북(北) 안탕산을 출발해 태주(台州) 온령시(温岭市) 해안가에 있는 작은 어촌 석당진(石塘镇)을 경유해 태순으로 간다. 석당진은 이번 여정에서 옛 마을을 찾아가는 데 큰 도움을 받고 있는 『중국고진여행(中国古镇游)』이라는 책에서 소개하고 있다. 지금까지 호수 주변과 계곡, 산골 옛 마을들을 돌아보고 있는데 바닷가에 고촌(古村)이 있다 해서 가보기로 한 것이다. 결론부터 말하자면, 아직 고진 수준은 아니고 고진이 되어가는 중인 어촌으로 보면 될 듯하다. 우선 그 보전 상태가 그리 좋지 못하고 현지인들이 생활하는 지역이라 관광 인프라가 부족한 곳이었다. 원래

바닷가의 옛 마을 석당진(石塘镇).

독립된 섬이었던 곳을 매립해 육지와 연결한 작은 마을의 한 민박집에서 하루를 보냈다. 이 섬은 관광객들에게 색다른 재미를 선사하려는 노력이 돋보이는 곳이다. 노후된 마을의 모든 건물을 울긋불긋 여러 가지 밝은 색깔들로 도색을 해놓았으나 건너편 돌집과는 잘 어울리지 않는다는 느낌이 강하다. 그래도 급격히 변해가는 어촌 환경에서 삶을 이루어가기 위해 관광객들을 끌어들이려 노력하는 모습이라고 생각하니 바다에 가득 떠 있는 낡은 어선들과 어울려 진한 삶의 현장감이 느껴지기도 한다.

다음날 태순 옥룡산 풍경구로 향했다. 역시 무척이나 꼬불꼬불한 산길을 한참이나 올라 예약한 온천장에 도착할 수 있었다. 산의 8부 능선쯤의 숲 속 경사지에 위치한 온천을 겸한 호텔급 숙소로 비구름에 잔뜩 가려져 잘 보이지는 않지만, 구름 사이로 언뜻언뜻 보이는 경치가 매우 아름다웠다. 코로나 영향 때문인지 투숙객은 얼마 안 되는 듯하다. 산자락 벼랑에 드문드문 독채 형태로 객실을 만들어놓아 호젓하고 조용한 분위기를 만끽할 수 있었다. 이곳에 머물며 아내의 어깨도 휴식을 취하고 주변의 옛 마을들과 전통 교량인 랑교를 돌아볼 계획이다.

호텔 비용에 온천욕을 포함한 세트 메뉴인 투찬(套餐)을 예약했기에 짐을 풀고 바로 온천을 하러 갔다. 이용객이 적다 보니 커다란 노천 온천장에는 우리 부부만이 전세 낸 듯 한적하다. 온천은 만든 지 오래된 듯 시설은 노후했고 평일이라 온천탕도 몇 개 열어 놓지는 않았다. 하지만 그저 건너편 산이 훌쩍 내려다보이는 숲속의 노천 온천탕에서 우리 둘만 편안하게 즐길 수 있었음에 아주 만족스런 저녁 시

바닷가에 돌로지은 집들이 많다

마을 전체를 원색으로 칠해 놓았다.

수령이 1200년 넘은 엄청난 노거수(老巨樹) 향장목과 북간교(北间桥)

간이었다. 야외 온천에 있는 동안 컴컴한 숲속에서 '구악~ 구악~' 큰 소리로 울던 동물이 있었는데, 아침에 주차장에서 보니 털 빠진 공작새였다.

다음날은 인근 랑교문화관으로 향했다. 랑교는 한 마디로 다리 위에다 지붕 있는 주랑(走廊)을 설치한 가옥 형태의 다리다. 다리를 보호하는 역할도 하고 강이나 개울 위에 있다 보니 이런 형태의 다리를 놓아 그 다리 위에서 마을 사람들끼리 서로 교류하고 휴식하는 장소로 쓸 수 있게 만든 다목적 교량이다. 석조로 만든 것도 있으나 랑교의 고향(廊桥之乡)이라 부르는 태순에는 전통 랑교가 100여 곳을 넘는다고 하며 유네스코에 예비 문화유산으로 등재되어 있다고 한다.

랑교문화원은 자매교(姐妹桥)인 북간교(北间桥)와 동계교(东溪桥)가 있다. 이 마을은 면적이 큰 동네는 아니지만 네 방향에서 개울이 흘러드는 곳이라 교량이 많이 필요했던 것 같다. 지도를 보니 전통 량교 이외에도 두 개의 돌 징검다리를 포함해 여섯 개의 다리가 더 있다. 그중에서도 북간교는 이곳의 대표적인 전통 랑교로, 규모도 크고 모습도 매우 아름답다. 이 다리는 계곡의 징검다리를 건너서도 갈 수 있는데 징검다리 밑으로는 엄청난 수의 황금 잉어 떼가 가득하다. 무엇보다 다리 머리맡에는 1,200살이 넘었다는 거대한 노향장목(老香樟木)이 버티고 있어 그 조화가 남다르다. 다리는 강희제 때 건설했다고 하니 400여 년이 지났는데, 노향장목은

맞배 지붕 심플한 랑교.

그 당시 이미 800년이 지난 노수였을 터이니 이 나무를 고려해 조화롭게 멋진 랑교를 건설한 옛사람들의 미감이 존경스럽다.

　북간교를 지나 300m가량 더 오르면 자매교인 동계교에 닿게 된다. 이 다리는 근처 고건축물과 함께 아름다운 조화를 이룬다. 형태는 북간교와 비슷하지만, 디테일에서는 많은 차이가 난다. 이 다리 앞쪽에는 청동치제(淸東治帝) 시절 다리 중수(重修)에 참여한 기부자 명단을 새긴 중수비(重修碑)가 있는데, 많게는 20,000문(文)부터 적게는 2,400문(文)까지 기부자 명단을 새겨 놓았다.

　동계교를 돌아보고 나오는 길목에 만둣국(混沌, 혼돈) 집에서 간단히 점심을 해결했다. 만둣국도 좋았지만, 만둣국 집 사장님에게 근처에 가볼 만한 추전지를 슬쩍 물으니 30km 정도 떨어진 곳에 있는 고촌고진(庫村古镇)을 추천하신다. 어디에서도 알려주지 않은 정보인데 맛난 만둣국에 더해 좋은 정보까지 얻게 되었음을 바로 실감했다.

　고촌(庫村)으로 가는 길. 지나는 마을마다 여러 개의 랑교를 볼 수 있었다. 유서 깊은 것도 있었지만 비교적 최근에 만든 것도 있었다. 이처럼 계속 만들고 이어져 또 하나의 새로운 문화 유적이 생기고 역사가 이어지리라. 거의 모든 마을에서 볼 수 있는 랑교를 카메라에 담는다고 여러 번 데보라를 세워야 했다.

이곳저곳을 기웃거리고 마을마다 나타나는 다양한 랑교를 카메라에 담다 보니 30km를 달리는데 꽤 많은 시간이 걸린 듯하다. 오후 4시가 훌쩍 넘어서야 만둣국 사장님이 추천한 창고(庫)라는 이름을 가진 고촌에 도착했다. 옛 마을이 그러하듯이 이곳도 초입에서 볼 수 있는 마을의 풍경은 극히 평범해서 여기에 무슨 풍경이 숨어 있을까 하는 의문이 간다. 숨어있는 고촌으로 가는 길에서 관광객으로 보이는 사람을 찾기 어려웠다. 그저 동네 사람들이 거닐고 입구에는 작은 리어카에서 계란무튀김빵을 팔고 있는 할아버지 한 분이 계실 뿐이다. 입장료도 없고 그 흔한 관광객용 상점들도 없다. 아직은 알려지지 않은 곳이라는 뜻이리라. 이러니 어떤 가이드 정보에도 이 마을에 대한 정보를 볼 수 없었다. 하지만 마을로 들어서는 순간 보물을 발견한 느낌이 진하게 전해온다. 마을로 들어가는 골목이 매우 좁다. 좁은 골목을 들어서니 지금까지 본 자갈 돌길과 호박돌담은 아무것도 아니다. 온천지가 조약돌과 호박돌로 만든 그야말로 돌마을, 석두촌(石头村)이다. 이끼 가득 낀 호젓한 골목길도, 개울물 졸졸 흐르는 담장과 마당, 동네 모임에 잘 어울릴 것 같은 작은 광장과 아치형 문까지, 모든 것이 돌과 흙으로만 만들어진 마을이었다. 지금까지 가보았던 돌마을이 적지 않았는데 이곳은 돌의 점유율(占有率)이 가히 최고를 자랑할 듯하다. 본디 옛 마을은 주변에서 손쉽게 얻을 수 있는 건축 재료를 활용할 수밖에 없겠지만 이곳의 돌 사용 비율은 장난이 아니다. 동글동글한 호박돌로 튼튼한 구조의 건물을 짓기가 결코 쉽지 않을 터인데 무슨 비법이 있었는지 유심히 살펴보아도 내 상식으로는 도대체 알 수가 없다. 호박돌을 그냥 흙으로 붙여서는 이렇게 큰 구조물을 올리기가 정말 간단치 않았을 것 같다. 수백 년 세월 동안 돌을 쌓은 기술자의 노하우를 느낄 수 있다. 아무튼 동네를 사부작거리며 돌아보는 내내 360도 펼쳐지는 돌의 향연에 입을 다물지 못했다.

　마을을 돌고 나오는 길에 입구에서 아내와 맛있는 계란무튀김빵을 사 먹었다. 아주 고소하고 맛이 있다. 숙소로 돌아오는 길, 마을을 빠져나오자마자 깊은 계곡을 가로지르는 다리를 건너야 하는데 공교롭게도 오른편으로는 엄청나게 거대한 붉은 교각이 있는 현대적 다리와 왼편으로는 언제 만들었는지 모를 전통 랑교가 마주보며 묘한 대조를 이루고 있었다. 오늘은 돌마을과 나무다리의 향연이다. 내일은 복건성(福建省)으로 간다. 동월(東越) 복건성에는 또 무슨 이야기가 기다리고 있을까.

북간교 아래 냇물의 금잉어떼.

고촌(库村) 마을로 들어가는 문.

고촌의 돌담과 돌길.

창고마을 고촌(庫村)의 정겨운 돌담과 골목길.

복건성

영정토루(永定土楼).

안계(安溪)
명차 철관음(铁观音)의 발상지

　　절강성을 지나 오월(吳越)의 땅 복건성(福建省)으로 들어왔다. 복건성 면적은 대한민국보다 조금 크며(12만 ㎢) 인구는 약 3,900만 명, 산지와 구릉이 90% 이상인 아열대 지역이다. 성도는 복주(福州)이며 예로부터 해상 실크로드의 시작점이고 명(明) 영락제(永樂帝) 때 정화(鄭和) 장군이 200척의 대 선단을 이끌고 아프리카까지 진출할 당시 출발지이기도 하다. 춘추시대에는 민월국(閩越)이 있었고, 삼국시대에는 오(吳)나라 땅, 근대에는 대만(台湾)을 네덜란드에서 수복한 민족 영웅이자 마지막까지 청나라에 저항했던 명나라 충신 정성공(鄭成功)이 기반을 잡고 있던 지역이다. 지금은 좁은 해협을 사이에 두고 대만과 마주하는 예민한 지역이며, 1976년 중국이 개혁·개방을 시행할 때 대외(対外)에 우선 개방한 4대 항 중의 하나인 하문(厦門)이 있다. 그리고 광동성과 함께 세계를 주름잡는 8,000만 화교(華僑) 중에는 복건성 출신이 가장 많다. 중국이 세계로 향할 때 항상 맨 앞에서 역사적 역할을 했던 지역이라 할 수 있다. 복건성은 간략히 '민'(閩)이라고도 하는데, 이는 뱀, 곤충이라는 뜻이 들어 있다. 옛날 이곳에 뱀을 숭상하던 민족(閩族)이 살고 있었던 데서 유래한다.

안계의 차밭.

나와 복건성은 전통차(茶)로 이어지는 묘한 인연이 있다. 2004년 요녕성 심양(沈陽)에서 중국어 연수를 할 때의 일이다. 당시 중국 진출에 큰 관심이 있던 은행에서는 중국 전문가 양성 프로그램의 하나로 중국 내 대학에서의 6개월간 중국어 연수과정을 개설하고 있었다. 당시만 해도 41살 중간 간부이던 나는 두 손을 번쩍 들고 중국 연수에 도전하여 기회를 잡았다.

당시에는 청도, 대련, 심양 등지에서 연수를 진행했는데 나는 심양에 배정되어 심양대학(沈陽大学)에서 한 학기 동안 중국어 연수를 받았다. 그때만 해도 직장 생활을 시작한 지 15년 가까이 되고 조직에서 중간 간부였던 터라 정신없이 일할 시기에 나만을 위해 6개월 동안 공부할 수 있는 시간을 갖는다는 것은 어쩌면 비현실적이라고 할 만한 큰 행운이었다.

특히 내가 평소에 관심이 있던 중국이고 매일 아침 출근하는 대신 가방을 메고 강의실로 간다는 것은 격렬한 직장 생활을 하루아침에 20년 전 학창 시절로 되돌려 놓는 것이었기에 정말 하루하루라는 시간이 소중했다. 하지만 회사에서 보내주는 어학연수라는 것이 일정 수준의 성과를 요구하는 것이었기에 학습에도 열심히 매달려야 했는데 본시 어학 공부는 많은 연습이 필요한 것인지라 강의가 끝나고 나면 심양대 학생들에게 개인 교습도 열심히 받았었지만. 그것으로는 부족한 것 같아 생각해낸 방법이 시간 날 때면 인근 차루(茶樓)로 가서 중국 전통차(茶)를 즐기며 차를 우리고(泡茶) 따라주는 복무원과 자유롭게 여러 대화를 나누었다. 이 방법은 다른 중국어 학습자에게도 적극적으로 추천하는 아주 좋은 중국어 공부법이다.

이 같은 기회로 중국 전통차에 대해서도 조금씩 알게 되었다. 관련 책과 자료를 찾아보기도 하고 시간을 내어 차 도매시장이나 차구(茶具)를 파는 차성(茶城)을 돌아보는 것 또한 중국을 이해하는 하나의 큰 즐거움이었다. 그 참에 차구도 준비하고 예쁜 차호(茶壺)도 여러 개 수집해 감상하며 차루에서 보고 배운 전통 차도(茶道) 흉내를 내서 기숙사를 방문하는 친구들과 차를 마시곤 했다. 이 방법 또한 중국 방식으로 중국인들과 전통문화를 교감하고 교류하며 좋은 친구를 사귀는 아주 좋은 방법이 되었다.

의흥(宜兴)의 자사호 박물관

    중국 전통차(传统茶)를 접하면서 제일 먼저 마셔본 차가 철관음(鉄観音)이다. 향기가 일품인데, 찻잎을 우린 물은 옅은 녹색을 띠며 입안에 은은히 퍼지는 향기가 달콤해서 마치 향수를 마시는 느낌을 받기도 한다. 어떤 철관음은 밀크 향(奶香)이 나기도 하며 중국 전통차 중 10대 명차(茗茶)에 속한다. 녹차, 보이차, 홍차 등과 함께 가장 대중적으로 많이 마시는 차이기도 하다. 오래 숙성한 차는 황록색을 띠며 깊은 맛을 내는 오룡차(烏竜茶, 우롱차) 계열이다. 철관음 발상지이자 최대 산지는 복건성 안계현(安渓県)이다. 복주(福州)에서 하문(厦門)으로 향하는 남쪽에 천주시(泉州市)가 있는데 안계현은 이곳에 있다.

    중국의 차 문화를 알게 되면서부터 기회가 있다면 전통 자사호(紫砂壺)의 고향인 강소성 의흥(宜興)과 중국 주요 명차의 고향을 방문해 차밭도 보고 차를 만드는 과정 등을 참관하고 싶다는 생각이 항상 있었다. 그래서 이번 여행에서도 자사호(紫砂壺) 고향인 의흥(宜興)을 지나며 자사호 명가에서 직접 자사호 만드는 과정도 보고 작가와 교류도 했으니 안계를 지나며 철관음 문화 체험을 건너뛸 수는 없는 일이었다.

    장춘에서 벌써 10년 가까이 차를 사러 자주 가던 천도차성(泉都茶城)의 만씨유향(万氏留香) 젊은 왕(王) 사장이 생각났다. 매번 차를 사러 갈 때면 좋은 차들 대접해주면서 자신이 복건성 안계 출신이고 자기 고향 집에서 철관음 차밭과 가내공장을 운영하고 있으니 기회가 되면 꼭 가보라는 말이 생각났기 때문이다. 연락을 하자 아주 기쁜 목소리로 안계에서 차를 만드는 자신의 처가를 소개해준다. 며칠 묵으며 주변도 돌아보고 차 문화도 체험해보라는 것이다.

복주에서 3시간 이상을 달려 안계에 도착하니 참으로 선량한 인상을 한 왕 사장의 장인어른께서 오토바이를 타고 직접 마을 입구 사당 앞까지 마중을 나오셨다. 마중 나온 오토바이를 따라 조금 마을 안쪽으로 들어가니 이 지역의 전형적인 집 구조에 차 만드는 기구가 가득한 작업실까지 갖춘 농가 주택에 도착했다. 사실 장인어른의 보통화(普通話)는 복건성 사투리 억양이 상당히 심해 알아듣기가 어려웠지만 진정 반갑게 환영해주는 마음을 느낄 수 있어 감사하기 이를 데가 없다. 조금 있으니 인근에 사시는 왕 사장 부친께서도 넘어오셨다. 3,000km를 운전해서 아들이 있는 길림(吉林)에서 왔다니 여러 번이나 참으로 어려운 길을(好不容易!) 왔다고 하시며 환영해주신다. 장인어른은 이곳에서 철관음을 만드는 일을 하시고, 아버님은 2년 전에 초등학교 교사를 퇴임하셨다고 하는데 두 분 모두 인상이 인자하고 선량하여 내 마음까지 따뜻해진다. 다음날 차 만드는 과정도 보고 부친께서 직접 안내하여 동네 주변도 돌아보기로 했는데 멀리서 귀한 손님 오셨다고 잡아내신 토종닭의 시원한 국물과 준비해 간 백주를 마시며 시간 가는 줄 모르고 즐거운 시간을 보냈다. 방언이 잘 안 들려 정신 차리며 마시다 보니 잘 취하지도 않는 저녁이다. 장인어른이 마련해주신 2층 방에서 편한 밤을 지내고 아침 일찍 내려와 보니 벌써 장인어른은 차를 만드시느라 바쁘다. 가만히 보고 있자니 보통 복잡하고 수고가 들어가는 작업이 아닌 듯하다. 원래 청차(淸茶) 계열 우롱차인 철관음은 녹차의 살청(殺菁) 방식과 홍차의 발효 방식을 혼합해서 만든다. 그래서인지 녹차의 향긋함과

왕 사장의 장인어른과 나누는 차담(茶談).

홍차의 무게감을 동시에 갖고 있다.

　철관음(铁观音) 만드는 과정을 간단히 소개한다.
　첫째, 위조(萎凋, 그늘에서 찻잎을 시들게 하는 과정), 둘째, 살청(殺菁, 가열해서 찻잎의 산화 요소를 활성화함), 셋째, 유념(揉捻, 덖거나 비벼서 이파리에 상처를 내서 차 성분이 잘 빠져나오게 함), 넷째. 홍간(烘干, 차를 건조함) 등으로 이루어지는데 찻잎을 따는 과정부터(특히 유념은 아주 여러 번 반복해야 하므로 기계의 힘을 일부분 빌리기는 하지만) 혼자서 작업하기에는 아주 수고로운 과정이다. 나도 열심히 작업하시는 데 방해되지 않을 만큼만 거들며 차 만드는 과정을 유심히 살펴보았다. 향기로운 차 한 잔에 참으로 많은 노고가 숨어 있다.
　차 만드는 과정을 보고 있자니 어제저녁 취하셨던 아버님이 쌩쌩한 모습으로 오셨다. 같이 동네 주변을 돌아보잔다. 정말 감사한 마음으로 마을 토박이 가이드를

살청(殺菁).

유념(揉捻).

검지(检枝).

위조(萎凋).

모시고 마을 탐방에 나섰다. 이 마을(사평전, 송암촌)에는 400년 된 철관음의 발상지와 원조 차나무가 있고 동네 주민들은 아주 오래전부터 철관음을 만드는 것을 주업으로 살아왔는데 높은 산 위에 꼬불꼬불 수많은 집들이 흩어져 있는 차밭을 가꾸고 차를 만들며 살고 있다.

먼저 간 곳은 마을 산 위에 있는 도관(道館)이다. 경사가 급한 산비탈에 위치한 최근에 지어 놓은 도교의 도관(道館)인데 앞쪽에는 계곡을 건너는 아찔한 유리 다리가 있고 맞은편 계곡에는 더 아찔한 롤러코스터를 건설하는 중이었다. 앞산의 전경이 멋들어진 곳이었다.

다음으로 들린 곳은 철관음 발상지인데, 400년 전 이 마을에서 처음 철관음을 만들었던 차나무가 있고 멋진 석주로 이 차나무(老茶樹)를 보호하고 있다. 발상지를 지나 계속 산길을 오르니 생각지도 못했던 산속 마을들이 연이어 나타난다. 차밭이 산속에 있다 보니 예전부터 차밭을 따라 산속에 집을 짓고 모여 살기 시작하여 지금도 많은 주민이 살고 있다. 발상지도 해발이 상당히 높은 지역인데 이곳보다 높은 지역에 사는 주민만 1만 2,000명이 넘는다고 한다.

200년 전 지은 옛집도 돌아보고 선조인 왕씨(王氏)가 이곳에 처음 정착한 곳까지 둘러보았다. 시간이 지나면 이곳도 유서 깊은 고촌(古村) 중 한 곳이 될 것 같다. 60~70년대 당시에는 이곳에서 많은 사람이 동남아로 이민을 갔다고 한다. 산꼭대기에는 싱가포르에 있는 이곳 출신 화교가 투자해 만든 커다란 철관음 공장이 있다. 최신 설비를 갖추고 차를 만들고 있기에 가까이 가보니 철관음 차의 향기가 공장 주변에 가득하다. 공장을 돌아보고 구

보호각 속에는 이 마을 최초의 철관음 차나무가 있다.

불구불 산길을 내려와 동네에 맛있는 식당에서 점심까지 잘 대접받고 돌아왔다. 장인댁으로 돌아오니 아침부터 만들던 철관음을 거의 완성하셨다. 방금 만든 철관음을 우려서 마시니 향기가 입안에 진동한다. 아, 역시 중국은 차의 나라다!

  이틀간 차 문화 체험과 산촌 생활을 체험한 것은 이번 여행에서 또 하나의 즐거움이자 오래 기억할 수 있는 추억이 되었다. 왕 사장의 장인께서는 오늘 손수 만든 차를 크게 한 봉지 선물하신다. 그 많던 찻잎이 크지 않은 비닐봉지 속에 담겨 있는데, 그 수고로움이 잔뜩 묻어 있는 차를 선뜻 받아오기 어려웠지만 마구 안기시는 그 정겨운 손길을 뿌리칠 수 없었다. 그저 즐겁고 고마운 안계(安溪)에서의 이틀간의 정감 어린 차 문화와 산촌 체험이었다.

산 능선을 따라 차밭과 마을이 펼쳐진다.

고랑서

중국의 지중해

고랑서(鼓浪屿)는 복건성 제2의 도시이자 해변의 휴양지로 유명한 하문(厦门)과 좁은 해협을 마주 보고 있는 작은 섬이다. 1843년 하문에 상업 항구가 개항되었고, 1903년 이 섬은 공동조계(외국인과 중국인의 공동 거주지)로 정해져 외국의 건축 양식과 중국의 전통 건축양식이 조화된 독특한 아모이 데코(Amoy Deco)라는 건축 양식이 발달했으며, 지금도 잘 보존되고 있는 지역이다. 지금도 하문의 여러 곳에 있는 부두(码头)에서 배를 타야만 갈 수 있는 곳으로 행정 및 공익 목적 외 차량은 들어올 수 없다. 섬에서 필요한 물건들은 사람이 끄는 인력거나 수레를 이용하여 골목골목 배달하고 있다. 20여 년 전에도 한 번 다녀간 적이 있었는데, 시간적 이유 때문에 그냥 스쳤다 할 정도로 훌쩍 지나간 곳이기도 하다. 당시 기억에도 매우 아름다운 녹지와 옛 건물들이 조화롭게 배치되었다는 인상을 받은 곳이다. 언젠가 여유를 가지고 다시 한번 돌아봐야겠다고 생각했던 터라 당연히 이번 여정에 포함시켰다.

하문의 송고(嵩鼓) 부두에서 배를 타고 섬으로 가는 바닷길이 너무도 시원하고 상쾌하다. 섬 부두인 내조오(內厝奧)에 내려 짐을 들고 800m 거리를 걸어서 예약한 코린트풍의 기둥이 아름다운 호텔 영순여관(永順旅館)에 도착해 마당 의자에

고랑서는 바다 건너 하문(厦门)시와 마주 보고 있다.

앉아 저녁 바람을 맞으며 여유를 즐겼다. 100여 년은 족히 된 것 같은 유럽풍 건물 구석구석에 예쁜 중국식 탁자와 의자를 배치해 놓았고 테라스에도 등나무 벤치를 놓아 여유롭고 고급스러운 분위기를 연출하고 있다.

다음 날 그동안 밀린 여행기를 블로그에 포스팅하고 난 후 점심나절을 지나 섬 탐방에 나섰다. 골목길을 오른쪽 방향으로 계속 걸어가면 섬을 한 바퀴 돌 수 있으리라. 아기자기하고 예쁘게 배치된 주택들과 멋진 건물들이 연이어 나온다. 차량이 없다 보니 정말 걷기에 쾌적하다. 사람들만 다니는 작은 터널도 몇 군데 있다. 터널 벽에는 연인들이 남겨 놓은 사랑의 낙서들이 즐비하다. 천천히 걷는 속도는 시야에 들어오는 모든 정보를 소화시키기에 충분하다. 『나는 걷는다』라는 여행기를 쓴 프랑스 여행가(베르나르 올리비에)는 오로지 걷기만을 고집하여 세계를 모두 돌아다녔다고 한다. 인간의 감성을 통제하는 우리 뇌 속의 CPU는 걷는 속도에서만 오감으로 얻는 정보를 소화하는 데 최적화되어 있다는 생각이 든다. 그래서

사람만 통행이 가능한 전용 터널, 안은 아주 시원하다.

도무지 자랄 수 없을 것 같은 바위틈에서 자라는 거대한 영험나무 용수(龙树).

산보가 좋은가보다.

　골목길을 돌아 고랑서에서 가장 높은 곳인 일광암(日光岩)에 올랐다. 역시나 또 만만치 않은 입장료를 받기에 건너뛸까 하다가 입구의 안내판을 보니 '고랑서에서 이곳에 오르지 않으면 하문에 괜히 온 것'이라는 조금은 위협적인 소개가 자존심을 건드린다. 결론은 안 올라갔으면 후회했을 것 같다!

　일광암(日光岩)을 오르는 길 초입에는 화려한 지붕 장식의 사찰이 하나 있고 대웅전을 오른쪽으로 돌아가면 큰 바위들이 줄지어 서 있는데 바위마다 누가 무슨 뜻으로 파 놓았는지 모를 수많은 붉은 서각들이 즐비하다. 이곳을 다녀간 사람들이 주체하지 못할 감흥을 남겨 놓았으리라. 암튼 뭔가를 남기기 좋아하는 사람들답다. 바로 위에는 거대한 바위 사이로 뿌리를 박고 자라는 커다란 용수(龙树) 한 그루가 영험한 기운을 풍긴다. 아! 생명의 끈질김과 살고자 하는 생물들의 작용이란 참으로 위대하다. 일광암 정상에서는 섬 전체가 한눈에 잘 내려다보인다. 더불어 노강해협(鹭江) 건너편으로 하문시의 초현대식 빌딩들이 멋드러진 스카이라인을 연출하고 있다. 날씨도 아주 청명해서 붉은 지붕들이 듬성듬성한 녹색 섬의 경관과 바다의 푸른 색조, 건너편 건물들과 파란 하늘이 조화를 이루며 장쾌함과 상쾌함을 동시에 선사한다. 50위안 입장료가 아깝지 않은 풍경이다. 해변으로 내려오니 백사장도 예쁘다. 이른 더위에도 젊은이들은 그저 발랄하고 즐거운 표정들이

일광암에서 바라본 고랑서 해변.

다. 계단에 앉아 이들을 보고 있으니 자연스레 우리도 기분이 좋아진다. 역시나 젊음은 좋은 것이다. 그래서 우리도 좋다. 섬을 서쪽으로 돌다 보니 오후의 햇살이 뜨겁다. 작은 터널을 지나 좁은 길을 오르자 섬의 역사를 말해주는 공동묘지가 있고 드리워진 키 큰 흰색 야자수 그늘이 한적한 분위기를 자아낸다. 갑자기 예전에 파리의 공동묘지에서 쇼팽과 보들레르의 묘지를 찾아 헤매던 생각이 난다. 묘지는 밝은 햇살 아래서도 엄숙하다. 좁은 길을 지나 골목길을 걷자니 바로 우리가 묵고 있는 호텔이 나온다. 걷는 길이 골목길이라 높은 담장과 건물에 가려있어 지도를 들고 다니는데도 방향을 잡기가 쉽지 않다. 우선은 햇살을 피해 호텔에서 잠시 휴식을 취하다 아내의 손을 잡고 멋진 저녁 식사를 기대하며 식당 사냥에 나섰다. 집집마다 작은 식당들은 많았지만 적당한 곳을 찾기가 쉽지 않다. 기웃기웃 여러 곳을 지나 2층을 테라스로 꾸민 근사한 식당을 발견했다. 역시 눈썰미(眼光)가 중요한 것이다. 유명한 관광지인데 생각보다 해산물도 싱싱하고 가격도 저렴하다. 우럭, 낙지, 조개, 굴에 빈대떡까지 시키고 청도 맥주를 5병이나 해치운 아름다운 저녁이었다. 꾸랑위(고랑서)의 저녁 바람은 청도 맥주보다 시원하다.

다음 날 아침 호박죽 한 그릇 먹고 섬을 나섰다.

고랑서의 돛대인 듯 보이는 해협 건너 하문의 빌딩.

토루

세상에서 가장 특이한 집단주택

냉전(冷战)이 한창이던 60~70년대 미국 정보기관에서 중국의 핵(核)시설로 오인했었다고 알려져 유명해진 토루(土楼). 토루는 중국의 특별한 집단 주거 건축물이다. 2008년 유네스코 세계문화유산으로 등재되면서 세계적인 유적으로 알려지게 되었다.

토루는 원형(圆形) 또는 방형(方形), 반원형(半圆形), 전방후원형(前方后圆形) 등 여러 형태로 나타나는데 외부 침입을 방어할 목적으로 외벽을 흙이나 돌로 쌓고, 출입구와 외부 창은 최소화했으며 내부에는 사람이 거주하는 주택을 배치하여 공동의 공간에서 생활하게 만든 옛날식 아파트라고 할 수 있다. 빠르게는 송(宋)나라 때부터 이러한 건축이 만들어지기 시작했다. 명, 청대를 거치면서 대형화되고 다양한 형태로 발전되어 중화민국 시대를 거쳐 1960년대에 이르기까지 600년 이상을 지속적으로 건설되어 온 이 지역 특유의 주거 형태이자 건축방식이다.

오래전 이러한 토루가 유네스코 문화유산에 등재되었다는 뉴스를 접하고 그 모습을 사진으로 봤을 때 참 희한하고 신기해서 언젠가 가봐야겠다는 생각을 했었다. 이번 탐사에 이곳을 넣어 놓고 잔뜩 기대에 부풀어 있었다. 바이두(百度)를 검색해보니 토루는 복건성과 광동성에 주로 분포되어 있다. 현재 남아있는 토루가 전체적으로 3만 채가 넘는다고 한다. 복건성에 70%가 분포되어 있고 그중에서도 안화현(安化县), 남정현(南靖县), 영정현(永定县) 등이 주요 분포 지역인데, 여러 건축양식을 대표하는 토루가 이곳에 집중되어 있다고 한다.

초기 토루들은 규모가 작았으나 점차 커지면서 안화현에 있는 이의루(二宜楼)는 100여 가구가 한 번에 거주할 수 있을 정도의 규모를 자랑하여 '토루의 왕(王)'이라는 별칭을 가지고 있다. 남정현에 있는 전루갱(田螺坑) 토루군에는 4개의 원형 토루와 1개의 방형 토루가 어우러진 특이한 형태도 있다. 구조도 시간이 감에 따라 점점 복잡해지고 다양해져 토루 내부에 사당(庙)이나 별도의 건물들을 추가하여 편의성과 활용도를 높인 다양한 형태의 토루들이 건설되었다.

사채일당(四菜一湯)이라는 별명이 붙은 전루갱 토루군.

    이번에는 남정현과 영정현의 토루군(土樓群)을 답사할 계획이다. 먼저 남정현에 가까워지자 각종 안내판이며 이정표식이 원형 토루를 흉내 낸 것으로 변하더니 도로변에 진짜 토루가 하나씩 나타나기 시작한다. 큰 규모의 원통형 토루를 보는 것은 신기하고 특이한 경험이었다. 예전 미국 정보기관이 항공사진을 보고 이걸 사람 사는 집으로 생각하기는 쉽지 않았을 것이다. 핵시설로 오인했을 수도 있겠다는 생각이 드니 웃음이 난다.

    내비게이션에 표시된 토루 유적지의 입구에 도착해 입장권를 사고도 12km는 더 가야 한다. 유적에서 이렇게 멀리 떨어진 곳에 매표소를 만들어놓은 이유는 유적의 분포지가 매우 넓어서 유적에 접근하는 길 자체를 막고 입구 삼아 입장료를 받기 때문이다. 중국에서는 공공박물관을 제외하고 입장료 안 받는 곳은 기대하지 말아야 할 것이다. 큰 산언덕을 굽이굽이 돌아 도착한 첫 번째 토루군은 복건성 토루의 대표작이자 내가 가지고 있는 『중국고진유(中国古镇游)』라는 옛 마을 전문 소개 가이드북 표지를 장식하고 있는 전루갱(田螺) 토루군이다. 전루갱은 비교적 높은 산의 중턱에 위치하고 있는데 위쪽에서 내려다보는 토루군과 동그랗고 네모난 형태가 어우러진 마을의 전체 모습은 신기하고 꽤나 아름답다.

토루의 입구에서 정담을 나누고 계신 노인분들

전망대에서 계단을 한참 내려가면 토루에 다다르는데 가까이서 본 토루는 거대한 흙벽의 원통과 사각 통처럼 보인다. 하나밖에 없는 대문으로 들어가면 내부에는 공동으로 사용하는 우물과 마당이 있고 사람이 거주하는 가구의 주방과 거실이 있는 1층은 마당을 향하고 있는데 상당 부분은 상점으로 개조되어 있어서 마당에 늘어놓은 진열대 때문에 상당히 복잡해 보인다. 아무튼 하나의 건물 안에 여러 가구가 빵 둘러서 생활하고 있다는 사실이 재밌고 독특하다. 산적과 왜구들의 침

네모난 집 네모난 하늘.

략이 얼마나 심했던지 생존을 위한 인간들의 고뇌와 그 고민들이 생활 속에 어떻게 반영되고 있는지 명쾌하게 알려주는 거주 형태이다. 특히나 토루의 모양에 따라 네모나거나 동그랗게 올려다보이는 하늘이 참 재미있다. 내부를 한 바퀴 쭉 둘러보니 기념품 파는 상점의 마음씨 좋게 생긴 아저씨 한 분이 차나 한잔하고 가라며 발길을 잡는다. 전망대에서 계단을 한참 내려왔기에 다리도 뻐근하고 목도 마른 참이라 잠시 앉아서 차 한 잔을 얻어 마셨다. 앉은 김에 왜 그 옛날에 이런 건물을 짓게 되었는지 사연을 물어보았다. 그의 대답은 예상대로 토비(土匪)들과 왜구(倭寇)들의 침입을 방어하기 위해서라고 한다. 일본 왜구들이 그 옛날 중국 땅에 이런 주거 형태를 만들게 했구나 생각하니 우리도 왜구의 침략에 몸서리친 경험이 있어 쉽게 공감이 되었지만, 왜구들의 침략과 노략질을 훨씬 더 많이 받았던 우리는 왜

토루 안에는 텃밭도 있다.

원형의 토루(土楼)

이런 생각을 못 했을까 의아해지기도 한다. 이렇게 많은 가구가 한 건물에 같이 살려면 사이가 좋아야겠다고 말하자, 당연히 화목이 가장 중요하지만 대부분 한 성씨를 가진 일가 친족들이라 사이가 좋다고 한다. 차도 얻어 마시고 궁금한 것도 해결했으나 그냥 가기에는 낯이 간지럽다. 냉장고에 붙이는 자석 기념품과 이 동네에서만 만든다는 담배 한 갑을 사서 일어났다. 네 개의 요리와 하나의 탕국, 즉 사채일탕(四菜一汤)이라는 별명이 붙은 전루갱 토루를 다 돌아보고 관상대로 되돌아와 다시 마을을 내려다본다. 세상의 모든 존재는 다 존재할 이유가 있을 텐데, 이 산골짜기에 저런 집을 짓고 수백 년을 살아야 할 절실한 이유를 생각해보니 우주정거장 같이 생긴 마을이 정겹게 보인다.

20여 분을 더 달려 계곡을 내려오면서 개울가에 흩어져 있는 여러 토루들을 기웃기웃 들여다보았다. 대부분의 토루에는 아직도 사람들이 살고 있다. 그러나 어떤 토루는 매우 낡은 상태로 방치되어 있는 것을 보니 비싼 입장료를 받는 지방정부가 보수에 신경을 좀 더 써야겠다는 아쉬움이 든다. 계곡을 따라 이어진 토루들은 전루갱처럼 상업화되지는 않았지만, 주민들이 생활을 영위하는 터전이며 동시에 관광객의 참관이 허용되는 곳이다. 저녁을 준비하는 아줌마, 아저씨들의 분주한 손길과 문 앞에 앉아 여유로운 환담을 즐기는 할머니 할아버지들의 모습이 무척 평화로워 보인다. 여기에 사는 이들에게 토루는 그냥 삶을 영위하는 집일 뿐이다.

사각형의 반듯한 토루.

계곡을 따라 탑하촌(塔下村)에 이르자 이미 날이 어둑하다. 자유여행 전문가의 안목을 발휘하여 주변에 깔끔해 보이는 객잔(客栈)으로 재빨리 들어가 짐을 풀고 여독을 풀었다. 역시나 안목은 편안한 휴식을 준다.

다음날 미처 답사를 끝내지 못한 마을 구석구석을 돌아보았다. 비슷비슷하게 생긴 토루가 식상해질 즈음 마을 뒤편의 비교적 높은 곳에 있는 장씨사당(张氏崇祀)을 찾아갔다. 사당보다도 사당 앞에 즐비하게 늘어서 있는 석용기(石龙旗)가 특이하다. 장씨(张氏) 집성촌인 이 마을의 집안 사당인데, 청나라 때부터 장씨 집안에서 나름 출세한 인물들이 기념할 만한 사건이 있을 때 하나씩 새워놓은 석주(石柱)들이다. 기다랗고 날렵한 석주 중간에는 용(龙)을 새겨놓고 끝을 날카롭게 깃발처럼 만들었는데 다른 지역에서는 보지 못한 이 지역의 풍습인 듯하다. 깃발 앞쪽에는 각 깃발을 세운 사람들과 연대(年代), 세운 이유를 기록한 일람 판이 설치되어 있다.

장씨사당은 출입문과 본당의 처마를 아주 화려하게 타일로 치장해 놓았다. 강소성부터 보이기 시작한 하늘로 치솟은 처마 스타일은 이곳에서는 그 도를 더하여 건물의 처마와 용마루의 장식은 건물을 압도할 정도이다. 이러한 처마와 지붕의 화려한 장식문화는 베트남이나 태국 등 동남아의 전통 건물에서도 볼 수 있는데 아마도 이곳 건축 스타일의 영향을 받은 것이 아닐까 생각해본다.

남정의 토루군 답사를 마치고 또 다른 토루의 밀집 지역인 영정현으로 간다. 영

장씨사당과 석용기.

정현은 남정에서 멀지 않아 차로 30분 정도면 도착한다. 이 지역 토루들은 남정현의 토루들보다 늦게 지어진 것들이 많아 당연히 규모도 크고 내부 구조도 복잡하고 화려하며 남정 토루보다 보존 상태도 좋다. 여느 마을들처럼 마을 중심을 흐르는 큰 계곡을 따라 2km 정도를 올라가며 계곡 좌우로 다양한 형태의 토루들이 배치되어 있다. 이곳에 있는 복건 토루들 중에는 특이한 구조를 지닌 토루들이 많다. 규취루(奎聚楼)는 방형(方形) 토루 안에 궁전식 사원을 설치한 것이고, 광유루(光裕楼)는 눈목자(目) 형태로 3등분 되어 있는데 청나라 때 사업으로 돈을 번 우애 좋은 임씨(林氏) 삼 형제가 협동하여 지은 토루라 한다. 그중에서도 특이한 토루는 진성루(振城楼)인데 상당히 규모가 큰 이 토루는 안팎으로 2중의 원형 토루가 있어 토루 안에 또 다른 토루가 있는 구조다. 모든 토루는 공통으로 토루의 한가운데에 재물신(財神)을 모시는 사당이나 조상을 모시는 제단을 설치하고 있다.

 오랫동안 기대했던 토루지만 짧은 시간에 하도 많이 보다 보니 모두 그게 그것 같다. 하지만 여러 토루들이 시대를 지나면서 다양한 변형(変形)과 변주(変奏)가 일어나고 있는 것은 확실히 느껴졌다. 비슷한 토루들을 보며 서로의 차이점을 하나하나 찾아보는 것 또한 영정 토루군을 답사하는 커다란 재미였다. 출구로 내려오는 길에는 마을의 유서를 증명해주는 예쁜 돌다리도 있고 엄청나게 큰 나무가 큰 그늘을 만들고 있다. 나무 그늘 밑에서 잠시 쉬며 지친 다리의 피로를 풀어본다. 떠나기 전에 전통 토루 안에 있는 식당에서 지방 특산 음식으로 주린 배를 채웠다. 절인 찻잎 돼지고기 찜 그리고 말린 죽순과 버섯볶음으로 점심을 먹고 한나절 반 동안의 복건성 토루 답사를 마무리했다. 일본의 한 건축학자는 이곳의 토루군을 보고 '하늘 아래 나비(飞碟)요, 땅 위에 핀 버섯(蘑菇)'이라고 했다는데 다른 것은 잘 모르겠고, 핵시설이 절대 아닌 것은 확실하다.

규취루(奎聚樓) 안에는 공적식 사원이 있다.

정겨운 돌 징검다리.

광동성

천년요채(千年瑤寨)

남화선사(南华禅寺)

중국 선종(禅崇)의 본산

원래 일정은 복건성에서 토루(土楼)를 답사한 후 남쪽으로 내려가 심천(深圳)과 광주(广州) 등 주강(珠江) 삼각주의 일선(一线) 대도시를 돌아본 다음 해안선을 따라 더 남쪽으로 내려가는 계획이었다. 그런데 벌써 장춘을 떠나온 지 50일이 넘고 있는데 거리상으로 볼 때, 계획된 전체 여정의 1/5도 소화하지 못하고 있다. 이 지역은 광주, 심천, 주해 등 발전된 주장 삼각주 지역으로 예전에 방문한 적이 있는 곳이기에 아쉬움을 뒤로하고 방향을 서쪽으로 돌려 애초 여정에서 제외되었던 단사산(丹霞山)으로 향하기로 했다.

단사산은 광동의 대표적인 카스트르 지형의 산으로, 붉은 석회암들이 오랜 기간 침식을 거쳐 만들어낸 자연경관이 빼어난 곳으로 널리 알려져 있다. 이틀간 비가 뿌리는 붉은 기암 산세를 감상하는데 투자한 시간은, 중국 남부의 지형미와 삼림 생태를 감상할 수 있었기에 아깝지 않은 시간이었다. 단사산은 해발 400m 정도의 낮은 고도, 넓은 지역에 걸쳐 퍼져있는데 고도가 높지 않은 지역임에도 지형의 웅장미와 아기자기한 암벽미를 고루 갖춘 멋진 경관을 뽐내고 있었다. 울창한 아열대 밀림 숲이 지금까지 봐온 여느 숲들과는 많이 다르다.

단사산(丹霞山)에서 중국 선(禅)불교의 총본산(本山)인 남화선사(南华禅寺)까지는 1시간 정도를 차로 달려야 한다.

남화선사는 중국의 선불교에서 매우 중요한 위치를 차지하는 사찰이다. 남북조(南北朝) 양무제(梁武帝) 시기에 건립되어 당나라와 송나라를 거치며 선종(禅宗)의 주 사찰로 발전되어온 역사를 자랑하는 불교 사원이다. 중국 선불교의 전래와 발

단사산 붉은 사암절벽과 깊은 계곡.

전에는 중요한 두 인물이 있다. 한 사람은 인도에서 중국으로 건너와 선불교를 전파한 달마(达摩)대사이고, 다른 한 사람은 그의 6대 제자인 혜능(慧能)선사이다.

중국 남북조 시대, 인도 승려였던 달마대사는 바다를 통해 중국 땅에 도착해 숭산(嵩山)의 소림사(少林寺)에서 9년간 면벽 수도를 했다. 붉은 눈이 내린 후에야 제자로 받아주겠다는 달마의 말에 스스로 팔을 잘라 제자가 되었다는 첫 상좌인 혜가로부터 6대를 내려와 당나라 때 혜능(慧能)선사에 이르러 중국에 선종이 중흥하게 되었다. 선종(禪宗)은 글과 말 즉 경전을 통한 공부보다는 참선을 중시하여 스스로 도를 닦아 깨우침을 얻음으로써 부처가 될 수 있다고 강조한다. 혜능선사 스스로가 일자무식으로 글을 몰랐음에도 참선을 통해 깨우침을 얻어 이를 증명했고 달마대사의 6대 제자(六祖)가 되었으며, 그 자신이 43명의 제자를 받아들여 이때부터 북종선(北宗禪)과 대립하던 남종선(南宗禪)이 선종의 주류로 발전하게 되었다. 특히 대중 교화를 중시하는 대승 불교에서도 문자나 말에 얽매이지 않고 끊임없는 참선을 통한 스스로의 깨우침을 요구하는 종풍(禪风)을 일으켜 한반도와 일본으로까지 전파된 선불교의 부흥을 일으킨 것이다.

남화선사는 불교의 중흥조(祖)인 혜능선사의 진신(真) 등신불(等身佛)이 모셔져 있는 중국 남종 선불교(南宗禪佛教)의 본산이다. 혜능선사가 입적한 곳은 원래 이곳이 아닌 고향의 한 사찰이었으나, 진신불이 이곳에 모셔진 것에는 사연이 전해진다. 혜능선사는 살아서도 법(法)과 명성이 높아 당시 측천무후로부터 받은 많은 하사품이 전해지고 있을 정도인데, 입적 후 그의 두 제자가 서로 스승의 법구(열반하신 스님의 시신)를 자신의 절로 모시려고 경쟁하는 바람에 결국은 향을 피워 그 연기가 가리키는 방향인 이곳으로 모셔왔다는 것이다. 선불교가 주류를 이루는 한국 불교 조계종의 조계(曹溪)도 남화선사 앞을 흐르는 개천의 이름에서 유래했다고 한다. 한국의 불교 신도들이 순례하는 곳이기도 하다. 사찰 문안으로 들어서면 거대한 향로에 신자들이 피운 향(香) 연기가 자욱해 신비감을 더한다. 향로 맞은편에는 아마도 재물 신(財神)일 듯한 불상이 모셔진 작은 전각이 있으며, 이 곳에는 많은 공양물이 올려져 있다.

단사산의 대표적 풍경, 양원석.

해발은 400m 정도이나 산자락은 넓다.

단사산 계곡의 울창한 대숲 길.

반달 모양의 연못에 걸쳐진 다리를 지나면 노란색 벽과 웅장한 문이 나오는데, 그곳엔 보림도량(宝林道场)이라 적힌 현판이 걸려있다. 남화사의 원래 이름은 보림사(宝林寺)였는데 송나라 때 남화사로 바뀌었다고 한다. 광동의 제일 사찰(东奥第一宝刹), 남종최고법문(南宗不二法门)이라는 주련(柱联)이 사찰의 위엄을 보여준다. 이 문으로 들어가면 미륵불을 모신 천왕보전(天王宝殿)을 지나고 멋진 분재들이 가득한 마당을 지나 커다란 은행나무가 보위하듯 서 있는 대웅보전에 이르게 된다. 대웅보전에 모셔진 본존 부처님은 인상이 유달리 후덕해 보인다. 그런데 여느 절과는 달리 비 오는 날인데도 참배객들이 대웅전에 들어가지도 못한 채 계단에 마련된 공덕함(功德函) 앞에서 내리는 비를 맞으며 참배를 드리고 있다. 이렇게 후덕하게 생기신 부처님은 비 오는 날 찾아와 참배하는 사부대중들이 밖에서 비 맞는 걸 좋아하지 않으실 텐데… 대체 누굴 위해 그렇게 큰 법당을 만들어놓은 것인지 21세기 혜능의 제자들은 참선보다 각성을 먼저 해야 할 것 같다. 대웅전 뒤편으로는 불경과 혜능선사의 유물이 모셔져 있다는 장경각(藏经阁)이 있다. 다시 그 뒤편으로는 혜능선사가 입적하고 5년 후에 세웠다는 큰 전탑(砖塔)인 영조탑(靈照塔)

▲당나라때 조성한 영조탑(靈照塔).

▲혜능선사의 전신불.

이 있다. 본디 이곳에는 혜능선사의 등신불을 모셔져 있었다고 하는데 탑이 부서질까 걱정돼 탑 뒤편으로 조전(祖殿)을 지어 모셨다고 한다. 남화선사의 전각들은 역사가 그리 오래돼 보이지 않았지만, 영조탑만은 당나라 형식의 전탑으로 유서가 있어 보인다. 많은 참배객과 신도들이 비를 맞으며 일렬로 합장한 채 탑돌이를 하고 있어 경건함이 느껴진다.

드디어 혜능선사의 진신 등신불이 모셔져 있는 조전(祖殿)에 도착했다. 대부분 사찰에는 본존불이 모셔져 있는 대웅보전이 주전(主殿)인데 이 남화사는 사찰 전체의 무게 중심이 이곳 조전으로 쏠려있는 느낌을 지울 수 없다. 참배하는 신도들의 경건함과 공손함도 이곳에서 그 진지함이 더하는 듯하다. 혜능선사의 무게감과 존재감이 느껴진다. 전각 안에는 검은색으로 옻칠을 한 세 분의 등신불이 모셔져 있는데, 가운데 분이 혜능선사이고 양옆으로 명·청 시대의 단전선사와 감산선사의 진신상이 시좌하고 있다. 진신불은 법구를 그대로 방부 처리해서 모신 불상이기 때문에 좀 더 신비감과 영험함이 느껴진다. 하지만 등이 굽은 채로 불상이 되어 1,500년을 법좌에 앉아계신 선사의 진신불을 알현하는 마음이 마냥 편치만은 않다. 불심 박약한 뜨내기 신자의 불경함과 그날따라 추적추적 내리는 비 때문이었으리라. 역사를 보자면 불경한 자들이 나뿐만은 아니었던 것 같다. 무지몽매했던 문화혁명 당시의 겁 없는 홍위병들이 이곳에 난입해 진짜 진신불이 맞느냐면서 불

혜능선사의 등신불이 모셔진 조전(祖殿)

상의 팔을 깨부쉈는데 속에서 뼈가 나와 줄행랑을 쳤다고 한다. 아미타불!

박약한 불심이지만 마음을 경건히 하고 선사의 진신불 아래 무릎 꿇어 삼배를 드리며 진심으로 빌어본다.

"부디 선사님의 선불교가 크게 번창하고 있는 나의 조국 대한민국에 큰 자비를 베푸시어 미움과 증오가 조금이라도 적어지는 세상이 되게 해주세요."

일자(一字)형으로 전각들이 깊숙이 이어지는 남화사의 맨 마지막 전각은 조전(祖殿)이 아니었다. 조전 뒤편엔 당대 중국의 최고 고승으로 추앙받는 허운(虛雲) 화상을 모신 아담한 전각이 하나 더 있다. 허운 화상은 1858년에 출생해 1920년대 이곳 남화선사의 주지와 1950년대 중국 불교협회 회장, 정치협상회의 대표를 하신 분으로 높은 법력과 속세의 벼슬까지 역임했다. 어지러웠던 중국 현대사에 중국 불교의 선맥(禅脉)을 계승해 선풍(禅风)을 일으키고 불교 관련 서적도 많이 저술했다. 무엇보다 그의

120세까지 살았다는 허운 스님의 등신불.

나이 119세까지 장수함으로써 불교계는 물론 중국혁명기에 많은 정치가가 그의 영향력에 기대보고자 찾았던 분이다. 전각에 모셔져 있는 이분의 불상은 진신불은 아닌 것 같지만 전각 안에 사진과 불상이 같이 모셔져 있어서 아주 오랜 옛날 일처럼 여겨지며, 현실감이 덜한 혜능선사의 등신불과 대비되어 살아있는 중국불교의 생명력과 깊이가 실감 났다. 절 답사를 끝내고 돌아 나오는 길에 혜능선사가 지팡이로 찾아냈다는 샘물과 스님들이 기거하는 요사채를 슬쩍 들여다봤다. 빨랫줄에 걸려있는 너무도 평범한 스님들의 생활 빨래들은 사연 많을 출가승들의 평범하지 않은 인생길과 겹쳐진다. 스님들 성불(成佛)하세요!

천년요채(千年瑤寨)
천년을 이어온 요족(瑤族)의 산채마을

남화선사(南华寺)의 조계(曹溪)를 뒤로하고 260km를 더 달려 도착한 연남(连南)현은 별다른 특색이 없는 지역인 듯하다.

할머니의 뒷모습에 쇠락하는 천년요채의 그림자가 짙게 드리운다.

이번 여정에 세웠던 해 떨어지면 운전하지 않는다는 원칙을 깨고 저녁 8시가 넘어서야 연남현(连南) 시내에 도착했다. 비도 내리고 이 지역 지리나 정보에도 어둡다 보니 여행 속도를 좀 늦추기로 했다. 정보도 수집하고 여러 가지 정비도 할 겸 다음 날은 날씨 상태에 따라 하루를 숙소에서 더 쉬거나 혹은 가깝고 적당한 곳을 둘러보기로 했다. 이 지역에는 요족(瑤族)의 몇몇 오래된 산채(瑤寨)들이 있다고 한다. 다음 일정이 광서성의 계림 방향으로 향하기 때문에 순로(順路)에 있는 요족의 옛 마을 요채(瑤寨)를 찾아보기로 했다. 사실 광동, 광서, 호남성 접경 지역인 이곳 주변에는 광대한 영역에 걸쳐 옛 요족마을(瑤寨)들이 산재하고 있다. 광서성으로 향하는 순로 상에 산배요채(三排瑤寨), 천년요채(千年瑤寨)라고 표시된 곳이 내 촉에 잡혔다.

다음날도 역시 비가 주룩주룩 내렸다. 덕분에 늦잠을 즐기고 오전 내내 숙소 안에서 단사산(丹霞山)에서의 여정을 블로그에 포스팅했다. 블로그에 여행기를 올리는 것은 여행 중에 만난 또 하나의 즐거움이다.

3월 7일 장춘을 떠나 여정에 오른 지도 50일을 넘기고 있다. 8,000km를 달렸고 거쳐 온 지역도 적지 않아서 매번 만나고 탐험하며 느끼는 감각은 특별하고도 새로웠다. 하지만 일정이 쌓여가면서 어디를 거쳐 왔고 무엇을 보고 왔는지 벌써부터 가물가물한 것이 모두 기억의 곳간 깊숙이 숨어 버린 듯하다. 마치 고급 뷔페에서 한창 산해진미를 먹고 나서는 막상 문을 나설 땐 대체 뭘 먹었는지 잘 모르겠다는 것과 비슷한 이치리라. 하물며 그간 여러 곳에서 감탄하고 감동하며 바라보았던 장면들은 일부러 끄집어내려 노력하지 않는다면 밀려오는 새로운 경험과 감상의 파도에 묻혀 모래 위의 글씨들처럼 사라져 버릴 것만 같다. 매번 더 멋지고 새로운 감동에 묻히고 사라지는 지난 기억들이 못내 아쉽다.

이럴 때 그동안 포스팅해놓은 글을 다시 읽어보는 것은 핸드폰 사진엔 남기지 못한 세세한 당시의 감정들을 다시 불러일으키는 훌륭한 리소스가 된다. 매번 지나는 길의 감정과 느낌을 정리해 글을 쓴다는 것은 어찌 보면 자유와 여유가 본질인 자유여행에서 스트레스가 될 수도 있겠지만 장기 자유여행이라는 일생의 버킷리스트를 실현하고 있는 이번 여정의 새로운 느낌을 기록하고 함께하지 못하는 가족 친구들과 나눌 수 있다는 사실이 모든 것을 불편한 압력(stress)에서 즐거운 동력(energy)으로 바꿔주고 있다. 글로 남기다 보니 가는 곳마다 보는 것마다 좀 더 세심히 바라보게 되고 어떤 느낌을 전할까 하는 생각을 정리하게 되어 여정을 좀 더 진지하게 만들어준다. 신중한 친구 한 명은 "블로그가 여행을 덮지 않을까?" 걱정해주기도 했지만, 지금까지는 여행을 좀 더 풍성하게 해주는 에너지가 되는 듯하다. 무엇보다 연륜이 들어갈수록 기억해야 할 것은, '기억을 믿지 말고 기록을 믿어야 한다.'라는 진리이다.

오전 내내 포스팅의 즐거움을 만끽하고 멀지 않은(약 40km) 천년요채(千年瑤寨)로 향했다. 비가 조금 가늘어졌다. Nat King Cole의 중후하고 감미로운 블루스 음악이 크게 흘러나오는 데보라를 몰고 꼬불꼬불 남국의 비오는 시골길을 달리는 우리 부부는 참 행복하다. 닿는 곳이 어디든 보이는 것이 무엇이든 만나는 이가 누구든 지금은 무엇이든 받아들일 준비를 하고 있어서인지 모든 것이 아름답고 기쁘기만 하다.

데보라와 함께 길가의 호젓한 풍경을 감상하다.

별천지 같다는 산수갑천하(山水甲天下) 계림(桂林)에서는 250km 이상 떨어져 있는 곳인데도 벌써 계림산수에서나 봄직한 석회암 봉우리들이 차창 밖으로 하나 둘 나타나기 시작한다. 평화롭고 한적한 농촌 마을 뒤편에는 용수를 뒤집어놓은 것 같은 석회암 봉우리들이 빗속 안개를 휘어 감고 도는 굽이마다 멋진 경치를 연출한다. 차를 세우지 않을 수 없다. 카메라 셔터를 마구 누르게 된다. 벌써 이러면 앞으로 어쩌란 말인가. 슬슬 행복한 걱정이 일어나기 시작한다.

목적지를 한 20분 남겨놓고 꼬불꼬불 오르는 길옆에 들어선 나무들로 가려졌던 시야가 트이자 작은 경관대(景观台)가 나타났다. 이어 환상적인 봉우리들의 향연이 펼쳐진다. 급하게 차를 세우고 비 맞는 것도 잊은 채 경관대 아래로 펼쳐지는 환상적인 우중 풍경을 넋 놓고 바라본다. 수많은 봉우리가 겹겹이 쌓여 비구름을 두르고 있다. 그 비구름들이 움직이면서 시시각각 눈앞의 경관도 변해간다. 바로 가까이 있는 것 같다가도 구름이 짙어지며 아주 먼 곳처럼 느껴지기도 한다. 이미 별유천지(別有天地)인듯 싶지만, 기다려라! 갑천하(甲天下) 계림산수(桂林山水)는 또 어떠할까.

뜻하지 않게 입장료 없는 도로변의 절경을 감상하고 있는데, 별안간 우당탕 쿵

경관대에서 바라본 기막힌 빗속의 암봉군. 요채 가는 길 내내 이런 풍경을 따라가게 된다.

쾅! 하며 관광버스 한 대에서 쏟아져 나온 아주머니들이 괴성을 지르면서 서로들 사진 찍기에 바쁘다. 자, 우리는 떠날 시간이다!!

천년요채(千年瑤寨)는 멀지 않은 곳에 있었다. 널린 풍경에 취하다보니 또 다른 곳에 무슨 숨겨진 비경이 있을지도 모른다는 생각이 들었다. 내비게이션 아가씨의 말도 무시하고 데보라를 숲속의 작은 길로 돌려보았다. 길은 뚫려있을 것이고 목적지까지는 조금 돌아가면 될 테니 비 내리는 날의 이 멋진 드라이브를 이렇게 금방 끝낼 수는 없었다. 아니나 다를까 핸들을 꺾는 곳마다 새로운 경관이 나타난다.

천년요채 마을 입구 소머리 상징물.

천년요채(千年瑤寨) 입구에서 동네로 올라가는 길.

마을의 지붕과 대나무 갓등.

마을 집들의 지붕위로 펼쳐지는 아침 풍경.

낙석이 난무한 새로 난 절벽 길도 있고, 봉우리 사이사이 작은 논 사이로 이어진 논둑길도 있다. 어느 굽이 하나 놓치기 아쉬운 풍경이라 자꾸만 데보라를 세워본다.

천년요채에 도착했을 땐 이미 날이 저물었다. 오는 길에 자칭 전문가(?)의 안목을 발휘해 시에청(携程)에서 예약한 객잔(客栈)에 연락하자 주차장까지 내려와서 짐을 옮겨주겠다고 한다. 잠시 후 나타난 짐꾼(알고 보니 객잔 사장이다.)과 함께 7번째(마을 전체는 17개 가로 골목길로 되어있다.) 골목길에 있는 오늘 머물 숙소인 객잔으로 올라갔다. 객잔은 마을 왼편에 치우쳐 있다. 더 왼편에는 밭과 숲이 있지만, 앞에는 아주 커다란 봉우리가 마주하고 봉우리 양옆으로 수없이 겹쳐진 석회암 봉우리들이 펼쳐진다. 지붕은 너와로 엮어놓았고 용마루의 대나무로 멋을 낸 처마가 귀엽다. 비구름에 가려 먼 경관은 잘 보이지 않았지만, 객잔의 테라스에 앉아 고색창연한 층층의 검은 고택 지붕 위로 펼쳐진 봉우리들의 향연을 보는 것은 저녁 어둠이 내리는 것도 잊게 한다. 어둠이 내리고 처마에 달린 홍등(红灯)에 불이 밝혀지면 주위는 더욱 적막에 빠져든다. 어둠은 층층 봉우리를 먼저 삼키고 다음은 층층 고택의 지붕들도 삼켜버렸다. 우리는 객잔의 침대 위 총천연색 이불에 몸을 던진다. 세탁한 지 꽤 오래된 듯한 침구에서는 이 방에서 쉬어갔을 다른 이들의 땀 냄새가 걸쭉히 스며있다. 습하고 퀴퀴한 방 냄새에도 평소 깔끔한 성격의 아내는 아무 불평이 없다. 역시 자유여행 전문가의 마누님답다.

다음 날 아침. 비구름은 어디론가 떠나버렸고 찬란한 햇빛이 고촌(古村)의 검은 지붕 위를 비추고 있다. 완벽한 전투식량 컵라면으로 후다닥 아침 식사를 해결했다. 아내의 손을 잡고 마을 답사에 나섰다. 마을 중간에 비교적 큰 종단 길을 가운데 두고 좌우로 17행의 횡단 골목이 뻗어 있다. 주소는 몇 열, 몇 호 하면 간단할 것 같다. 마을을 오르는 중간의 종단로에는 산 위에서 내려오는 개울물이 졸졸졸 흐르고 길 양옆으로는 작은 상점들과 식당들이 들어서 있다. 돌아보니 집 중에 절반 이상은 비어있는 듯하다. 예전에는 700호 정도의 가구가 살고 있었다는데 지금은

요채 마을의 개(?)평화.

대부분 떠나버렸다고 한다. 이 마을은 해발 600~700m 위치에 송나라 때부터 조성되었다는 1,000년의 역사를 지닌 요족(瑤族)의 전통 마을이다. 이 지역은 문화 보호 지역으로 지정되어 있었고 싸지 않은 입장료(98위안, 1인당)를 받고 있으나 보존과 관리 상태는 별로 좋아 보이지 않는다. 가이드북『중국고진여행』에도 소개되어 있지 않은 것을 보면 유명한 곳은 아닌 것 같다. 어쩌면 그렇기 때문에 스러져가는 고전의 모습이 자연스럽게 남아 있고 상업화의 정도도 심하지 않은 것 같다. 현지인 객잔 주인과 종업원들도 친절하고 선량해 보인다. 동네를 돌다 보니 마을 중간쯤에 나름 번듯한 옛집이 보인다. 옛날 원로들이 모여 마을의 중요한 일들을 논의하던 곳이라 한다. 당시 원로들이 회의하던 모습을 인형으로 재현해 놓았다. 비치된 안내문에 의하면, 요족 사회는 매우 민주적 방식으로 공동체를 운영했으며 민중대회를 통해 각 마을의 대표로 선출된 원로(천장공, 두목공)들이 모여 주요 사항을 결정하고 필요한 재판, 정치, 행정을 보았다고 한다. 이를 요로제(瑤老制)라고 한다. 그 옛날 이런 산촌에서 자연발생적으로 이루어졌을 민주적 제도에 의해 공동체가 유지되었다고 하니 놀랍다. 현재 중국에서 요족(瑤族)은 260만 명 정도로 중국의 55개 소수 민족 중 12번째 규모이다. 그들은 광동, 광서, 호남, 귀주, 운남성의 접경 지역을 중심으로 넓은 지역에 흩어져 부락을 이루며 살고 있다. 대부분 풍경이 수려한 산악지역이지만 역사적으로는 중국의 중원 왕조들로부터 오랫

요로제(瑤老制) 회의를 재현한 모습.▲
집 마당에 걸린 소머리뼈, 이곳은 소를 숭상하는 문화가 있다. ▶

요족의 민속 의상을 입은 처녀총각.

동안 심한 침략을 받았고 거기에 맞서 오랜 시간 저항한 역사를 갖고 있기도 하다. 이 마을에는 청나라 말기에 평등사상을 전파하고 자신이 하나님의 예언자임을 주장하며 '태평천국의 난(太平天國)'을 주도했던 홍수천(洪秀全)의 동상과 기록이 남아 있다. 당시 홍수천이 이끌던 반청 단체인 배상제회(拜上帝會)의 사상을 전파하고 추종자를 포섭하고자 자신의 심복과 함께 이곳에 와서 선전 활동을 했다는 기록이 있다. 아마도 오랜 기간 핍박받고 저항하던 요족의 민족성이 홍수천으로 하여금 이 산속까지 와서 그런 활동을 하도록 인도했던 게 아닐까 하는 생각이 든다. 마을 가장 높은 곳에 올라가면 중국 고대 창조 신화에서 천지를 창조했다는 반고(盤古)가 모셔진 사당이 있다. 문이 닫혀있어 들어가 볼 수는 없었다. 이곳에서 내려다보이는 마을 풍경과 중첩되어 넘실거리는 봉우리들의 어울림이 절묘하게 아름답다. 사진에서나 봐왔던 절경에 넋을 잃고 말았다. 바로 시야가 확보되는 근방의 객잔을 예약하고 하루 더 묵어가기로 했다.

새로 예약한 운해객잔(云海客栈)으로 짐을 옮기고 테라스에 나와 음악을 들으며 맥주 한 깡통을 들이키자니 참으로 행복한 순간이다. 장엄한 바흐의 「수난곡」을 들으며 맥주를 마시러 고개를 들 때마다 눈앞은 비경이다. 저녁나절에 다시 마을을 한 바퀴 돌아보았다. 좀 더 구석 길로 들어가자 빈집들이 상당히 많다. 마당에는 말리는 오리와 돼지고기가 가지런히 걸려있다. 마을 공동으로 사용했을 시냇물을 이용한 디딜방아간도 있다. 마을 입구에는 아마도 산 능선을 올라야 하는 이 마을의 유일한 운송 수단일 당나귀들이 무거운 짐을 잔뜩 싣고 버겁게 길을 오르고 있다. 저녁나절 정겨운 산채 풍경이 낯선 여행객의 마음에 잔잔한 평화를 가져다준다. 고맙고 행복한 이틀간 요채(瑤寨)의 잔잔했던 시간이 아주 오래 기억될 것 같다.

◀ 운해 객잔의 테라스에서.

마을 오르막길을 오르는 당나귀는 등짐이 버겁다.

개울물을 이용한 디딜방아.

157

광서성
우롱하의 일몰

양삭(阳朔)

계림산수갑천하(桂林山水甲天下)

  2004년 처음 중국을 배낭 여행할 때부터 들고 다니던 충실한 나의 여행 동반자 『론리 플레닛』의 첫 페이지에 소개된 추천 여행지 중 듣도 보도 못했던 두 군데가 있었다. 한 곳은 명(明)나라의 고성 평요(平遥)이고 또 다른 한 곳은 배낭 여행객의 성지라는 설명이 붙여진 계림의 양삭(阳朔)이었다. 당시 일정 속에 서안(西安)이 있었기 때문에 그곳에서 멀지 않은 평요(平遥)고성은 가보았지만, 베트남과 국경을 맞대고 있는 광서성의 양삭(阳朔)은 '언젠가…'라는 다짐 속에만 남겨놓아야 했다.

계림을 가로지르는 리강의 절경.

직장생활을 하면서 장기간 여행을 한다는 것은 어려운 일이다. 다만 중국에서 생활하다 보면 춘절(春节)과 국경절(国庆节)이라는 장기 휴일이 있어서 이 시기를 잘 이용하면 먼 곳으로의 여행도 가능해진다. 하지만 중국이 어지간히 큰 나라가 아닌가! 10년을 이곳에 있었지만 동북(장춘, 심양)과 북경에서만 생활했던 까닭에 부지런히 중국을 돌아다녔다고 해도 양자강 이남과 서안 서쪽인 서북지역을 가본다는 것은 언감생심이었다.

이제 그 '언젠가…'가 불쑥 다가온 것이다. 항상 넓은 세상을 훨훨 돌아봐야겠다는 동경을 마음속에 품고 살아왔던 터라 내게 자유로운 시간이 허락되는 때가 온 만큼 망설일 것도 없이 훌쩍 떠날 수 있었다. 누구나 새로운 세상으로 떠나는 여행을 꿈꾸지만, 내가 그리도 자유로운 여행을 동경하게 된 데에는 나름 몇 가지 이유가 있었다.

누구에게나 오로지 한 번만 허락된 인생이다(一期一会). 나 또한 서른을 넘어섰을 때부터 이 세상에 사는 동안에 시간과 공간을 넘어 최대한 많은 세계를 경험해야겠다는 집요한 생각을 가지기 시작했다. 시간을 넘어서는 경험은 독서를 통해 가능하고, 공간을 넘어서는 경험은 여행을 통해 가능할 것이다. 인생은 하고 싶은 일보다 해야 할 일이 더 많고, 하고 싶은 일을 실행하는 데도 시간과 돈, 건강이라는 필수 3요소가 동시에 허락되어야 하므로 누구에게나 그리 쉬운 일만은 아니다. 독서는 자신의 노력으로 얼마든지 가능하지만, 여행은 절대로 그렇지 못하다.

나의 여행관에 많은 영향을 준 책 한 권이 있다. 제목도 아주 도전적인 『지금 떠나라』이다. 내용도 딱 책 제목 그대로인데, 구구절절 이유를 대면서 따지지 말고 지금 당장 떠나야만 자유로운 여행이 가능하다는 얘기를 강조하고 있다. 하지만 빠듯한 인생살이에 앞에서 말한 필수 3요소가 모두 충족되고 장시간 떠나도 문제가 없을 만큼 주변의 여건이 갖춰지는 경우가 과연 얼마나 있겠는가.

생각해보면 나와 동반자의 상황뿐 아니라 집, 직장, 가족, 사회, 전염병(코로나)까지, 나를 둘러싼 다양한 요소들이 동시에 부합해 마음 편히 여행에만 집중할 수 있는 경우는 정말 흔치 않았다.

정확히 58일을 넘기고 있는 이번 여정 내내 나와 아내가 서로 손잡고 마음속에 담아놓은 것이 있다. 그건 바로 이번 여정이 가능할 수 있도록 만들어 준 나를 둘러싼 모든 것들과 주변 사람들에게 감사하고 고맙다는 그 마음이었다. 그리고 이 마음은 이번 여정이 끝나는 날을 넘어 앞으로의 인생 여정에 항상 함께할 것이다.

괜한 서두가 길어진 것은 아마도 갑천하 계림(桂林) 여행에 대한 나의 오랜 갈망이 있었기 때문일 것이다.

광동성의 마지막 여정을 천년요채(千年瑤寨)에서 마무리하면서도 앞으로의 일정을 정하는 데 적지 않은 고민이 있었다. 이유는 어쩌다 보니 계림에 들어가는 시기가 딱 5월 1일부터 무려 5일간이나 계속되는 중국 노동절, 단오절 연휴와 겹치게 되었기 때문이다.

이미 1년 반이 넘는 긴 시간 동안 코로나로 발이 묶였던 중국 여행 인파들이 한꺼번에 쏟아져 나올 건 분명했다. 게다가 중국 사람들에게 희망 여행지를 조사하면 매번 앞순위를 차지하는 곳이 계림지역이기 때문이다. 연휴에 맞춰 그곳에 들어가는 것이 무엇을 의미하는지 중국에서 여행해본 사람이라면 충분히 예상하고도 남음이 있을 것이다. 그래서 광동성이나 광서성의 남쪽 해안을 먼저 돌아보고 연휴가 끝난 뒤에 다시 계림으로 올라가는 것도 생각해보았다.

하지만 거기라고 사람들이 없겠는가! 이 마당에 어디 간들 연휴 인파와 물가 상승은 피할 수 없으리라는 생각에 정면 돌파를 하기로 마음먹고 양삭으로 향했다.

양삭행 고속 휴게소 주변의 풍경도 예사롭지 않다.

암봉에 둘러 쌓인 양삭 시내.

광동의 소관(韶关)에서 출발해 계림의 양삭(阳朔)까지 441km를 달려야 한다.

광서성의 하주(贺州)로 들어서자 이미 고속도로변의 풍경이 변하면서 범종(钟)을 거꾸로 뒤집어놓은 듯한 석회암 봉우리들이 줄지어 나타난다. 계림의 이 암봉들은 평지에 있어서 그 모습이 더욱더 장관이다. 양삭(阳朔)에 도착할 때까지 내내 암봉들의 사열을 받게된다.

계림의 독특한 지형은 매우 넓은 지역을 차지하고 있다. 계림 시가지 주변이나 양삭에만 집중된 것도 아니다. 거의 200km에 이르는 하주(贺州)에서 양삭(阳朔)까지의 고속도로 주변의 경치가 너무도 빼어나 안전 운전에 방해될 수 있겠다 싶어진다. 안전 운전을 위해 이 지역 도로에 적용된 속도 제한을 80km쯤으로 낮추는 게 좋을 것 같다.

양삭(阳朔) 시내로 들어서자 뾰족뾰족 솟은 암봉들 속에 도시가 있다. 세상에 어

양삭에서는 무조건 스쿠터를 타야 한다.

우룡하(遇龙河)의 일몰.

찌 이런 곳에다 도시를 만들었을까 신기하기까지 하다. 도로와 건물들이 모두 암봉에 붙어있거나 암봉 사이를 비껴가고 있다. 역시나 연휴의 엄청난 인파와 차량의 행렬이 이어지고 있었지만 대단한 경치에 압도되어 정신을 차리기가 쉽지 않다. 그래도 어젯밤 늦은 시간까지 인터넷을 뒤져 평상시 가격으로 예약한 호텔은 개점한 지 얼마 안 돼서 그런지 아주 깨끗하고 아담하다. 호텔 현관 바로 앞에도 엄청난 암벽이 버티고 서있다. 계림에 들어온 게 실감 난다.

　짐을 풀고 피곤해하는 아내는 호텔에 모셔놓고 바로 나와 전기 스쿠터 한 대를 빌려 탔다. 자동차를 운전한 지도 오래되고 자전거도 즐겨 타는 편이지만 오토바이나 스쿠터는 타본 적이 없어서 약간 망설여지기도 했다. 그런데 불쑥 대여료를 먼저 치르고 주인장에게 전동차는 어떻게 타느냐고 묻자 어이없다는 표정이다.
　운전 경력 30년이니 걱정 붙들어 매라고 안심시키고 간단히 조작 방법을 배웠다. 그런데 문제는 헬멧을 안 주는 것이었다. 허걱! 그때 서야 주위를 둘러보니 도로 위를 달리는 수많은 스쿠터 타는 사람 중 그 누구도 헬멧 쓴 사람이 없다. 주인장이 답답해하는 나를 보고 안쓰러웠던지 공사장 안전모가 하나 있다고 한다. 자세(?)는 안 나오지만 일단 노란색 공사장 안전모를 쓰고 나서자 전동차 조작은 금방 익숙해진다. 가게 앞을 한 바퀴 시험 운전한 후 바로 해가 지기 시작하는 도로로 나가 달리기 시작했다. 아! 너무나 시원하고 상쾌하다!!!!
　이름도 예쁜 십리화랑(十里画廊)을 지나 우룡하(遇龙河)를 건너는 다리에 이르자 많은 사람이 다리 위에서 일몰을 감상하고 있다. 강 위로 넘어가는 황금빛 일몰과 그 너머의 암봉들이 환상의 조화를 이룬다. 강 위에는 대나무로 엮은 뗏목들이 떠다니고 있어 완벽하게 조화로운 모습을 연출하고 있다. 길도 잘 모르는데 컴컴해지도록 처음 타는 전동차를 몰고 숙소로 돌아오자 8시가 넘었다. 전동차를 반납하고 찰진 쌀국수 한 그릇으로 저녁을 때우고는 그때 서야 내가 오늘 440km를 운전하고도 전동차를 또 탔다는 생각이 떠올랐다. 참 겁도 없다.

　양삭에서의 두 번째 날이다. 숙소에서 아침을 해결하고 바로 아내를 대동한 채

양삭의 일몰 풍경.　　　　　　　　　　　　　　　　우룡하의 낚시꾼.

　어제 전동차를 빌렸던 곳으로 가서 두 사람이 타기에 튼튼해 보이는 예쁜 자주색 전동차를 한 대 빌렸다. 하루종일 전동차를 한 대 빌려 타는데 가격(100위안)도 적당하다. 혹시 독자 중에서 계림, 양삭에 오실 분이 있다면 무조건 전동 스쿠터를 빌려서 타고 돌아보기를 추천하는 바이다.
　자동차로 다닐 수도 있지만, 자동차는 아무래도 시야가 제한되므로 머리 위로 펼쳐지는 시원하고 멋진 암봉들의 풍경과 전경을 감상하기에는 스쿠터가 아주 제격이다. 게다가 기분 좋으신 마누님을 뒤에 태우고 멋진 풍경 사이를 달리는 기분은 어디에도 비할 바 없이 시원하고 장쾌하다. 계림과 양삭을 연결하는 주요 강인 리강(漓江)의 지류 우룡하(遇龙河)를 따라 내려가 강변길에서 푸른 강물과 어우러진 암봉들을 감상하며 라이딩을 즐겼다. 우룡하를 따라 이어진 작은 길을 달리다 보면 강에서 대나무 뗏목을 타는 관광객들의 모습도 아름답고 강변에서 여유롭게 낚시를 즐기는 조사(釣士)들의 모습도 한가로워 보인다. 강변에 물이 가득 찬 논들, 가지각색 야생화들, 유채 열매들이 익어가는 모습과 계속 이어지는 푸른 강물 그리고 기괴한 암봉들, 이 모든 것이 한데 어울려 한바탕 선경(仙景)을 연출하고 있다.

아! 이것이 바로 양삭의 갑산수(甲山水)구나! 하는 생각만 들고 말문이 막힌다!!! 이제 조용히 그 절경을 감상할 차례다. 절경 속 야외탁자가 있는 식당에서 점심을 해결하고 시내 쪽으로 스쿠터를 몰았다. 시내의 도로는 밀려든 차들로 완전히 주차장을 방불케 한다. 스쿠터를 빌린 탁월한 선택 덕에 어깨너머로 들려오는 아내의 칭찬 세례를 받으며 시내를 신나게 돌다가 리강(漓江) 근처 도심 쪽에서 서비홍(徐悲鸿)기념관을 발견했다. 아니 이곳에 웬 서비홍의 유적이 있는지 반가운 마음에 스쿠터를 세우고 안으로 들어가 보았다.

서비홍은 중국 현대미술의 저명한 화가이자 북경대학교 미술대학장과 중국 최고의 미술대학인 중앙미술학원의 원장을 역임한 교육자로서 중국 근현대 회화의 아버지로 존경받는 인물이다. 지금도 그의 작품들은 미술품 시장에서 아주 높은 가격에 거래되고 있으며, 중국 근현대 미술품 시장 가격의 풍향계가 될 정도로 영

패어른 코스모스와 암봉들.

향력을 가진 인물이다. 안내판을 보니 1936년 이곳 양삭에 초빙되어 관에서 제공한 이 집에서 작품 활동하면서 이곳 풍경과 정서를 표현한 많은 작품을 남겼다고 한다. 스스로도 양삭천민(阳朔天民)이라는 인장을 낙관(落款)으로 사용하며 양삭에 대한 깊은 애정을 드러내고 있다. 서비홍은 1900년대 개화기에 아주 잘생긴 유학파 천재 예술가이자 젊은 나이에 국보급 화가로 이름을 날린 것도 중요하지만 열정 넘치는 예술가로서 뭇 여인들과 진한 러브스토리를 남긴 것 또한 유명하다.

　첫 번째 여인은 명문가 출신으로 18세 꽃다운 시절 그에게 반해 함께 일본으로 사랑의 도피 여행을 떠나자 부모가 가짜 장례식까지 치르며 딸과 인연을 끊었고 또

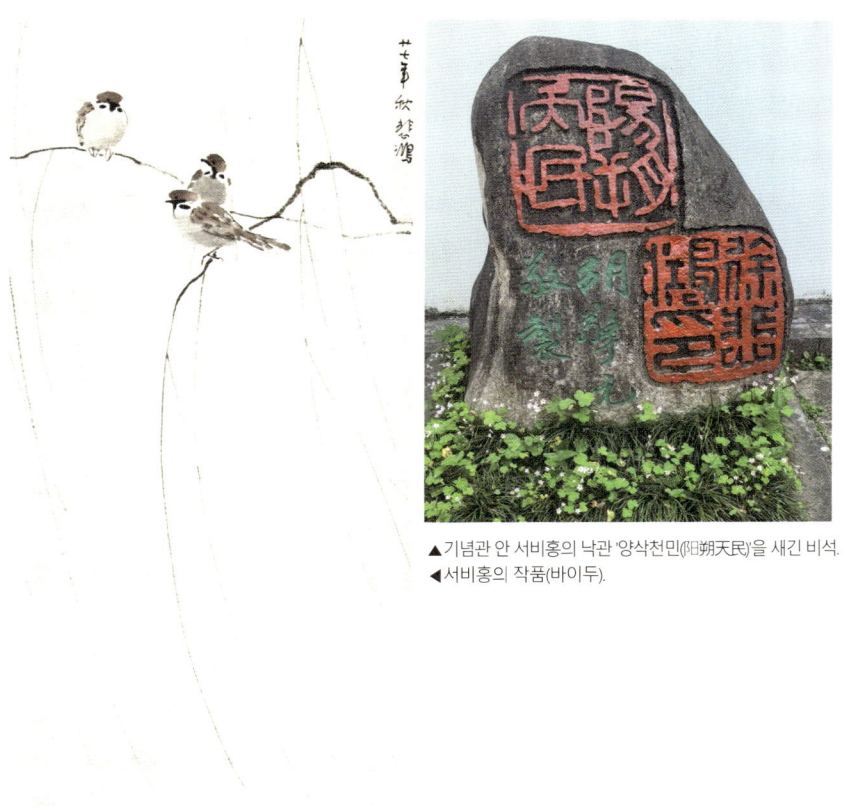

▲기념관 안 서비홍의 낙관 '양삭천민(阳朔天民)'을 새긴 비석.
◀서비홍의 작품(바이두).

그와 함께 8년간 프랑스 유학을 떠나 그림밖에 모르는 서비홍을 물심으로 돌보며 예술세계를 완성하는 데 결정적 도움을 준 예술적 동지이자 조강지처였던 장벽위(张碧薇)이다. 두 번째 여인은 40대에 들어 장벽위(张碧薇)와 여러 가지 이유로 부부관계가 소원해진 와중에 북경대 예술학원 원장 시절 염문을 뿌린 제자였던 손다자(孙多慈)이다. 그녀와의 관계는 유부남과의 연애를 완강히 반대하는 그녀의 부모에 의해 이루어지지는 못했지만, 조강지처 장벽위와 헤어지는 주요 원인이 되었다. 손다자와의 열애와 부부 갈등 중이었던 1936년에 마음과 신변을 정리할 목적으로 북경을 떠나 이곳 양삭으로 오게 되었던 것 같다. 세 번째 여인은 역시 중앙미술학원의 학생 제자이자 도서관 직원이었던 요정문(寥靜文)으로, 이 여인과는 1945년에 결혼해 58세 때 뇌출혈로 사망할 때까지 말년을 함께했다. 그녀는 서비홍의 유언에 따라 그의 많은 유작과 고서화 소장품들을 국가에 기증했다. 이 여인은 남편 사후에 서비홍 기념관장을 역임하는 등 죽을 때까지 서비홍의 기념사업에 매진했다. 이런 서비홍의 연애 스토리는 연극과 영화로도 만들어져 많은 중국 사람들에게 회자되고 있다. 아마 「사의 찬미」를 부른 조선 최초의 소프라노 윤심덕과 천재 극작가 김우진의 비극적인 러브스토리가 100여 년의 세월을 넘어 우리에게 아직 감동을 주는 것과 비슷한 것 같다. 사연 많은 중국의 20세기 초 꽃미남 천재 예술가의 흔적이 이곳에 남아 있는 것을 보면 역시 절경과 명인이 연결되는 것은 당연한 듯하다. 양삭의 엄청난 비경에 애절한 러브 스토리가 한 봉우리를 더한다.

저녁엔 리강(漓江)의 자연 무대에서 펼쳐지는 그 유명한 거장 장예모(张艺谋) 감독의 3대 인상(印象) 시리즈 중 하나인 리강인상(漓江印象) 「류씨네 셋째 누나(刘三姐)」를 보러 갔다. 중국의 많은 여행지에서는 관광객을 끌기 위해 여러 가지 퍼포먼스나 공연 등을 하는데 대표적인 것이 서커스나 무용 공연이다. 가끔은 수준 높은 전통공연이나 연출도 있지만, 대부분은 물량 공세를 앞세운 조잡한 것들이 많다. 그런데 양삭의 이 「류씨네 셋째 누나」는 벌써 장장 20년을 공연하고 있는 대작으로서 이미 중국을 대표하는 작품으로 정평이 높다. 여기까지 와서 이 공연을 놓칠 수는 없는 일. 그래서 엄청난 관람료(1인당 360위안)에도 불구하고 예약을 해

놓았다. 스쿠터를 몰고 공연장에 도착했을 땐 이미 인산인해를 이루고 있었다. 하루 두 번 공연한다는데 무대와 객석이 얼마나 크기에 이렇게 사람들이 많을까 싶다. 먼저 어렵사리 예약한 표를 전해 받아 공연장으로 들어갔다. 아니나 다를까, 예상은 어느 정도 했었지만, 그 야외무대의 규모가 어마어마하다. 넓은 리강의 강물과 주변을 두른 암봉들 자체를 무대로 하고 객석도 잠실야구장의 내야석을 합친 것만 하다. 참으로 중국적인 스케일이다.

미모의 장벽위(张碧薇).

서비홍(徐悲鸿) 선생.

서비홍과 요정문(廖靜文).

손다자(孙多慈).

7시 반이 넘어 어둠이 내리고 공연이 시작되었다. 사실 그 넓은 야외무대에 서는 출연자들의 표정과 몸짓들은 잘 보이지도 않고 임팩트도 크지 않다. 이 너른 무대를 채운 것은 엄청난 수의 출연자들이 연출하는 불빛 퍼포먼스와 주변의 봉우리들을 비추는 강렬한 조명 그리고 강물 위에 교묘하게 설치한 빛나는 무대장치들이었다. 전설 속의 장족(壯族) 가수인 류삼제(刘三姐)를 주제로 한 공연의 자세한 내용은 무엇인지 별로 중요하지도 않고 관심도 없었지만 70분 공연 내내 그 마을 주민들로 구성되었다는 수천 명(?)의 출연자들과 물 위를 떠다니는 수백 척의 대나무배, 그리고 강렬하고 화려한 조명으로 꾸며진 무대장치들을 감상한 것만으로도 1인당 360위안의 입장료가 아깝지 않은 공연이었다.

　　그동안 영화 붉은 수수밭(红高粱), 국두(菊豆), 홍등(红灯), 영웅(英雄)에서부터 서울의 상암동 축구장에서 공연한 오페라 투란도트까지 장예모 감독의 대표적인 작품을 적지 않게 봐왔지만, 중국 양삭에서 보는 이 야외 공연은 왜 그가 가장 중국적인 거장이 되었는지를 실감하게 해주었다. 공연이 끝나고 나오자 공연장 밖은 2부 공연을 관람하기 위해 새로 입장하려는 사람들로 아직도 인산인해. 그 인파를 뚫고 다시 스쿠터를 몰아 숙소로 돌아오니 감동에 소진된 에너지로 인해 짜릿한 피곤함이 몰려든다.

리강인상 공연의 자연호수무대.

유삼제 공연 중 한 장면.

정양팔채(程阳八寨)

풍우교(风雨桥)가 아름다운 동족(侗族)마을

    계림에서 귀주성(贵州)으로 향하는 길에 들른 곳은 귀주성과 접경 지역이자 소수민족인 동족의 자치현(自治县)인 삼강(三江)이다. 이곳은 도시를 휘감아 도는 심강(浔江)에 또 하나의 작은 지류가 합쳐지는 곳(그래서 지명이 三江인 듯하다)으로 오래된 도시 분위기도 좋고 심강을 가로지르는 멋진 풍우교가 있는 곳이다. 이곳에서는 또 다른 소수민족 중 하나인 동족(侗族)의 여러 산채(寨) 마을에 접근하기도 편하고 시내에도 동족(侗族)의 유적들이 있어 도시를 산책하며 구경하기에도 호젓하다. 더욱 즐거운 건 광풍의 5.1절 연휴가 지나자 이 지역 최고의 호텔(삼강 국빈관)을 저렴한 가격(287위안)에 잡을 수 있었다는 점이다.

정양팔채의 풍우교

광서성, 귀주성, 운남성 등 중국의 남부지역은 전통적으로 소수민족이 주로 거주하던 지역이다. 중국에는 55개의 공인 받은 소수민족이 있는데 그중에서도 중국 남부지역에 장족(壯族), 묘족(苗族), 동족(侗族), 수족(水族) 등 아주 많은 소수민족이 분포하고 있다.

중국은 다민족 국가이며 중원의 한족(汉族)과 주변 소수민족과의 투쟁으로 점철된 역사를 가지고 있다. 그 이유는 현재 13.7억 인구 중 대다수인 90%가 한족(汉族)으로 구성되어 있지만, 나머지 10%에 조금 못 미치는 소수민족들이 점유하던 지역이 중국 전체 면적의 60%에 이르고 있다. 특히 이쪽 서남(西南)부와 중원의 서북(西北) 지역 그리고 만리장성 동북(东北) 지역의 대부분은 전통적으로 소수민족의 영역이었다. 통일과 분열을 반복했던 중국 역사에서 중원(中原)을 통일한 모든 왕조(王朝)에게 동서남북(东夷, 西戎, 北狄, 南蛮)의 소수민족을 어떻게 통제하는가 하는 문제는 최고 중요한 정책 과제였다. 역사상 최대 영토를 가지게 된 현재 중국 입장에서도 한족과 소수민족의 통합과 융화는 거대한 통일 국가를 유지하는 데 매우 중요한 정책 과제가 되고 있다.

삼강 시내의 풍우교.▶
호텔서 본 삼강현.▼

동우교 형식의 섬강대교

광서성은 중국 최대의 소수민족(4천 4백만 명)인 장족(壯族)의 최대 분포 지역으로 행정상 광서장족 자치구(自治区)로 분류된다. 이곳 심강(潯江)은 남부지역의 소수민족 중 하나인 동족(侗族)의 자치현(自治县)이다. 동족의 인구는 현재 약 290만 명에 이른다고 하며 주로 귀주, 광서, 호남성의 산간 지역에 살고 있다.

동족은 자신들의 독특한 언어와 건축, 복장 등의 문화를 가지고 있어 중국 내에서도 묘족, 요족과 함께 대표적인 남부의 소수민족으로 유명하다. 특히 동족은 산과 언덕을 깎아 만든 수백 겹의 계단식 논과 밭을 경작하며 생활하고 목조건축 기술이 발달하여 3~5층의 높은 간란식(干欄式) 목조주택을 짓고 거주하며 마을마다 여러 층의 목조탑 형식의 고루(鼓楼)와 다리 위에 탑을 쌓은 목조교량인 아름다운 풍우교(风雨桥)를 많이 남겨 놓았다.

우리가 삼강에서 머문 강변의 호텔(삼강국빈관) 바로 옆에도 오래된 것은 아니었지만 아주 전통 방식으로 지어진 풍우교 형식의 섬강 대교가 멋진 모습을 뽐내고 있다. 먼저 삼강에서 멀지 않은 동족마을인 정양팔채(程阳八寨)를 방문하였다.

동족 마을의 계단식 논 제전(梯田).

이곳에는 8개의 동족 마을이 한 계곡을 위아래로 하여 모여 있는 곳인데 멋진 전통 풍우교(风雨桥)도 볼 수 있고 비교적 동족의 전통문화가 잘 보전되고 있는 곳이라 한다. 삼강에서 차를 몰고 40분 정도면 마을 입구에 도착한다. 마을에 가까워지자 역시나 거창하고 조잡한 상가들과 관광센터로 산만한 입구가 나타나고 엄청 비싼 입장권을 사야 한다. 타고 온 차는 이곳에 세우고(당연히 유료) 또 다른 관광 셔틀차(이것도 유료)를 타고 마을로 올라가야 한다. 물론 대중 버스비보다 몇십 배나 비싼 차비를 지불해야 한다.

중국을 여행하며 대부분의 여행지에서 겪게 되는 무자비한 비용(费用)과 관광객 주머니를 어떻게든 털어 내려는 속 보이는 이중삼중의 작태들은 정말로 혀를 내두르게 한다. 관광차에서 내리면 바로 동족(侗族)의 민속 그림인 농민화(农民画) 전시장이 나온다. 중국의 농민화는 또 하나의 예술 장르로 인정받고 있다. 원근법이 제대로 적용되어 있지는 않으나 소박한 표현과 아름다운 원색의 조화는 농민들의 소박한 감성과 느낌을 잘 전달해준다.

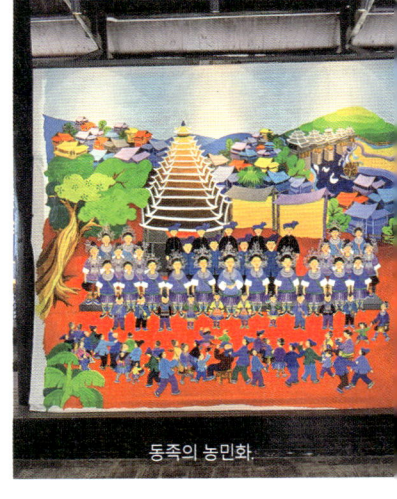
동족의 농민화.

도로를 따라 마을 쪽으로 더 올라가니 풍우교인 정양교(程阳桥)가 우리를 반긴다. 아담하고 정겨운 정양교의 자태를 보니 무자비한 입장료 때문에 상한 기분이 조금은 위로가 된다. 동족의 촌락마다 아직 백여 개가 넘게 남아있다는 풍우교는 이전에 절강성 태순(泰顺)에서 만나보았던 랑교(廊桥)와 비슷한 느낌이다. 다리의 주랑(走廊)에 벽이 없고 지붕에는 여러 모양의 목재 탑을 만들어 놓은 점에서 랑교와 차이가 난다. 정양교의 안내문을 보니 100여 년 전에 마을 사람들이 십시일반 모금을 하여 12년이란 세월 동안 건설하였다 한다. 언뜻 보아도 정말 공과 정성이 많이 들어간 다리라는 것이 느껴진다. 이러한 풍우교 형식의 교량에 복잡한 구조와 장식이 있고 건설에 많은 정성과 비용을 들인 것은 단순히 물길을 건너는 기능성 다리라기보다는

풍우교 형식의 섬강대교. 다리 위의 탑들 모양이 모두 다르다.

마을 사람들이 일상에서 만나고 교류할 수 있는 장소이자 영혼을 달래고 복을 기원하는 대상물이기 때문이다. 그러기에 구조가 복잡함에도 불구하고 못이나 철사 등을 사용하지 않고 짜 맞춤 방식으로 만들었다고 한다. 풍우교와 더불어 또 하나의 특색 있는 건물은 탑 모양으로 만들어진 고루(鼓樓)인데 이곳에는 높이 북을 걸어 놓고 마을의 중요한 행사나 연회 등을 베풀었던 곳이다. 정양팔채(程阳八寨)의 첫 마을인 마안(马鞍)에도 상당히 오래된 듯한 고루가 마을 한가운데 있었고 계곡을 따라 계속 이어진 마을마다 높은 고루들이 솟아 있었다. 이런 고루는 이곳을 떠나 귀주성으로 향하는 고속도로 주변 산촌 마을 곳곳에서 자주 목격되었다.

마안(马鞍)마을에 오르니 고루 앞, 차(茶) 가게에서 잘생긴 총각 한 명이 우아하게 앉아 열심히 차를 덖고 있기에 차 한 잔 맛보기를 청해 본다. 역시 즐거운 표정으로 덖던 찻잎을 제쳐 둔 채 우리에게 차를 우려준다. 이곳에는 한국인 여행객이 거의 오지 않는다며 한국 친구와의 만남을 반가워한다. 차를 마시며 이런저런 동족(侗族) 마을과 그들의 생활에 대해서 궁금한 점을 물어보았다. 먼저 이런 산속에서 옛 사람들은 무엇을 먹고 살았는지 물어보니, 산 너머 다른 산속의 계곡과 능선에는 계단식 조랭이 논(梯田)과 밭들이 많았기에 먹고 사는 데 큰 문제는 없었다고 한다. 크지 않은 개울에는 물고기도 많다며 자신이 개울에서 잡았다는 물고기 사진까지 보여준다. 재밌는 사실은 동족 사람들은 일 년에 100여 차례 크고 작은 명절을 쇠는데 3월 3일이 가장 큰 명절이라 광서성에서는 이때 3일간이 공식적인 휴

일이라고 한다. 일 년에 100여 차례 명절(节日)과 축일(祝日)을 지낼 정도면 정말 먹고 사는 데는 어려움이 없었을 것 같다. 조곤조곤 친절히 여러 이야기를 전해주는 아들을 하나 두었다는 마흔 살 찻집 사장님이 여러 가지 차를 내어서 맛 보여주며 나누는 차담(茶谈)에 시간 가는 줄 몰랐다. 역시 이렇게 현지인들로부터 직접 배우는 문화와 생활이 진짜 여행의 맛임을 다시 한번 실감한다. 동족(侗族) 양(杨)씨 사장님이 직접 덖어 만든 녹차와 염증에 특효가 있다는 약 차를 한 봉지씩 사는 것으로 지나가는 과객에게 귀한 시간과 맛난 차를 대접해 준 정성에 감사를 표하고 윗마을로 올라가기 위해 찻집을 나왔다. 찻집에서 계단을 내려오니 이번에는 곡차(酒)집이 나를 반긴다. 가게 앞에는 어른 키만 한 술독(酒缸)이 즐비하게 서 있고 가게를 슬쩍 들여다보니 술독과 술병들이 가득하다. 가게에 들어서며 무슨 술이 이리 향긋하냐고 앉아계신 아주머니에게 물으니 대답은 하지 않고 바로 시음을 권한다.

"불감청 고소원(不敢请顾所愿)이 올시다!"

이곳에서 나오는 찹쌀로 빚은 술이라는데 마치 조청과 같이 걸쭉하고 달콤하면서도 향긋하다. 6년 된 것과 8년 된 것을 번갈아 맛 보여주는데 역시 세월(陈酿)이 오래된 술일수록 색깔도 진해지고 맛도 깊어진다. 집안에서 대대로 술을 빚어 왔냐고 물으니 그건 아니고 대대로 술을 빚던 옛 주인에게서 주가(酒家)를 인수하고 제주법(制酒法)도 배워서 운영하고 있다고 한다.

이곳에서 알게 된 사실 중 하나는 이 마을에 오는 많은 관광객이 내는 어마어마할 입장료가 정작 마을 사람들에게는 일 년에 일 인당 경우 100위안씩만 배당된다는 것이다. 참 내. 그럼 그 많은 돈을 누가 가져간다는 말인가. 이야기를 듣고 내가 더 화내는 것을 보더니. 주인장 왈 "중국은 좀 복잡한 나라랍니다(很复杂!)"라며 대답을 비껴간다. 여기서도 6년 된 술 한 병(두 근)을 사 들고 감사한 맘을 전했다.

위쪽 마을들은 작은 개울을 따라 좌우로 만들어진 보통 사람들이 사는 평범한 마을이다. 시장도 있고, 학교도 있고, 고루(鼓楼)도 있고, 길가에서 술을 빚고 있는 젊은 아주머니도 있다. 관광지의 느낌도 없었고 낡은 간난(干欄)식 주택들이 빼곡하고 이곳저곳에서는 집을 보수하느라 쌓아 놓은 건자재들로 지저분한 느낌도 있는

마을 앞에 푸른 차밭 뒤편으로 정양교가 보인다.

정양교에서 기념품을 파는 꼬부랑 할머니.

마안(马鞍) 마을의 고루(鼓楼).

그런 마을이다. 이 마을 저 마을 이집 저집을 기웃거리며 한 백 년 전쯤으로 돌아간 듯한 옛 동족(侗族)의 평범한 마을 풍경 속에 푹 빠져들었다.

마을을 돌아 나오는 길에 개울가 식당에서 때늦은 점심을 먹는데 옆 테이블에 앉았던 가족 여행객이 한국 사람이냐며 반가워한다. 근데 초등학생인 듯한 아들과 딸아이가 있어 학교에는 안 가냐고 물으니 엄마, 아빠와 여행을 다니느라 휴학을 했다고 한다. 아빠는 미술 선생님이고 엄마는 피아노 강사라는 데 아이를 데리고 장기간 여행을 다니는 것을 보니 대견하고 부러운 마음에 여행에서 배우는 것이 학교서 배우는 것보다 훨씬 많을 것이라 박수를 짝짝 쳐주며 격려해주었다.

여행도 어리고 젊었을 때 해야 한다. 우리 아이들에게 세상이 얼마나 넓고 얼마나 많은 것들이 존재하며 자기가 보거나 경험해보지 못한 것이라고 가치가 없거나 존재하지 않는 것이 아님을 여행은 깨우쳐 줄 것이다. 세상의 평화(和平)와 하모니(和諧)를 이루는 게 별것 아니다. 다름을 인정하는 것이다. 자기와 다르다고 부정하거나 적폐로 몰지 않으면 되는 것 아니겠는가!

중국 동족(侗族) 마을의 골목길을 거닐며 우리 대한(大韓) 동족(同族)들의 화합을 생각해 본다!!

테라스에서 차를 말리고 있다.

길쌈질을 하시는 할머니.

차를 덖고 있는 위(韋)사장님.

사람 키만 한 술 단지가 가득한 술 창고(酒甫).

귀주성

서강천년묘채(西江千年苗寨)

묘족의 옛 마을 서강천년묘채(西江千年苗寨).

서강천년묘채(西江千年苗寨)
묘족(苗族)의 산속 큰 마을

중국 대륙을 남북으로 관통하여 어렵사리 동북 지방에서 남쪽 끝인 광서성까지는 왔는데 남쪽 국경 지역에 있는 베트남과의 변경 지역 분위기를 직접 느껴보지 못한 아쉬움을 남기고 다음 행선지인 귀주성(贵州)으로 향한다.

귀주성은 한반도보다 약간 작은 면적에 3,500만 명 정도의 인구가 사는 곳이다. 묘족(苗), 포의족(布依族), 동족(侗族), 요족(瑤族) 등 18개의 소수민족이 전 인구의 40% 정도를 차지하는 소수민족의 땅이다. 성 전체 면적의 90% 이상이 운귀고원(云贵高原)에 위치한 높은 산지인 까닭에 경제발전 정도는 중국의 다른 성에 비하여 낙후된 편이다. 여러 소수민족의 문화와 전통이 잘 남아있고 산지가 많아 명승지가 많은 곳으로 유명하다. 또한 귀주성은 중국 현대사에 있어 중국 공산 홍군(红军)의 역사에 매우 중요한 의미를 갖는 지역이다. 1935년 국민당군의 대대적인 토벌 작전에 밀려 목적지도 정하지 못한 채 강서성의 소비에트를 급히 탈출한 홍군(红军)은 고산지대를 넘어 이곳에 이르게 된다. 이때 홍군은 국민당군의 공격에 큰 피해를 입어 존망의 위기에 처하게 되는데 이러한 상황을 타개하기 위해 공산당 정치국 회의를 귀주성 준의(遵义)에서 개최하게 된다. 이 회의에서는 새로운 투쟁노선을 제안한 모택동(毛泽东)의 주장이 받아들여지고, 준의회의를 계기로 그가 실제적인 공산당의 당과 군 지도권을 확보함으로써 이후 중국 공산 혁명의 주도권을 잡게 되었다. 명승지 경치만 보고 지나가는 외국 여행객에게는 그리 중요치 않을 수도 있겠다. 그러나 중국 공산 혁명사에서 홍군(红军)의 대장정(大长征)과 모택동 주석이 갖는 의미와 위치를 생각한다면 중국인들에게 '귀주성' 하면 가장 먼저 떠오를 장소일 수도 있는 곳이 바로 이곳 준의(遵义)다. 3년 전 장정(长征)의 출발지

강서성의 정강산(井冈山)은 가본 적이 있었는데 아쉽게도 준의는 귀주성 북쪽에 치우쳐있어 가보지 못했고 이번 일정에도 포함하지 못했다.

　삼강(三江)과 마주한 귀주성의 검동남묘족동족자치주(黔东南苗族侗族自治州)로 들어서니 산지는 더욱 높아지고 계곡은 더 깊어지는 것이 확연히 느껴진다. 귀주성을 동서로 관통하여 운남성(云南)으로 향할 예정이라 먼저 개리(凯里)현에 있는 유명한 묘족의 옛 마을 서강천년묘채(西江苗寨)를 찾기로 하였다. 앞에서 소개했듯이 광동의 연남(连南)에서 요족 마을(瑤寨), 광서성 삼강(三江)에서 동족의 옛 마을(侗寨)을 돌아보았으니 이제 귀주성에서는 묘족의 전통 마을(苗寨)을 돌아보고자 한다. 삼강(三江)을 출발하여 귀주의 개리현(凯里)에 이르는 260km 정도의 고속도로는 끊임없이 이어지는 산 중턱을 연결하여 달리는데 대부분의 구간이 터널과 다리로 이어져 있다. 정확히 세어보지는 않았지만, 오늘 이 길만 해도 100여 개의 터널과 다리를 지나온 듯하다. 필자는 10여 년을 둔덕 하나 찾기 어려운 동북(东北)의 평지만 보아왔기에 중국에서는 도로 만들기가 참 쉽겠다고 생각했었다. 그러나 웬걸, 우리나라 강원도의 길은 짧기라도 하지 이 수백 km를 염주알처럼 연결된 계곡의 다리와 산허리를 뚫고 가는 터널(隧道)을 직접 달려보니 중국이 참으로 넓다는 걸 다시 한번 실감하게 된다.

묘족 마을 풍우교

아침에 객잔에서 바라본 묘족 마을.

오전에 삼강(三江) 시내를 산보 삼아 돌아본 후 기막히게 맛있는 양고기탕 쌀국수(米粉)로 점심까지 먹고 느지막이 출발한 지라 목적지에 도착하니 이미 날이 한참 어두웠다. 도중에 고속도로 휴게소에서 부랴부랴 예약한 마을 안에 있는 객잔을 찾아가는 길도 만만치 않다.

이 곳에서도 여전히 여행객의 편리와 권리에 대한 배려는 찾아보기 어려운 일방적인 동선 구성과 서비스 수준에 울화가 치민다. 길을 막고 있는 주차 관리인의 엄한 지시에 오늘 목적지와는 얼마나 떨어져 있는지도 모를 곳에 무조건 주차해야 했다. 짐을 챙겨 둘러매고 입구를 물으니 누구 하나 친절히 대답해 주는 사람도 없다. 성질 죽이고 겨우 입구의 매표소를 찾아가면 웃음기라고는 찾아볼 수 없는 매표원에게 취조당하듯 건강 코드(健康吗)와 전화번호 등록, 여권까지 확인시켜주고 1인당 100위안짜리 입장권에 마을까지 내려가는 30위안짜리 셔틀버스 표를 별도로 사야 했다. 또 길을 따라 길게 늘어선 상점과 식당 거리를 한참 걸어 들어가야 버스 정류장 도착한다. 거기서 다시 2~3km 버스를 타고 더 가서야 겨우 마을 입구라는 곳에 도착했다. 이게 끝이 아니었다. 거기서 또 400m를 더 걸어가야 한다. 대체 왜 이리 먼 곳에 내려주는 것인지 모르겠다. 어둑한 도로를 400m 잰걸음으로 걸어간 후에 객잔에서 마중 나온 사람을 만났고 또 복잡하고 좁디좁은 골목길 계단을 한참 내려가서야 드디어 객잔에 도착. 다시 한번 객잔에서의 여권 검사, 건강 코드 확인,

객잔의 아침 쌀국수와 마을 전경(苗寨)

입국 날짜. 신상 정보 등을 등록하고 나니 겨우 방에 들어올 수 있었다!

언제쯤 중국 관광지에서 매표원, 관리인, 보안원들에게 상냥함과 친절함으로 여행객이 손님 대접을 받을 날이 올지 급속히 발전하는 관광 하드웨어와 함께 여행객에 대한 서비스 문화도 걸맞게 변화했으면 하는 바람이다.

다음 날 아침이 되어도 어젯밤 상한 기분에 심사가 개운치 않다. 그래도 창밖 풍경을 보니 산

아침에 풍우교에서 만난 야채 장수.   아이를 업고 매대를 정리 중인 젊은 엄마.

골 마을답지 않게 산록과 계곡을 따라 펼쳐진 마을 자락이 엄청나게 크면서도 조화롭다. 마을 가운데로는 적지 않은 양의 맑은 계곡물이 흐르고 양쪽 산기슭으로 2~3층의 목조주택들이 빼곡히 밀집되어 있다. 객잔의 창살 밖으로 비치는 마을의 모습이 멋지다. 객잔에서 주는 쌀국수(米粉) 한 그릇으로 아침을 후루룩 해치우고 아내의 손을 잡고 마실을 나간다. 좁은 골목길은 복잡해도 너무 복잡하다. 이곳에서는 진짜 불조심해야겠다는 생각과 함께 이렇게 그냥 나섰다가 숙소에 돌아가기조차 쉽지 않겠다는 생각이 번갈아든다. 내려온 길을 계속 돌아보면서 돌아올 길을 기억해두며 개울가로 내려가 보니 아침나절인데도 산책객들이 적지 않다.

역시 개울에 걸친 풍우교(风雨桥)가 마을의 중심이다. 많은 사람이 다리에서 쉬면서 즐겁게 잡담을 나누고 있다. 또 다른 풍우교(风雨桥) 위에서는 마을 분들이 전통 복장으로 전통악기를 불며 전통음악을 연주하고 있다. 특별히 관객들이 있는 것도 아닌데 이렇게 공연하는 걸 보니 아마도 마을에 오신 관광객들을 위한 주민들의 서비스 퍼포먼스인 듯하다. 여러 명이 다리 위에서 원형을 그리며 뱅글뱅글 돌면서 연주를 한다. 대나무와 갈대로 만든 것 같은 기다란 생황이 목관 특유의 부드러운 음색으로 몇 가지 리듬을 반복적으로 반주를 하면 역시 조금 음이 높은 짧은 생황 하나가 선율을 연주하며 전체 합주를 리드한다. 그러는 동안 연주하지 않는 다른 사람들은 간단한 동작을 반복하며 원을 돈다. 이러한 형식은 전통적으로 마을 사람들이 모여 쉽게 즐기고 이를 통해 탄탄한 결속을 다지는 기능도 하는 듯하다. 우리의 강강술래가 생각이 난다. 마을 곳곳에는 묘족의 전통 복장을 하고 사진 촬영을 하는 사람들이 많았다. 묘족(苗族)의 전통 의상은 화려하기로 정평이 나 있기도 하지만 무엇보다 정교하고 현란한 은(銀)장식으로 된 모자와 목걸이 장식품이 유명하다. 아마도 여러 소수민족의 전통 의상 중에서 가장 매스컴도 많이 타고 유명한 복장이 아닐까 한다.

암튼 이곳에 온 김에 묘족의 전통 의상을 입고 멋진 인생샷을 남겨 보려는 관광객(주로 아주머니)들의 상기된 표정들은 보는 사람마저 활력이 돌게 한다. 여자의 아름다워지려는 모든 노력은 무죄다!!!

마을 중앙에는 우레탄으로 멋지게 포장된 운동장이 있는 중학교도 있고 소방차가 이쁘게 서 있는 소방서도 있다. 지금까지 보아왔던 옛 마을들은 대부분 관광객이 집중되는 지역에 상가들만 즐비할 뿐 실제 마을에는 젊은 사람들도 적고 빈집도 많아 활기가 없는데 비해 이 마을은 오래된 마을임에도 정돈된 분위기 속에 뭔지 모를 활력이 느껴진다.

화삼과(火參果). 처음 보는 과일이다.

마을을 한참 돌아보고 Boss께서 하시는 말.
"옛 마을을 하도 많이 보다 보니 그곳이 그곳 같구려…!!"

사실은 나도 그렇다!

여자 사진사, 머리에 꽃 장식한 가채가 아름답다.

거미줄 같이 연결된 마을의 골목길.

어디서나 표현에 용감하신 아주머니들.

황과수폭포와 직금동굴
자연이 빚어낸 지상과 지하의 절경

귀주성은 중국에서 자연풍광이 아름답기로 소문난 지역이다. 특히 황과수폭포(黃果树瀑布)와 직금동(织金洞)은 귀주성에서 가장 대표적인 절경으로 손꼽는 곳이다. 황과수 폭포는 높이 78m, 폭 101m를 자랑하는 아시아에서 제일 규모가 큰 폭포로 귀주성의 성도인 귀양(贵阳)에서 남동쪽으로 130km 떨어진 곳에 있다. 묘족의 옛 마을을 출발하여 귀주의 관광도시인 안순(安顺)에서 이틀을 묶으며 황과수(黃果树)폭포를 다녀오고 120km를 이동하여 직금동굴(织金洞)이 있는 직금현(织金县)으로 가는 일정을 잡았다.

황과수폭포 풍경구는 귀주성 최초로 최고등급(5A급) 국가 풍경구로 인정받은 곳이다. 명성에 걸맞게 국내외에서 엄청난 관광객을 끌어들이고 있는 곳이다. 풍경구는 해발고도 900m에 위치하며 황과수폭포, 천성교(天星桥), 적수탄(滴水灘) 등 6개 지역으로 나누어져 있다. 입구에서 입장권을 사고 셔틀버스로 30분가량을 돌아 핵심 풍경구에 있는 황과수(黃果树) 폭포로 향했다. 예전부터 매체나 사진을 통해 황과수 폭포의 위용을 여러 차례 보아 온지라 얼마나 웅장하고 장쾌할지 기대가 된다. 버스를 타고 올라오는 길에 본 계곡은 그리 깊지도 않았고 주변의 산세도 별로 우람하지 않은지라 이런 곳에 그리 큰 폭포가 있을 것 같지 않았다. 폭포에 가까워지자 먼저 우렁찬 소리가 들리기 시작하고 나무 사이로 폭포의 하얀 물기둥이 보이기 시작한다.

5일간의 노동절 연휴가 막 끝나고 평일인데도 불구하고 많은 사람이 모인 것을

나뭇가지 사이로 보이는 황과수 폭포

보니 역시 이름난 풍경임을 실감하게 된다. 폭포 건너편에 이르니 폭포의 전경이 한눈에 들어오며 아래로 떨어지는 거대한 물줄기가 장엄하다. 5월까지는 우기인지라 수량도 풍부하여 거의 80m를 수직으로 낙하하는 하얀 물줄기와 그 소리가 어우러지는 장관을 한참을 넋을 잃고 쳐다보았다. 폭포 아래로는 여러 갈래의 폭포수가 직각으로 떨어져 못을 이루는 서우담(犀牛潭)이 멋들어지게 펼쳐져 있다.

  사람들 틈을 헤집고 겨우 인증샷을 남긴 후 좌측 절벽 길을 따라 폭포의 뒷면으로 들어가는 수렴동(水帘洞)으로 향했다. 수렴동은 폭포 뒷면에 난 자연 동굴인데 일부 조성된 인공 터널을 더하여 폭포의 뒷면을 가로로 뚫고 지나간다. 엄청난 물줄기가 쏟아지는 뒷면에서 폭포를 감상할 수 있는 특이한 곳이다. 폭포 전면에서 시작하여 왼쪽으로 돌아 수렴동(水帘洞)을 통과하여 오른쪽으로 나와서까지 사방의 각도에서 폭포를 감상할 수 있다. 폭포의 물보라와 수렴동을 지나며 떨어지는 물 때문에 옷이 젖는 것을 피할 수는 없었지만, 여러 각도에서 보는 폭포는 장엄하기도 하고 신기하기도 하다. 명(明)나라의 한 여행가는 황과수 폭포를 보고 '진주를 두드리고 옥을 깨트리듯 튀는 물방울, 하늘에서 솟아나는 물안개'라 읊었다 하니, 이 밖에 또 달리 적당한 표현이 없을 듯하다. 황과수 풍경구에는 6개의 명승 구역이 있다. 다만 먼저 그 최고의 풍광을 보았으니 또 다른 풍경을 본들 어떤 감동이

웅장한 황과수폭포. 물이 떨어지는 연못이 서우담이다.

있으랴. 나머지는 건너뛰고 풍경구를 나와서 지하의 별천지 직금동(织金洞)을 보기 위해 직금현으로 데보라를 몰았다.

사실 황과수 목포에서 멀지 않은 곳에도 아주 유명한 5A급 동굴인 용궁동(龙宫洞)이 있다. 경승(景胜)이야 지천으로 깔린 것이고 보려면 최고의 폭포와 최고의 동굴을 봐야겠다는 생각에 선택한 곳이 직금동(织金洞)이다.

동굴의 왕(溶洞之王)이라는 별칭과 함께 황산을 본 후에는 다른 산을 볼 수 없고, 직금동보다 더한 동굴은 없다(黄山归来不看岳 , 织金洞外无洞天!)라는 찬사를 받는 곳이기에 용궁동을 포기하고 직금동으로 향했다.

자유여행을 제대로 즐기기 위해서는 가장 중요한 것이 정보 수집이다. 아무리 먼 길을 달려 명승지에 왔더라도 모르면 못가 보는 것이다. 요즘은 정보지나 인터넷에서 많은 정보를 얻을 수 있지만 그렇다고 모든 자료를 얻을 수 있는 것은 아니다. 어디를 갈지, 무엇을 볼지, 노선을 어떻게 정할지는 자유 여행객의 끊임없는 정보 수집과 안목으로 정해진다. 여행 중 어떤 여행정보지나 인터넷에도 소개되지 않은 보물 같은 곳을 찾게 되는 것은 자유 여행가에게는 큰 기쁨이자 행복이 된다. 더불어 여건상 모든 곳을 다 가볼 수도 없으니 그때그때 포기할 곳, 지나칠 곳도 정해야 한다. 여행지가 대부분은 처음 가는 곳이니 찾아낸 여러 정보에 자신의 상상력을 보태어 그림을 그려보고 그 중에서 몇 곳을 선택한다는 것은 사실 쉬운 일이 아니다. 비교하자면 제한된 시간에 한국 가요를 들을 때 이미 아이콘이 된 이미자나 조용필 같은 대가수를 선택하는 것은 어려운 일이 아니겠지만 그다음 수준의 무수한 가수 중 누구를 선택하느냐 하는 것은 쉬운 일이 아닌 것과 비슷하다. 게다가 한번 지나간 외국의 여행지를 다시 오기는 쉽지 않은 일이니 왔을 때 최고 의미 있는 곳을 가보기 원하는 것이야 당연한 일이다. 아쉬움이 남지 않는 자유여행을 원한다면 사전에 철저한 준비와 여행 중이라도 끊임없는 정보 수집에 신경을 써야 한다.

직금현(织金县)에서 하룻밤을 보내고 직금동굴(织金洞)로 갔다. 귀주성에서는 황과수폭포와 함께 첫 번째로 국가 최고 등급(5A)의 풍경구(국립공원)로 지정된 곳인데도 예상외로 사람들이 많지 않다. 상대적으로 야외에 비하여 협소할 수밖에 없는 지하 공간에 사람이 많지 않다는 건 아주 행운으로 봐야 할 것이다. 이곳에도 여전히 여행객들의 주머니를 털기 위한 수많은 행태가 주렁주렁하였으나 어찌하리오! 즐거운 기분으로 여행하려면 그러려니 하는 수밖에….

동굴 바로 앞쪽 좁은 입구에는 이곳을 다녀간 옛사람들이 저마다 동굴을 찬양해서 써 놓은 석각들이 암벽마다 즐비하다. 그중에서 기관(奇观)이라 새겨 놓은 심플한 바위 글이 눈길을 끈다. 사실 이전에도 석회동굴을 여러 곳 가본 적이 있었지만 크게 감동했던 기억은 별로 없었다. 아마도 자연 동굴이란 곳들이 모두 비슷비슷한 경관을 보여주기 때문이리라. 오늘 보게 될 직금동굴은 어떤 모습일지 사뭇 기대된다.

산기슭 뻥 뚫린 동굴 입구에서 바로 45도 경사의 컴컴한 지하로 향하는 동굴 입

▲거대한 황과수폭포를 눈으로만 담을 수 없어 카메라에 열심히 담고 있다. 어느 곳을 촬영해도 작품이 나올 만큼 좋은 폭포다.

◀황과수 폭포 수렴동 안에 있는 사람들.

직금동 입구에 새겨진 기괴(奇怪)

구 천정에는 삐쭉삐쭉 이빨같이 생긴 석순들이 붙어 있어 마치 거대한 상어 입속으로 들어가는 느낌이다. 동굴은 이곳에서 시작하여 6.6km 산 밑으로 연결되고 있다. 입구 바닥에서 위를 쳐다보니 하늘에 난 큰 동공(洞空)으로부터 빛이 쏟아져 내리는 모습이 신비롭다. 동굴의 용동(溶洞) 크기가 어마어마하다. 땅속으로만 6.6km가 이어지는 동굴은 여러 군데 커다란 용동(溶洞)들로 연결되고 있는데 최고 큰 용동(溶洞)은 높이가 175m, 넓이가 150m에 이르기도 한다. 한마디로 잠실체육관만한 용동들이 염주처럼 계속 이어진다. 용동들마다 지하 석회암들이 만들어 놓은 신기한 모양을 하고 있다. 탑과 호수, 건물, 악기 모양 등 각양각색의 종유석들이 보는 이들의 정신을 혼미하게 한다. 용동(溶洞)의 크기가 거대하여 전시 공간이 웅장한데 각 전시관의 벽에는 흘러내린 석회암에 의해 형성된 문양들로 화려하기 그지없다. 그 전시관 내에는 또 자연이 만들어낸 가지각색의 조각품들이 서로 자웅을 가리듯 경쟁적으로 신기한 자태를 뽐내고 있다. 모든 작품이 그 모양과 규모가 압도적이다. 인간들의 어떤 작품이 이런 감동을 줄 수 있을 것인가!

지하 동굴을 따라 계속 이어지는 용동(溶洞) 전시관들은 한마디로 점입가경(漸入佳境)이다. 거의 세 시간을 걸으며 감상하는 동굴은 그 깊이가 더해갈수록 더욱

거대한 용동(溶洞) 속의 여러 작품들. 　　붉은 산 모습의 거대한 종유석. 　　거대한 파이프 오르간 모양.

몽유도원도를 닮은 직금동.

아름다운 경관을 보여준다. 한 용동을 지나면 다음 용동이 나오고 그것을 지나면 또 다른 모습을 한 엄청난 용동이 다시 나타난다. 지금까지 최고의 동굴 경관으로 기억에 남아 있는 요녕성의 본계수동(本溪水洞)과는 비교할 수조차 없다. 연신 카메라는 눌러 댔지만, 도대체 카메라로는 절대 담을 수 없는 경관이기에 그저 맘속에 담아두기로 한다.

거의 마지막에 용동에 도착할 때면, 정말 동굴 경관의 끝판을 보여주는데 거대한 용동 속에 다양한 석회암 봉우리들이 신비로운 조명과 합쳐져 마치 몽유도원도(梦游桃源图) 속을 걷는듯하다. 지상에 황산(黃山)이 있다면 지하에는 직금동이 최고일 것이다. 앞으로 또 어떤 동굴을 이런 감동으로 볼 수 있겠는가!

직금동을 나와 지도를 보니 직금동(织金洞) 옆으로 아직 개방되지 않은 5개의 동굴이 더 있단다. 사실 이런 절경을 보고 나면 보는 사람들도 에너지가 많이 소진된다. 굴 밖을 나서서 문 앞 회랑 의자에 한참을 앉아 몸과 정신을 추스를 수밖에 없었다. 도대체 뭘 보고 나온 것인가. 정신을 가다듬으며 소진된 에너지에 피곤이 몰려옴을 느낀다. 회랑 앞쪽으로는 지극히 평범한 산자락이 펼쳐지는데 이런 평범함 속에 저런 위대한 지하 경관을 품고 있다는 것이 보고 나서도 믿어지지 않는다.

물에 비친 황금 종 모양의 종유석.

구채평(韭菜坪)
알프스를 능가하는 '부추평원'

　　황과수(黃果树)와 직금동(织金洞)의 비경을 맘에 깊이 담고 귀주성의 서북부 위영(威宁)으로 향한다. 위영은 귀주성과 운남성의 접경 지역으로 딱히 별다른 경관이나 명승지로 이름난 곳은 아니다. 다만 나의 믿음직한 여행 길잡이 『론리플래닛』에서 귀주성의 황과수, 직금동과 함께 손꼽은 추천 지역 5곳 중 한 곳이다. 론리에는 이곳의 초해호(草海湖)라는 곳이 여행객들이 드물어 한적하고 많은 철새를 볼 수 있는 곳이라 소개하고 있다. 지금까지 론리에서 추천한 곳이 실망을 준 적이 거의 없었기에 망설임 없이 운남성으로 넘어가는 귀주성의 마지막 여행지로 위영을 선택했다.

　　직금현(县)에서 약 190km를 서북쪽으로 달려 위영(威宁)에 도착했다. 현(县) 소재지로서 산중의 작은 마을 분위기가 물씬 나는 곳이다. 시에청(携程)에서 가장 최

초해호(草海湖)

근에 개업한 호텔을 예약했는데 역시 아주 깔끔하고 나름 직원들도 친절한 호텔(草海春天酒店)에 여장을 풀 수 있었다. 초해(草海)는 별반 크지 않은 호수다. 사실 바다 '해(海)'자를 붙일 정도면 상당히 규모가 클 것으로 예상했었다. 막상 언덕에 올라 바라보니 주변 습지와 함께 한눈에 쏙 들어오는 크기다. 역시 중국인들의 과장은 알아줘야 한다. 아무튼, 이런 외진 산중에 이만한 호수를 보는 것은 결코 쉬운 일이 아닐 것이다. 예전 같으면 이곳에 태어나 이곳을 떠나보지도 못하고 세상을 떠났을 수많은 사람에게는 이 정도의 호수가 바다처럼 넓게 보였을 수도 있었으리라 생각하니 이해가 간다.

중국 사람들에게는 바다에 대한 로망이 크다. 땅덩어리가 너무 크고 해변에 쉽게 닿을 수 있는 거리에 사는 사람들도 많지 않다 보니 너르고 푸른 바다를 보는 것을 일생의 로망으로 삼는 사람들이 적지 않다. 그러다 보니 해남도(海南)나 한국의 제주도(济州) 등이 중국인들에게 아주 인기 있는 여행지가 되고 있다. 말이 나온 김에 한마디 하자면 제주도(济州)는 해남도(海南)와는 또 다른 경쟁력 있는 천혜의 자연환경을 가지고 있다. 내 주위 많은 중국 친구들도 제주도에 대해서는 아주 좋은 인상과 꼭 가보겠다는 의지를 가지고 있다. 비행기로 2시간이면 제주도에 도착할 수 있는 지역에 사는 중국 사람 수가 무려 7억 명에 달하고 이들 중 연간 1,000만 명씩 제주도에 온다고 해도(물론 수용 능력도 안 되겠지만) 무려 70년이 걸리는 것이다. 한마디로 무궁무진한 중국인 관광객의 수요를 가진 곳이 우리 제주도이다. 물론 여러 가지 이유로 중국인의 제주도 여행에 굴곡이 있긴 하겠지만 중국인들이 동경하는 아름다운 바다와 이국적인 풍경과 더불어 놀이와 쇼핑에 풍부한 자원을 가진 제주도는 중국이 있는 한 관광산업에 엄청나게 큰 발전 가능성이 있는 곳이다. 한국 정부나 제주도 정부에서 절대 간과해서는 안 될 일이다.

언덕 위에 올라 초해(草海)를 내려다보는데 호수보다도 호수 위의 하늘이 더욱 시원하고 멋지다. 초해의 주변으로는 갈대숲이 있어 철새가 서식하기에 좋아 보인다. 푸른 호수의 물은 사방이 산에 둘러싸여 있고 이 정도면 당연히 있음 직한 어선이나 어부들은 눈에 띄지 않는다. 아담하고 예쁜 호수가 이 첩첩산중에 있으니 얼마나 귀하고 사랑받았을 것인가 생각하니 론니의 추천에도 이유가 있겠구나 싶어진다. 오늘따라 더욱 푸른 하늘과 하얀 뭉게구름(晴天白云)이 드높이 펼쳐져 있고 그 아래 푸른 초해(草海) 변에서 스케이트보드를 타며 노니는 아이들의 함성과 잘 어우러진다.

아, 불현듯 우리 앞에 이런 하늘이 있었구나 싶어진다.

우리는 평소 하늘의 존재를 잊고 살 때가 많다. 물론 눈 앞에 펼쳐지는 피사체(현실)가 대부분 땅 위에 있다 보니 그러하겠지만 조금만 눈을 들어 하늘을 보고 드넓은 천공이 있음을 인식하는 순간, 우리를 짓누르고 있는 삶의 무게에서 조금은 가벼워질 수도 있을 터인데 왜 우리는 하늘을 보지 못하고 사는 것일까!

기대가 너무 큰 때문이었으리라. 위영(威宁)의 초해(草海)는 론리가 추천한 곳 중에서 아마도 처음으로 기대에 못 미친 곳으로 기억될 것 같다. 하지만 뭉게구름이 한없이 펼쳐지는 초해의 하늘은 내가 살아야 할 곳이 좁은 땅만이 아님을 알려주는

초해호(草海湖)와 푸른 하늘.

구채평과 오르는 길.

것 같아. 이곳으로 나를 인도해 준 이름 모를 론리의 여행 작가가 고마워진다!
　자, 오늘은 머리들 들어 하늘을 보자!!!

　자유여행에 있어 인터넷의 각종 사이트와 여행 가이드북, 그리고 역사책 등에서 여행의 기본적 정보를 얻지만, 현지인들에게 얻는 정보도 아주 유용하다. 식당이나 호텔 주인이나 종업원들은 훌륭한 정보원이다. 친절한 웃음으로 그 지역에서 가봐야 할 곳을 물어보면 때로는 전혀 예상치 못한 훌륭한 장소를 득템할 때도 있다. 지난번 저장성에서 소개한 감동적인 돌의 마을 고촌(库村)이 바로 태순(泰顺)의 동네 만둣국(混沌) 집 사장님이 추천해주신 곳이었다.
　이번 위영에서 초해를 보며 약간 실망한 대신 호텔 종업원에게서 엄청난 보물을 얻어냈다. 체크인하면서 평소처럼 멀끔하고 착하게 생긴 남자 종업원에게 이 동네에 추천할 만한 곳이 어디냐고 물으니 부추평원(韭菜坪)에 가보라고 한다.
　중국 말로 부추가 지우차이(韭菜)이고 고사리가 쥐에차이(蕨菜)라 고사리평원으로 잘못 알아듣고서는 바이두(百度)에 아무리 검색해보아도 나오지 않았다. 다음날 다시 물으니 지우차이(부추)라고 한다. 지도를 검색하니 90km쯤 오던 길을 되돌아가는데 1시간 반가량 걸린다고 한다. 이 산중에 평원이 있다고 하니 신기하기도 해 간단히 둘러보고 운남성으로 넘어갈 계획을 잡고 부추 평원으로 출발했다. 부추평원으로 향하던 중 장춘을 떠날 때 설정한 데보라의 운행 거리 계기판이 드디어

해발 2,777m 부추평원

68일간, 10,000km를 달린 대견한 데보라.

10,000km를 돌파했다. 정확히 68일 만에 10,000km를 운전한 것이다. 계획한 전체 여정이 약 3.5만km 정도로 예상되는데 거리상으로는 1/4을 돌파한 것이다. 일정상으로는 거의 1/3을 보냈으니 앞으로 진행 정도를 보아 여정과 일정을 대폭 조정해야 할 수도 있을 듯하다. 계획한 곳을 다 가보지 못할지는 모르겠지만 지금까지 거쳐온 일정도 아주 만족스럽고 대단히 행복했기에 앞으로 남은 시간과 여정도 무리 없이 안전하고 행복한 여정이 된다면 그것으로 만족할 뿐이다.

부추평원(韭菜坪)은 해발 2,777m 산꼭대기에 있었다. 입구에 도착해 주차장에 차를 세우고 보니 관광객이 거의 없다. 멀리 보이는 케이블카도 운행하지 않고 있다. 혹시나 문을 닫아 허탕 친 건 아닌지 걱정했는데 손님이 적을 때에는 관광 차량으로 손님을 정상까지 운송한단다. 이때까지 만해도 허탕 치지 않은 사실만 감사했지 잠시 후 보게 될 엄청나고 경이로운 고산 평원의 장관(壯觀)은 전혀 예상하지 못하였다. 우리 부부 둘만 태우고 S자 언덕길을 오르는 기사에게 물어보니 이산의 높이가 무려 2,777m란다. 아니 우리가 벌써 그렇게 높이 올라왔단 말인가! 백두산의 해발이 2,744m이니 백두산보다 더 높은 곳이다.

오늘 이곳에 오는 길에 아내에게 산촌(山村)인 이곳에 뜬금없이 웬 초원이 있는지 생각해 보자고 했었다. 하나는 토양과 기후의 원인, 다른 하나는 수목한계선보다 높은 해발의 원인 중 골라보라고 했었는데 정말 해발이 높아서 고산 정상의 구릉지대에 대형 초지가 생긴 것이었다. 정상 바로 밑에서 차를 내리니 바람이 거세다. 인근에서 해발고도가 가장 높은 곳이니 당연히 바람이 거센데 주변을 둘러보니 산줄기마다 수많은 풍력발전기가 거대한 바람개비를 열심히 돌리고 있다. 바로 눈앞에서 돌아가는 거대한 바람개비 바로 밑에서도 한 무리 소 떼가 한가로이 풀을 뜯고 있다.

계단을 조금 오르니 바로 정상이다. 발아래로는 크고 작은 봉우리들이 첩첩이 뻗어가고 있다. 온통 산지인 귀주성의 북서부 언저리가 한눈에 들어온다. 날도 어제처럼 맑고 깨끗하다. 잎이 긴 풀들만이 빽빽한 녹색의 완만한 능선이 너무도 아름답다. 직금동굴(织金洞)에서도 경치를 다 담을 수 없는 카메라의 한계를 실감했었는데 이곳에서 또 한 번 그 한계를 실감하게 된다. 어찌 카메라의 뷰 파인더에 이러한 장관을 담을 수 있으리오. 셔터를 안 누를 수는 없었지만 결국은 눈 속에 맘속에 담을 수밖에는 없었다.

 2,777m라는 커다란 숫자가 쓰여있는 정상에 서니 사방팔방 360도가 모두 발아래에 있다. 광서성부터 거의 1,000km 이상을 산속으로만 달려왔는데 이제 그 산들을 모두 발아래로 굽어보니 그 장쾌함과 시원함은 이루 말할 수가 없다.
 게다가 뭉게구름 흩어진 파란 하늘과 폐 속까지 파고드는 시원한 바람 그리고 우리 둘밖에는 아무도 없다. 아, 여기 오기 위해 귀주에 왔구나!
 내가 가진 어떤 정보 채널에서도 알려주지 않았던 곳인데 오늘도 여전히 여행운(运)과 안복(眼福)이 넘실댄다. 정상 바로 아래쪽에는 4각 뿔 형태의 지붕을 한 대피소(상점)가 하나 있기에 요기나 할 요량으로 들어서서 컵라면을 주문했다. 곱상한 중년의 아주머니가 화롯불에 감자와 두부를 굽고 있다가 얼른 자리를 내어준다. 추운 데서는 역시 컵라면이 최고다. 중국의 기름 수프가 잔뜩 들어간 컵라면이지만 역시 MSG의 효과는 위대하다.
 뜨뜻하게 배를 채우고 가져온 커피믹스를 한 잔 타서 아주머니께 권했다. 작은

아내 왈(曰), "완전 윈도우 바탕 화면이네!"

성의는 큰 친절을 이끈다. 이것저것 물어보며 잡담을 나누다 알게 된 사실은 놀랍게도 이 구릉을 덮고 있는 잎이 긴 풀들이 모두 부추(韮菜)라고 한다. 아, 그래서 이곳이 부추평원(韮菜坪)이었던 것이다. 상점을 나와 큰 원을 그리며 평원을 돌아보았다. 서쪽에서 올라오는 능선을 바라보니 산자락의 반의반도 못 돌아본 듯하다. 아쉬움을 남기고 올라온 곳으로 다시 내려가야 했다.

나는 내몽고의 대초원을 특별하게 좋아하기에 거의 매년 차를 몰고 내몽고 초원으로 달려가지만, 대초원 지대의 광활한 초원을 감상하는 것과 첩첩산중 수목한계선 위의 고산 초원을 감상하는 것은 또 다른 맛이었다. 굽이굽이 꼬부랑길을 따라 산에서 내려오면서도 대체 우리가 여기서 무엇을 본 것인지 잘 실감이 나질 않는다. 부추평원(韮菜)에서 내려오니 멀지 않은 곳에 또 다른 아서리서(阿西里西) 대초원이 있다고 주차장에서 만난 젊은 남녀 한 쌍이 이곳과는 분위기가 사뭇 다르니, 한번 가보라고 권한다. 내가 그런 것을 빼먹을 사람이 아니지 않는가. 잽싸게 차를 몰아 아서리서초원으로 달렸다. 예상한 대로 오리지널 대초원은 아니고 이곳도 해발고도가 높아 생긴 초원으로 보이는데 그래도 상당히 넓은 지역이 풀들만 가득한 구릉으로 이어져 있고 곳곳에 방목하는 양 떼와 소 떼가 보여 마치 내몽고의 초원을 연상시키기엔 충분하다. 하지만 후룬베이얼(呼伦贝尔)의 대초원에 익숙한 나에게는 별다른 감흥을 주지는 못했다.

아무튼 몇 날 며칠을 산만 보고 달리다가 시원한 평원과 초원을 보고 나니 가슴이 팍 트이고 기분이 상쾌하다. 안목 높은 아내도 아주 만족해하니 더욱 기쁘다. 간단히 둘러보자고 들린 곳인데 고사리 평원에서 하루를 다 보냈지만, 전혀 아깝지 않다. 운남성은 내일 들어가기로 하고 어둠을 뚫고 육판수(六盘水)시로 넘어왔다. 육판수시로 넘어오는 길, 어두워진 밤 운전은 역시 몇 배 나 힘들었으나 참으로 멋진 안복(眼福)을 누린 또 하루가 저문다.

산이 온통 부추 평원이다.

운남성

대석림

곤명의 석림.

석림(石林)과 토림(土林)
신기한 조물주의 두 작품

    귀주성을 지나 중국 남서부의 끝 운남성(云南)의 성도인 곤명(昆明)에 도착했다. 운남성은 미얀마, 라오스, 베트남과 무려 3,200km의 국경선을 맞대고 있는 변경 지역이며 우리나라의 약 4배나 되는 면적을 가진 곳이다. 중국 내 소수민족 중 52개의 민족이 있다고 하며 소수민족의 비율이 1/3을 차지한다. 각종 관광자원이 풍부해 외국인들에게도 북경 다음으로 중국에서 가고 싶어 하는 곳으로 알려져 있다.

운남 원모의 토림

운남성으로 들어서자마자 고속도로의 분위기가 사뭇 바뀐다. 귀주성은 아무래도 낙후된 경제 상황 때문인지 고속도로에 이동하는 차량이 적었다. 특히 짐을 실은 화물차의 모습은 찾기가 쉽지 않았는데 운남성에 들어서자 화물차의 모습이 눈에 띄게 늘어났다. 서쪽으로 가까워지기 때문인지 고속도로 휴게소에서 예배 시간에 맞춰 메카를 향해 기도를 드리는 이슬람 형제들의 모습도 눈에 띈다. 운남성 경계에 들어서 5시간 가까이 달려 성도(省都)인 곤명(昆明)에 도착해 여장을 풀었다.

고속도로 휴게소에서 메카를 향해 경배하는 이슬람 형제들.

최대한 여유롭게 여정을 진행했다고 하지만 두 달 반의 일정이 지나다 보니 피곤이 누적되기도 한 모양이다. 약간의 몸살 기운도 다스리고 중간 정비도 할 겸 야자수가 멋진 도심 공원에 위치한 맨션호텔(璽景曼忻酒店)에서 4일을 묵으며 재충전했다. 오랜만의 휴식이 꿀맛 같다. 작은 공원 내에 위치한 호텔은 가성비(270위안/1일) 최고로 개업한 지 1년 정도 된 새 호텔이다. 아침마다 호텔 주위에는 지역 사람들이 나와 산책과 운동을 즐기는 곳이라 우리 부부도 동네 사람들과 함께 산책을 즐기며 남국의 정취를 만끽했다. 곤명은 예로부터 1년 내 기온이 온화한 진정한 봄의 도시(春城)로 유명하여 양로(養老)에 좋은 지역으로 알려져 있다. 와서 보니 역시 초여름임에도 선선하고 부드러운 바람과 온화하고 맑은 날씨와 공기가 느껴진다.

이틀간은 아무것도 하지 않고 휴식을 취한 후에 천천히 곤명에서 그리 멀리 떨어져 있지 않은 명승지 석림(石林)을 찾아 나섰다. 관광 자원이 많은 곤명에서도 특히나 유명한 곳으로 이곳에 오는 관광객들도 어김없이 찾는 곳이다. 인간이 만든 것이 절대 조물주가 창조한 것을 넘어설 수 없음을 확실하게 보여주는 곳이기도 하다. 석회질의 카스트르 지형은 지구 곳곳 지상과 지하에 수많은 변주(変奏)를 만들어 놓았다. 중국에도 아주 많은 지역에 카스트르 지질 공원들이 있고 저마다 각양각색의 특이한 비경을 자랑하고 있다.

   그중에서도 석림은 수억 년에 걸쳐 융기되고 침식된 뾰쪽뾰쪽한 수직의 석회암 기둥들이 넓은 지역에 집중되어 있어 가히 신비로운 기경(奇景)을 자랑한다. 2.7억 년 전에는 바다였다고 하는데 지각변동으로 융기한 후 오랜 세월 침식과 풍화작용을 거쳐 지금의 모습이 만들어졌다고 한다. 아무리 과학적인 근거로 설명이 가능하다 해도 눈앞에서 펼쳐지는 신기한 모습은 조물주의 위대함에 그저 경의를 표하게 할 뿐이다. 석림 풍경구에는 뾰족 기둥의 규모가 크고 집중된 밀도가 높은 대(大) 석림과 규모가 상대적으로 작고 밀집도는 낮으나 석주(石柱)들이 푸른 잔디와 작은 호수들과 함께 조화를 이루는 소(小) 석림 지역으로 나뉘는데 분위기가 사뭇 달라 가까이 있는 두 곳을 모두 돌아보아야 석림의 전모를 느낄 수 있다.

   여행객들에게는 '8:2의 법칙'이라는 것이 있다. 어떤 관광지에서도 80%의 여행객이 가보는 곳은 사실 전체지역의 20%에 불과하다는 것을 빗대어 말하는 것이다. 필자도 실제로도 직접 여러 여행지에서 확인했지만, 대부분 여행객들은 뭐가 그리 바쁜지 여러 의미를 담고 있을 고적들과 명승지를 여유롭고 자세히 감상하기보다는 이름 있는 곳에 왔었다는 증거만을 남기려는 듯 정신없이 인증 샷을 찍고는 후

소석림.

외지고 후미진 곳에서 숨은 비경을 만나는 재미가 솔솔하다.

다닥 떠나버리는 경우가 허다하다. 특히나 깃발부대 단체 여행객들의 비율이 매우 높은 중국에서는 그 경향이 훨씬 심한 듯하다. 여행객이 집중된 관광지라도 주 동선(主动线)에서만 벗어나면 예상외로 한적하고 호젓한 여행을 즐길 수 있는 경우가 많다.

    8:2의 법칙을 잘 알고 있으니 나의 여행 행태는 복잡한 여행지마다 항시 뒷문, 뒷마당, 외지고 후미진 곳을 찾아 헤매는 경향이 있는데 사실 그런 곳에서 그곳만의 특색과 숨어 있는 의미들을 찾아내는 기쁨을 만날 때가 많다. 이번 우리의 여정은 3월 초에 시작되었기에 시기적으로 여행의 성수기가 아니었고 특히나 코로나의 막대한(?) 영향 때문에 이름 있는 여행지라도 여행객 수가 적어 평소에는 상상하기 어려울 정도로 호젓하고 여유 있는 여행을 즐기고 있다. 이런 상황은 석림에서도 마찬가지였다. 점심시간을 약간 지난 한낮에 도착하였는데도 관람객들이 별로 없다. 뾰쪽한 석주(石柱)들 사이로 난 좁은 길들을 오르내려야 하는 이곳 특성상 사람들이 몰리면 경치를 여유롭게 둘러보는데 여간 고역이 아닐 터인데 화려한 봉우리들 사이를 찬찬히 돌아보고 있자니 여행 복이 참 많다는 생각이 저절로 든다.

주동선에서 벗어난 호젓한 길.

    석림의 봉우리들은 하나하나가 모두 기괴하고 독특하여 단체 관광객들을 끌고 다니는 가이드들이 연신 떠들어 대듯이 이 봉우리는 무슨 모양을 닮았고 저 봉우리는 어떻고 하는 억지스러운 스토리를 들을 필요도 없이 봉우리 하나하나에서부터 서로서로 모인 모습까지 그저 기괴하고 신통하다는 생각만 들 뿐이다. 자세히 살펴보면 검은 석질도 아주 단단하여 어떤 곳은 반질반질 윤이 나기까지 한다. 사람도 많지 않고 더욱 한적한 길목을 찾다 보니 우리 둘만이 호젓한 석주와 봉우리들의 사열을 받으며 서로의 감동과 감상평을 나누며 즐거운 시간을 가졌다. 대석림을 둘러보고 한적한 뒤편 길로 빠져나가니 푸른 잔디밭을 카펫처럼 깔고 듬성듬성 크지 않은 봉우리들이 자태를 뽐낸다. 오픈 관광차가 오가는 길을 따라 내려가니 소석림과 연결된다. 대석림은 석주들과 봉우리들이 그저 한 치의 공간도 없이 촘촘하게 밀집된 곳이라며 이곳은 잔디밭과 작은 호수들을 수반(水盘)으로 삼아 조심스레 놓인 여러 수석 작품들이 이어져 있는 듯한 분위기이다. 회색의 암봉들과 초록의 잔디가 적당한 대비를 이루고 호수 위에 비친 봉우리의 그림자들은 바람에 흩어진다. 여유롭고 호젓한 석림을 둘러보는 즐거움을 나눌 이 없어 아쉬운 날이다.

곤명 다음 여정으로 운남성의 남쪽 끝인 서쌍반납(西双版纳)으로 향하는 것과 서쪽 끝인 등충(腾冲)으로 방향을 잡는 안을 놓고 적지 아니 고민한 끝에 등충을 선택하였다. 등충을 향하는 중간 목적지로 아름다운 호반 도시 대리(大理)를 정했는데, 가는 중간에 약간 북쪽으로 방향을 틀면 토림(土林)이란 곳이 레이다에 잡힌다. 토림은 그리 유명한 곳은 아니지만, 어제는 돌덩어리의 성찬을 보았으니 오늘은 조물주가 흙을 가지고 또 무슨 조화를 부려 놓았는지 궁금해진다.

대리로 가는 고속도로에서 북쪽으로 100km 떨어진 토림 가는 길은 포장 상태가 엉망이고 토사를 실은 대형 트럭들의 운전도 험악하다. 길 주변에는 먼지를 뒤집어쓴 용설란(龙雪兰)들이 즐비하여 사막 길을 가는 것 같은 느낌도 든다. 토림(土林)에 도착하니 대여섯 대 차량만 주차되어 있는 허접한 주차장부터 옛 관광지 분위기를 그대로 내고 있다. 주차장과 입구도 직접 붙어있어 약간 촌스럽긴 하지만

수반 위의 수석이 떠 있는 듯하다.

국적 없이 삐까뻔쩍한 입구와 고객센터로 대표되는 짜증 나는 여느 관광지보다는 훨씬 인간적이다. 그러나 투자를 안 한지라 인간적인 분위기를 풍기는 것까지는 좋았는데 입장료는 삐까뻔쩍 관광지와 진배없다. 입구에 들어서니 역시나 또 비용을 내야 하는 관광 셔틀 차가 기다리고 있다.

벽이 뚫린 관광차가 경구(景区)의 제일 높은 곳에 데려다준다. 관광차에서 내려 절벽 아래를 내려다보는 순간, 아! 탄성이 절로 나온다. 이건 또 무슨 조물주의 조화인가! 산의 한쪽 계곡이 완전히 침식되면서 거대한 황토색의 계곡 속에 기괴한 모습의 수직 절벽과 흙기둥(土柱)들을 무수히 만들어 놓았다.

사실 정보를 검색하면서 사진을 보기는 했지만 역시 어떠한 사진도 자연의 장엄을 제대로 담아낼 수는 없는 듯하다. 규모와 컬러는 말할 것도 없고 디테일조차 사진이라는 프레임 속에서는 상상력을 아무리 발휘한다 해도 본모습을 제대로 감상하기는 어려운 일이다. 아무튼 토림의 경관도 기대를 뛰어넘었다.

맨 뒤편 꼭대기로부터 아래로 내려오며 굽이굽이 마다 펼쳐진 흙기둥들의 기기묘묘한 모습을 보면서 전날 석림의 모습들과 오버랩 된다. 물론 만들어진 시간으로 따진다면 2.7억 년 전 바다에서 융기하였다는 석림에 비할 바는 아니겠으나 토림 또한 대지와 물과 시간이 만든 위대한 작품이었다. 기둥들의 흙을 만져보니 돌처럼 딱딱하다. 그리고 거의 모든 흙기둥이 바위 모자를 하나씩 쓰고 있어 단단한 바위 밑에서 침식으로부터 보호되었음을 한눈에 알아보게 하여준다. 약 두 시간을 계곡 굽이굽이 내려오며 감상한 조물주의 작품 앞에서 그저 할 수 있는 말은 "거참 신통하네!" 이것밖에 없었다.

토림의 전경.

이해호(洱海湖)
대리(大理)의 아름다운 호수

　곤명에서 토림을 거쳐 대리(大理)의 이해호(洱海)에 이르는 520km 구간의 고속도로 주변은 모두 산길이다. 운남성도 90% 이상이 산지로 서북쪽으로 다가갈수록 해발이 높고 산세는 험해진다. 수많은 산과 계곡 터널을 뚫고 고속도를 달려 저녁나절 대리의 아름다운 호수 이해(洱海)에 도착했다. 마지막 긴 터널을 지나자마자 떡하니 이해(洱海)의 웅자가 눈앞에 나타난다. 호수의 물에 비친 노을과 구름 사이로 보이는 조각하늘이 장시간 운전의 피로를 한순간에 잊게 해 준다.

이해 호수의 노을과 꽃.

　이해(洱海)는 해발 2,000m로 대리시와 이해현(县) 사이에 있는 길이 40km, 넓이 7~8km의 모양이 귀(耳)처럼 생긴 호수이다. 해발도 높은데 커다란 호수가 있어 기후가 시원하고 공기도 맑아 휴양지로 유명한 곳이다. 숙소는 이해(洱海) 호숫가에 있었다. 호수를 향한 아담한 테라스가 있어 아주 마음에 든다. 테라스에서 바라

洱海의 노을 위를 나는 새.

보는 호수와 구름 그리고 호수 건너편 창산(蒼山)의 모습은 가히 환상적이어서 여기서는 오래 머물 수밖에 없을 듯하다.

이해호 주변에는 대리고성(大理古城)을 비롯한 많은 명승지가 있다. 하지만 마음 바쁘게 이곳저곳 돌아다니고 싶지는 않다. 그저 맑은 호수 자체의 아름다움을 즐기는 것만으로도 충분하지 않은가. 다음날은 호텔에서 스쿠터를 빌려 아내를 태우고 호숫가를 돌았다. 맑은 날씨에 햇볕이 뜨겁기도 했지만, 무엇보다 푸른 하늘과 어우러진 산과 호수의 풍경을 즐기는 데는 이보다 더 좋은 방법은 없는 것 같다.

분홍, 연둣빛, 파스텔 색깔로 도색한 컨버터블 자동차들이 많이 보인다. 곳곳에

이해호의 작은 섬 소보타(小普陀), 앙증맞은 도관이 있다.

이런 차를 대여해주는 곳도 많은데 중국 관광 분야의 수준도 날이 다르게 변하고 있음을 느끼게 한다. 전동 스쿠터를 타고 가다 서기를 반복하며 이해(洱海)의 아름다운 경치와 그곳에 사는 사람들의 소소한 생활을 엿보는 즐거움을 누린다.

아담한 객잔 숙소의 사장님이 아주 친절하시다. 여러 정보도 주며 가봐야 할 곳들을 일러주는데 자동차로 한 시간 거리의 계족산(鸡足山)을 추천한다. 복건성을 지나면서부터 계속 보아 온 것이 산이라 끌림은 덜 했지만, 산정상에서 보는 경치가 장관이라며 적극적으로 추천하는지라 가보기로 했다. 해발 3,200m의 닭의 발을 닮았다는 계족산은 많은 사찰이 있는 불교 성지로 산 정상에도 하얀 7층 전탑과 황금빛 찬란한 전각이 잘 어울리는 큰절 금정사(金頂寺)가 있다. 코로나 때문이겠지만 이곳에 자주 오지 않을 외국인들에게 적용되는 입산 절차는 매우 까다롭다. 까다로운 절차를 거쳐 입산 후에도 주차, 매표, 검표, 대기, 관광차, 케이블카 등으로 이어지는 짜증 나고 반복되는 절차를 거치고 나서야 정상에 올라갈 수 있었다. 정상에서 바라보는 주변의 경치가 장쾌하다. 또한 정상의 금정사의 부처님께

호수에서 즐기는 동네 분들의 야전 수영.

해발 3200m, 계족산 정상에서 본 풍경.

계족산 정상의 금정사.

향을 바치며 여행 안전과 가족들의 건강을 빌어 보았다.

　계족산의 부처님께 성심을 다해 안전과 평안을 빌고 왔는데 다녀온 날 밤 아주 특이한 경험을 했다. 저녁 10시쯤 되었을까? 테라스에서 조용한 파도 소리를 들으며 밤의 운치를 즐기고 있었다. 그런데 갑자기 숙소 건물이 심하게 흔들린다. 가끔 큰 덤프트럭이 건물 앞을 지날 때 받는 영향인가 보다 생각했는데 그 정도가 더욱 심해지며 밤새 몇 차례의 심한 진동이 일었다. 아침에 알고 보니 지진이란다. 뉴스를 검색해보았다. 이곳에서 멀지 않는 양비(漾濞)란 곳에서 진도 6.3의 지진이 발생했다고 한다. '아, 지진이 이런 것이로구나!' 생각하니 신기하기도 했지만, 사실 순간적으로 일어난 일이라 지진이라고는 생각지도 못했다. 만약 정도가 더욱 심했더라면 숙소에서 빠져나올 시간도 없이 순간적으로 참사를 당할 수도 있었겠구나 생각하니 모골이 송연해진다. 계족산 부처님의 염력으로 지진의 강도를 대폭 낮추어 주셨으리라 애써 믿어본다. 대리에 많은 다른 유적지는 Pass! 이해(洱海)의 경치와 휴식 그리고 지진의 기억만으로도 충분히 짜릿한 시간이었다. 문제는 어젯밤 지진 영향으로 다음 행선지인 미얀마와의 국경지대 등충(腾冲)으로 가는 고속도로가 폐쇄되었다고 한다. 검색해보니 우회로를 선택할 수는 있으나 10시간 이상 족히 더 걸리는 것으로 나온다. 잠시 고민하다 일단 가까운 운남성 여행의 성지 여강(丽江)으로 향하기로 했다. 여강(丽江)은 오래전에 가본 적이 있는 곳이다. 미얀마 국경 근방에 숨겨진 노강(怒江)협곡을 따라 운남성의 오지 탐험을 해보고 싶었는데 예상치 못한 지진이 길을 막는다. 지진 이후의 경사 급한 협곡 길을 간다는 것은 낙석으로 매우 위험하기도 하다. 이 모두 안전을 인도하시는 부처님의 뜻이고 계시리라 생각하니 맘이 편해진다. 여강은 600년 이상의 역사를 가진 납서족(纳西族)의 아름다운 고성이 있는데 어떻게 변했는지 궁금하다. 무엇보다 만년설을 볼 수 있는 해발 5,600m의 옥룡설산(玉龙雪山)을 가볼 수 있게되어 기대가 된다.

　기다려라. 옥룡설산아(玉龙雪山, 等着我啦)!!

이해호수

여강고성(丽江古城)과 만년설의 옥룡설산(玉龙雪山)

납서족(纳西族)의 전통마을

이해(洱海)호에서 느닷없는 지진으로 일정을 변경하여 북쪽으로 향해 운남성의 또 다른 소수민족 납서족(纳西族)의 자치현이자 중국 4대 고성(古城)중 하나로 완벽히 옛 모습을 보전하고 있는 여강고성(丽江古城)에 도착했다. 이곳은 17년 전에 와본 적이 있으나 한나절 잠시 머무는 데 그쳤던 곳이다. 옛 마을의 규모가 크고 잘 보존된 모습과 그 뒤로는 웅장한 만년설을 이고 선 옥룡설산(玉龙雪山)의 모습에 깊은 인상을 받았던 곳이다. 언젠가는 다시 와서 옛 마을(古镇)의 전통 객잔(客栈)에 머물며 여유 있게 돌아보리라 다짐했었는데 드디어 그 희망을 이루게 되었음은 뜬금없는(?) 지진 덕분이라 할 수 있겠다.

납서족(纳西族)은 전체 30만 명 정도로 원래는 중국 서북쪽에 살던 저강족의 후손이라 한다. 이들은 이 지역 민족들의 주 종교인 티베트 불교 대신 고대 전통 민족 종교인 동파교(东巴)를 믿는다. 일부는 아직도 모계사회 전통을 유지하고 있다는 것이 특징이다. 동파교(东巴)는 전통 상형문자인 동파문자(东巴文)로 쓰인 동파경(东巴经)을 경전으로 사용하는 데 이를 해독하는 사람은 오직 동파교의 성직자인 동파들 뿐이라고 한다. 동파문은 약 1,400자 정도의 상형문자이다. 아직도 이집트의 석각에서나 볼 수 있을 상형문자가 사용되고 있다고 하니 놀라울 뿐이다. 이러한 고대의 종교와 상형문자, 모계사회 전통을 일부라도 보전하고 있다는 것은 한족화(汉化)와 현대화(现代化)의 거대한 물결 속에서 그들이 얼마나 민족의 정체성을 잘 유지하고 있는지를 보여준다. 지금도 동족 간의 결혼을 중시하여 한족 등 이민족과의 통혼율이 15%밖에 안 된다고 한다.

더불어 납서족이 가장 많이 모여 살고 자치현(自治县)을 유지하고 있는 여강고

여강고성, 옛 운치가 살아있는 골목길.

성(麗江古城)은 수백 년이 넘는 역사를 가지고 있음에도 불구하고 지금까지 그 모습을 잘 보전하고 있다. 1997년 이곳을 강타한 대지진에서 수백 명의 사상자가 발생하고 새로 건설된 신도시는 거의 파괴되었음에 목조로 된 고성지역은 피해가 거의 없어 옛 건축의 내진 능력을 잘 보여주었다.

예전에 왔을 때 인상 깊었던 것은 마을 골목골목으로 흘러 지나가는 맑은 시냇물을 생활용수로 이용하고 있다는 것이었는데 당시에 비하면 수량이 많이 줄어든 모습이다. 지금은 거의 시간제로 방류하고 있다는데 맑은 물이 철철 흐르던 그 시절이 그립고 아쉽다. 시냇물에 그리 많았던 금붕어는 다 어디로 갔을까? 중국 내륙 쪽으로 들어오면 물 부족 문제가 상당히 심각하다는 것을 곳곳에서 목격하게 된다. 여강고성은 그 규모가 상당히 크다. 고성 전체가 유네스코 문화유산으로 등록되어 있어서 그런지 다른 옛 마을들에 비해 관리 상태가 좋아 보인다. 사실 17년 전이나 지금이나 고성 전체가 상업화되어 거의 모든 건물이 상가, 음식점, 객잔으로 개발되어 있기는 하지만 그 외관만은 아직도 옛 모습을 잘 유지하고 있어 반갑기

동파(东巴) 승녀(바이두).

그지없다. 특히 마을 안쪽의 많은 상점이 작고 아담한 골목길을 서로 침범하지 않고 나름 질서를 잘 유지하며 들어서 있다. 통행에 불편하지 않고 상가나 객잔(客栈)마다 꽃과 화분들을 심어 예쁜 꽃들이 골목골목을 가득 채우고 있는 모습이 다른 고진(古镇)과는 확실히 다른 모습이다. 골목길을 거니는 여행객들의 기분을 즐겁게 해준다. 더불어 전통을 지키는 통일성 있는 간판과 상점들의 디스플레이도 다른 관광지와는 차별화되고 있어 앞으로도 오랫동안 이런 모습을 잘 유지했으면 하는 바람이 든다. 여강고성(丽江古城)을 천천히 돌아보고 지난번에 가보지 못했던 옥룡설산(玉龙雪山)을 향해 길을 나섰다. 여강(丽江) 시내 어디서나 만년설(万年雪)이 덮인 옥룡설산의 정상을 볼 수 있으나 점점 가까이 가면서 보이는 설산의 자태는 우리가 보아온 그 어느 산과도 확연히 달랐다. 한마디로 해발 5,600m가 넘는 설산의 위엄은 우리나라의 산들과는 다른 차원의 모습을 보여준다.

입구에서 입장권를 사고 몇 km를 더 들어가면 산의 측면이 보이는 산자락에서

▲여강고성(丽江古城).

▼납서족들이 여행객들과 함께 민속 춤을 추고 있다.

셔틀버스를 타고 산 중턱으로 이동한 후 다시 곤돌라를 타고 올라간다. 그곳에는 넓은 평원과 그 주변을 둘러싼 눈 덮인 멋진 봉우리들이 도열하고 있다. 푸른 하늘과 하얀 구름 그리고 설산의 봉우리들. 하지만 여긴 알프스가 아니다.

이곳에서도 어김없이 80:20의 법칙은 적용된다. 여기까지 올라온 여행객의 80%는 그저 초원의 앞쪽에 바글바글 모여 부지런히 인증샷을 날리고는 서둘러 총총히 돌아들 간다.

항상 나머지 20%에 들겠다고 노력 중인 우리는 초원 둘레의 잔도를 천천히 걷다 보니 여러 각도에서 보이는 원시림과 초원 봉우리들의 조화가 각기 다르다. 이 아름다운 설산의 웅장한 봉우리 사이사이 아름다운 초원에서 예복을 차려입은 커플들이 웨딩 촬영을 하고 있다. 여기 모인 모든 신혼부부의 미래가 수십, 수백만 년이 자리를 지켜왔을 설산처럼 영원히 아름답게 빛나기를 기원해본다. 더불어 우리 부부의 나머지 인생도 이렇게 늠름히 빛나고 아름답기를 옥룡설산 신령님께 빌어본다. 마누님을 더욱 잘 모셔야겠다…!!

옥룡설산의 만년설.

빙하가 흐르고 5,600m가 넘는 옥룡설산의 위용

샹그릴라(香格里拉)

호도협을 지나 꿈속의 유토피아로 가다

여강(麗江)에서 또 하나의 빼놓기 어려운 비경, 해발 3,000m에 있다는 비취색 맑은 호수 노고호(瀘沽湖)를 찾아 나섰다. 다음 목적지로 정한 샹그릴라(香格里拉)와는 반대 방향에 위치하는지라 여강(麗江)에서 당일로 다녀올 예정이었다. 내비게이션 검색 결과 거리가 177km로 나와 있어 간단히 생각했는데 편도 3시간 40분이나 걸린단다. 하루에 왕복 7시간을 운전한다는 것이 상당히 부담스러웠지만 여기까지 와서 그 유명한 노고호(瀘沽湖)를 그냥 지나치기는 어렵지 않은가. 특히 '능력 있는 여자는 남자를 밖으로 내보내지 않는다.'는 훌륭한(?) 전통이 있는 납서족 중에서도 노고호에 사는 일족인 마사인(摩梭人)이 아직 전통적인 모계중심사회를 유지하고 있다고 하니 꼭 보고 싶기도 하다.

노구호가는 길이 사행하며 금사강을 따라간다 금사강의 비취색 물빛이 압권이다.

여강(丽江)의 해발은 2,000m 정도이긴 한데 분지로 평지인 이곳에서 보면 사실 해발이 높다고 생각하기 어렵다. 노구호(泸沽湖)를 향해 여강을 빠져나오자 20km 연속 내리막이라는 표지판이 보인다. 산허리 도로를 따라 끝없이 이어지는 내리막 중간중간 경관대(景观台)가 있다. 이곳에서 보니 까마득한 협곡 아래에 푸른빛의 금사강(金沙江)이 구불구불 흐르고 있다. 내려가야 할 길은 황량하고 붉은 산허리를 따라 구불구불 휘어지며 멀리 사라진다. 아, 길이 이래서 시간이 그리 오래 걸리는구나! 일단 출발한 길. 구불구불 절벽 옆으로 이어진 산길을 가다 보니 웬걸 거의 수직에 가까운 절벽에서 흘러내린 토사와 낙석의 흔적이 즐비하다. 아니 며칠 전 지진도 났다는데 만약 이 길을 가다가 여진이라도 나는 날엔 꼼짝없이 쓸려 내려갈 것만 같아 운전 내내 맘이 조마조마하다. 하지만 가던 길을 돌아가려니 옆에 있는 아내 보기에도 남사스럽고 해서 그냥 주욱 달려 본다. 불안한 내 맘을 어찌 알았는지 마누님 왈. "여보, 길이 안 좋으니 그냥 돌아가자."

"Why not…!"

금사강 계곡이 좁아지는 끝자락에 호도협이 있다.

이렇게 여강의 일정을 마무리하는가 했더니 다음 날 아침부터 갑자기 속이 더부룩하고 니글니글하더니 머리가 팽팽 돌면서 정신 차리기가 어렵다. 아…, 그 유명한 고산증(高山反应)이 이제야 온 것이다. 고산증 증상은 사람마다 다르고 오는 시간도 다르다는데 별로 높이 올라오지도 않았는데 느지막이 온 고산증 증상이 만만치 않다. 할 수 없이 객잔의 숙소를 하루 더 연장하고 하루 종일 꼼짝없이 누워서 어지러운 머리와 더부룩한 속을 진정시켜야 했다.

다음날 아직 완전히 맑지 않은 정신과 산소 스프레이를 잔뜩 챙겨서 다음 행선지인 샹그릴라(香格里拉)로 향했다. 여강에서 샹그릴라로 향하는 214번 국도로 한 시간쯤 달리면 그 유명한 호도협(虎跳峡) 협곡을 거쳐 갈 수 있다. 호도협은 티베트에서 발원한 금사강(金沙江)이 수천 리 협곡을 달려 여러 지류를 흡수하고 이곳에 이르러서는 '호랑이도 건너뛸 수 있을 만큼 좁고 험한 협곡'에 몰려들면서 높아진 수압으로 절벽을 때리고 바윗덩이를 치고는 치며 그야말로 발정 난 대호가 포효하듯 힘찬 물살과 웅장한 스테레오 함성을 들려주는 곳이다.

사실 이곳은 협곡 위쪽에 아슬아슬하게 이어지는 비포장도로로 8시간 이상을 트레킹하면서 협곡의 웅장함과 비현실적인 계곡의 절경을 구경해야 그 맛을 제대로 알 수 있는 길이다. 이번에는 차를 타고 도착한 협곡의 경관대(景观台)에서 굽이치는 장엄한 물살을 바라보는 것으로 만족하며 위로를 삼았다. 오늘은 갈 길이 멀다. 샹그릴라(Shangri-la)는 원래 실제로 존재하던 지명(地名)이 아니다. 영국의 작가 제임스 힐튼의 소설 『Lost Horizon』에서 이상향(理想乡)으로 창안해낸 도시의 이름이다. 소설 속에서 우연히 사고로 히말라야와 티베트 접경 지역에 불시착한 사람들이 찾아냈다는 불가사의한 유토피아의 땅이다. 이 소설이 유명해지자 여러 곳에서 '샹그릴라'라는 이미지와 명칭을 이용하여 돈을 벌고 있다.

이곳의 원래 지명은 중전(中甸)이다. 여기에 오는 여행자들이 별칭으로 부르기 시작한 샹그릴라로 더욱 유명해져 2001년에 아예 이름을 바꿔버린 것이다. 물론 그만큼 아름다운 곳이기도 하다. 호도협을 지나 214번 국도를 따라 샹그릴라로 가는 길, 산은 점점 높아지고 계곡은 점점 깊어진다. 도로를 달리다 지금껏 보지 못했

호도협의 격류.

던 풍경의 변화에 자꾸만 차를 세우게 된다. 이번 여정이 샹그릴라에서 티베트족(장족)의 생활과 티베트 불교의 사원을 돌아보고 서장(西藏)과 경계에 있는 티베트 불교(라마교)와 티베트인(藏族)들의 성지 중 하나인 매리설산(梅里雪山)으로 가는 것이다. 여강(漓江)에서 샹그릴라로 가는 길도 고도가 높은 산과 초원의 연속이었다.

해발고도가 3,000m 정도 되는 샹그릴라에 들어서자 커다란 불탑(佛塔)이 반긴다. 풍경은 장족(藏族)의 특색 있는 건축물들이고 멀리 티베트 불교 사원의 금빛 지붕과 탑들이 이곳저곳에 반짝여 마치 티베트(西藏)에 들어온 듯 이국적인 풍경을 연출하고 있다. 차 안의 온도계를 보니 14도이다. 오늘 떠나온 여강에서는 30도가 훌쩍 넘을 텐데 높은 고도를 실감하게 한다. 기압도 낮아져 고산증이 재발할까 걱정이 된다. 상점 안의 과자봉지도 빵빵하게 부풀어있다. 연신 산소 스프레이를 코와 입에 뿜어대며 고산증이 심해지지 않기를 바랄 뿐이다. 샹그릴라에서 제일 높은 빌딩에 있는 호텔에 여장을 푸니 발아래 고만고만한 건축물들이 멀리 있는 산들과 어울려 호젓한 산촌 작은 도시의 정겨운 풍경을 자아내고 있다.

다음 날은 운남과 사천성 지역에서 가장 큰 불교 사원이라는 송찬림사(松赞林寺)를 둘러보았다. 다큐멘터리 등에서 보아왔던 자주색 가사를 걸친 스님들이 라마교 불경을 암송하는 거대한 사원 바로 그 모습이다. 산 능선에 여러 채의 황금빛 지붕을 얹고 하얗고 노란 색깔로 벽을 칠한 사각형의 엄중한 사원들이 늘어서 있다. 불당 안에는 거대한 티베트 불상들과 화려한 탱화 그리고 노랗고 붉은 천으로

하바설산 고개에서 만난 광주(广州)에서 자전거로 3,000km를 달려 온 중년 아저씨. 목적지가 라싸(拉萨)라고 하는데 아직 2,000km를 더 가야 한다.

다양한 문양을 장식한 휘장들이 가득하다. 많은 장족 신도들이 끊임없이 불당을 찾아와 진심 어린 기도를 올린다. 불당 앞에는 향나무 가지를 직접 태워 향을 올리는 탓에 연기가 자욱하다. 불상도 우리나라에서 보는 불상과는 인상도 다르고 복식과 자세도 상당히 다른듯하다. 우리의 대승불교나 동남아의 상좌부 불교와는 또 다른 티베트불교라는 것이 실감 된다. 700명의 스님이 계신다는 큰절이고 400년의 역사가 있지만 지금도 그저 기도하고 독경하는 살아 있는 불교의 성지라는 느낌 강한 것은 이곳이 신앙의 땅 티베트로 들어가는 길목이기에 더욱 그런 것일게다. 오체투지(五体投地)로 대표되는 티베트인(藏族)들의 독실한 불심을 알고 있기에 나 또한 여느 사원에서보다 더욱 경건하고 숙연한 마음이 든다. 불당마다 돌면서 촛불을 올리며 경건한 마음으로 기도해 본다.

'나와 나를 둘러싼 모든 이에게 안녕과 평화가 함께 하기를….'

심하지는 않았지만 온종일 무거운 머리와 더부룩한 속에다 그나마 맛은 괜찮았던 란주소고기탕면(兰州牛肉麵)으로 채우고 산소 스프레이를 끌어안고 샹그릴라의 이틀 밤을 보냈다. 샹그릴라는 그렇게 쉽게 감상을 내어주지 않는다. 다음은 티베트인들의 성산 매리설산(梅里雪山)으로 간다.

샹그릴라의 송찬림사.

경건하게 불공을 드리는 여신도.

불당 창문의 송찬림사의 스님들.

송찬림사의 불상.

불경을 낭송하시는 스님들.

샹그릴라 가는 길에 만난 하늘에서 빛이 내리는 마을과 계곡

매리설산(梅里雪山)

빙하가 흘러내리는 설산의 신(神)

해발이 무려 6,740m에 이르며 티베트의 8대 성산(圣山) 중 하나이고 운남성(云南)과 서장성(西藏)의 경계에 있는 매리설산(梅里雪山)은 아름다운 샹그릴라(香格里拉) 풍경 중에서도 최고를 자랑한다. 여강(丽江)에서 해발 5,600여 m의 옥룡설산(玉龙雪山)을 보고 경이로운 아름다움에 감탄을 금치 못했거늘 1,000m 이상이나 더 높은 매리설산(梅里雪山)은 또 어떤 모습으로 우리를 맞이할지 자못 기대가 크다. 설레는 마음으로 샹그릴라를 떠나 북서쪽으로 데보라를 몰았다.

매리설산으로 가는 길. 샹그릴라 시내를 조금 벗어나자마자 너른 호수와 초원이 펼쳐진다. 이곳을 보니 왜 이곳에 샹그릴라라는 큰 마을이 생겼는지 바로 알 것만 같다. 해발이 높은 곳에 사람이 살기 위해서는 양식 생산과 목축이 가능한 평지와 물이 풍부한 환경이 필수일 텐데 여강에서 올라오는 남쪽 방향에서는 찾을 수 없었던 너른 초원과 호수가 있다. 샹그릴라에서 매리설산(梅里雪山)까지 180km를 차로 거의 5시간이나 달려 도착했다. 이렇게 오래 걸린 이유는 딱 하나, 오늘 지나온 전체 도로의 주변 경관이 한마디로 기막힌 비경이었기 때문이다. 이번 여행을 위해 준비해온 두툼한 중국 전체 여행 지도책에도 이 길은 경관이 아름다운 도로로 표시되어 있다. 그 이유를 충분히 알고도 남음이 있는 아름다운 길이었다. 해발 3,000~4,000m를 오가는 쑥쑥 솟아오른 험한 산과 그 사이를 흐르는 금사강(金沙江), 이 강을 끼고 굽이굽이 달리는 지방도로는 경사도 급하지만, 낙석 위험도 아주 큰 곳이다. 하지만 그 아름다움으로 드라이빙의 수고로움을 충분히 보상받고도 남음이 있다.

올라 온 길을 돌아보면 아득하다

산능선의 사원, 황금색 지붕이 멋지다.

    구불구불한 경사진 도로를 달리다 깊은 계곡과 장대한 산맥의 능선을 바라보느라 30분을 계속 운전하기가 어려웠다. 목적지인 매리설산이 아무리 아름답기로서니 이 길을 그냥 지나칠 수는 없는 일이었다. 가다 서기를 그리고 차에서 내리고 올라타기를 수없이 반복하며 주변을 감상하고 사진에 담는 것을 놓칠 수는 없는 일이었다. 길을 가다 보니 짐을 잔뜩 싣고 우리와 같은 길은 달리는 오토바이 여행 라이더들의 모습도 간간이 보인다. 더욱 대단한 것은 자전거로 이 험한 길을 여행하는 위대한 자전거 여행객들이었다. 사실 자동차를 운전해 이 험한 길을 가기에도 심리적으로나 체력적으로 쉽지 않은 일인데 짐을 잔뜩 실은 자전거를 타고 이 높고 험한 길을 따라 수천 km의 장거리 여행을 한다는 것은 글자 그대로 고행 그 자체일 것이다.

티벳 마을을 휘도는 금사강(金沙江).

매리설산(梅里雪山), 아침 햇살에 비친 정상(photo by Boss).

　3일 전, 하바설산(哈巴雪山) 고개를 넘으며 휴식처에서 만났던 착하게 생긴 한 사내는 광동성의 광저우(广州)에서 20일간 하루에 평균 150km씩을 자전거로 달려 여기까지 왔다고 한다. 허걱! 나도 자전거를 즐겨 타는 애호가이기에 자전거를 타는 즐거움과 함께 그 수고로움을 누구보다 잘 아는 바이다. 작년 장춘에서 코로나 핑계로 거의 매주 이통하(伊通河)와 정월담(净月潭)의 숲속에서 자전거를 열심히 탔었다. 기껏해야 하루에 50km 타는 것도 아마추어들에게는 쉽지 않은 일이다. 하물며 광동성에서 광서, 귀주, 운남의 그 많은 산을 넘고 넘어 해발 4,000m 가까운 이곳까지 올라와 큰 한숨을 쉬고 있는 50살이 넘었다는 중년 사내를 보며, 아니 무슨 사연이 있길래 이런 고행을 자초하고 있는지 궁금하기까지 했다. 그런데 매리설산으로 가는 엄청난 오르막길에서 이 사내를 3일 만에 다시 만났다. 자신도 샹그릴라에서 하루를 쉬고 왔다고 한다. 아이고 나는 어지럼증과 울렁증 때문에 차를 타고 올라오고도 이리 힘든 길을 저렇게 페달을 밟아 오르고 있으니 다시 만난 반가움보다도 안쓰러운 마음이 더한다. 목적지인 티벳(신강)의 라사(拉萨)까지 가려면 아직도 무려 2,500km 이상을 더 가야 한다. 그 길은 고도가 4,000~5,000m를 넘나드는 살인적인 고원 길로 보통 사람에게는 산소 부족으로 숨쉬기조차 쉽지 않은 길이다. 하기야 티베트 사람들은 오체투지(五体投地)로 몇 천 km를 간다고도 하지만 그저 무사히 목적지에 도착하기를 바랄 뿐이다.

아름다운 경관과 자전거 여행자의 경이로운 의지를 실감하며 달리다 보니 매리설산에 도착하기 전 또 하나의 설산 백마 설산(白马雪山)을 넘고 있었다. 멀리 머리에 만년설을 이고 장쾌한 능선이 치달으며 뾰족뾰족한 암봉을 드리운다. 백마 설산의 능선을 넘으면 매리설산이 멀지 않다. 한없이 올라온 만큼 또한 구불구불한 산길을 한없이 내려가야 한다. 기껏해야 한계령, 대관령을 보고 헐떡대던 나의 경험치를 한 번에 그 차원을 달리하게 만들어 준 험준하고 경이로운 180km 매리설산 가는 길, 오늘 나는 온종일 정신없이 달렸다.

드디어 험준한 계곡에 아슬아슬 다닥다닥 붙어있는 덕흠(德钦)현을 지나고 큰 언덕을 돌아가니 눈 대신 구름을 잔뜩 머리에 이고 있는 장엄한 매리설산(梅丽雪山)이 모습을 드러낸다. 허걱! 순간 숨을 멎게 하는 비현실적인 매리설산의 성스러운 모습에 아내의 감탄사가 절로 나온다. "어머~ 어쩜 좋아!!"

눈앞에 아무것도 걸리적거리지 않고 온전히 매리설산을 감상할 수 있을 숙소를 어렵사리 찾아내 여장을 풀었다. 이제 내일 아침 봉우리를 감싼 저 구름이 걷히고 웅장한 6,740m의 정상과 6,000m가 넘는 13개의 봉우리를 꼭 보여주십사 마음으로 부처님께 빌어본다. 드디어 새벽과 아침을 맞으며 위대한 설산의 신령님은 13,000km를 달려 찾아온 이방인에게 이런 모습만을 보여 주셨다. 아내가 새벽잠도 못 자고 담은 광경이다.

두꺼운 구름 위로 메리설산(梅里雪山)의 하얀 정상이 보인다.

사천성

아정(亚丁)·도성(稻城)의 설산

향성(乡城)
붉은 계곡을 넘어 만난 하얀 불심(佛心)의 마을

　운남성 매리설산(梅里雪山)을 지나 사천성(四川省)으로 넘어가는 다이내믹한 협곡의 길은 내가 그동안 전혀 경험해 보지 못한 웅장함을 자랑했다. 한편으로는 상상 초월 예상치 못한 급경사 절벽을 끼고 지나는 위험천만한 길이기도 했다. 끝까지 전경(全景)을 보여주지 않는 매리설산(梅里雪山)의 웅자를 뒤로 하고 백마설산(白马雪山)을 돌아 나와 분지란(奔之兰)에서 북쪽으로 향하는 국도를 끼고 달리자면, 금사강(金沙江) 지류를 따라가는 협곡의 허리춤을 잘라 만든 절벽 길을 달리게 된다. 원래 계획은 사천성과 운남성의 경계 지역인 '천국에 가장 가까운 풍경'을 품고 있다는 도성(稻城)의 아정 자연보호구(亚丁)로 갈 예정이었다. 하지만 높은 산과 계곡을 굽이도는 성도(省道)와 향도(乡道) 등 지방도로에서는 내비게이션에 제시되는 운행 시간보다는 실제 더 많은 시간이 걸렸다. 처음 가보는 험한 길이 주는 심리적 부담은 고속도로를 달리는 것과는 비교할 수 없을 만큼 크다. 그러나 험하긴 해도 한 구비 한 구비 펼쳐지는 황홀한 풍경은 이곳을 지나는 이들에게 큰 기쁨을 선사한다. 4,000m를 넘나드는 산세가 만들어낸 계곡과 협곡의 아름다운 경관은 매번 오랜 시간 핸들을 잡도록 허락하지 않는다.

하얀 불심의 마을 향성현.

경탄스럽도록 아름다운 경관을 카메라와 맘속에 담고자 가다 서기를 반복했다. 수시로 차에 오르내리기다 보면 내비게이션에서 제시한 운행 시간의 배 이상이 걸리는 경우도 허다하다. 물론 즐겁고 행복한 여정이고 시간에 쫓기는 일정이 아니니 무리해서 쉼 없는 긴 시간을 운행할 이유도 딱히 없으리다. 빨리 천상의 풍경 아정(亚丁)을 보고 싶었지만. 너무 늦지 않게 도착할 수 있는 향성(乡城)을 중간 기착지로 정하고 방향을 잡았다. 향성(乡城)에서 아정(亚丁)까지는 두 시간 반 정도 걸리는 거리라 일찍 도착하여 하루를 보내고 다음 날 아정(亚丁)으로 갈 계획을 잡았다. 이 순간적 결정이 사천성 서부(川西)의 장엄한 협곡 길을 지나서 아직 때 묻지 않고 순박하게 고유문화를 지키고 있는 전통 장족(藏族) 마을을 경험하게 되는 탁월한 선택이 되었다. 먼저 분지란(奔子栏)에서 향성(乡城)을 향하는 협곡 길은 내비게이션에도 무명길(无名路)로 표시될 정도로 외진 길이다. 간간이 오가는 차량이 있기는 하지만 차량 통행도 매우 적다. 금사강(金沙江)의 작은 지류협곡을 따라가는 양쪽의 수직 절벽을 깎아 만든 길은 참으로 악마적 매력을 가진 길이었다. 계곡 양쪽에 깎아지른 수직의 암벽 허리를 잘라 만든 길. 운전자의 시야는 벽이 막아선 듯 좁고 막막한데 어느 구간에는 마치 절벽이 바위 지붕을 이고 있는 듯 도로의 천장을 덮고 있기도 하다. 게다가 방금 쏟아져 내린 듯한 도로 위의 위협적인 낙석

암벽을 잘라 만든 길 황량한 산과 옥색 계곡이 묘한 대조를 이룬다

(落石) 흔적들은 낙석 위험이 현재 진행형임을 절절히 느끼게 해준다.

　다음 구비를 돌면 얼마나 험한 길이 나올지 아니면 어떤 절경이 펼쳐질지 운전을 하는 내내 긴장과 기대가 끊임없이 교차한다. 이처럼 변화무쌍한 계곡 길에서의 드라이브는 아주 오랫동안 잊지 못할 것 같다. 황막한 협곡을 빠져나오니 사막의 계곡에서 패드라 신전을 만나듯 녹색 위에 하얀 마름모꼴 집들이 점점이 박힌 장족(藏族) 마을이 눈에 들어왔다. 내비게이션 아가씨는 그저 자기 할 일에 충실하기만 한 듯 오늘의 목적지에 다다랐음을 건조한 목소리로 알려준다. 이름 자체도 시골 마을(향성, 乡城)이다. 분지란에서 점심을 먹은 후 또 한 번 믿음직한 안목을 발휘해 예약한 장족(藏族)의 전통 객잔에 도착했다. 깊숙한 산골 마을이라 생각하면 약간 가격이 높다 싶기는 했지만, 1917년에 지어졌다는 장족(藏族)의 전통 민가를 개조해 만든 객잔(康萨庄园客栈)은 오는 동안의 긴장을 한순간 풀어주기에 충분했다. 독특한 전통미를 그대로 간직된 아름다운 곳이었다. 나보다 한 살이 적다는 수염 많은 장족(藏族) 주인장이 반가이 맞아주었다. 짐을 푼 객잔의 객실은 전후좌우, 천장, 바닥까지 육방(六方)이 모두 통나무 목재로 되어있다. 창문조차 아름다운 방이다. 짐을 풀고 객잔 옆의 커다란 호두나무 그늘에 앉아 마을을 내려다보았다. 불어오는 바람은 왜 이리 시원한지 "아! 이곳이 진짜 샹그릴라로구나!" 감탄이 절로 나온다.

　객잔은 향성(乡城)현에서 15km 정도 떨어져 있다. 객잔에서부터 시작하는 장족(藏族)의 시골 마을

장족의 전통가옥.

오랜 세월이 묻어나는 정겨운 출렁다리.

100% 목조로 만든 객잔(客栈)의 실내 모습.

100년도 더 된 장족(藏族)의 전통 민가를 개조해 만든 강살장원객잔(康萨庄园客栈).

은 참으로 아름답다. 모든 전통 건축물은 하얀색으로 도색되어 있는데 아래가 넓고 위로 갈수록 좁아지는 2~3층의 마름모꼴 형태다. 건물 외부는 흙으로 두껍게 바르고 흰색으로 도색했지만, 건물 내부는 모두 목재로 장식되어 있다. 벽이 두꺼워 여름에는 시원하고 겨울에는 따뜻하다는데 이를 증명하듯 객잔에는 에어컨이 없단다. 이러한 전통 양식의 건물들이 향성현(乡城) 시내까지 주욱 이어진다.

상피령사(桑披岭寺)는 작은 현급 마을인 향성(乡城)에 있다. 청나라 강희제 시절에 건립되어 9대 달라이라마의 스승이 명예 주지를 맡은 적이 있는 티베트 불교의 주 종파인 격노파(格鲁派)의 주요한 사원이라 한다. 규모가 아주 크고 20여 년 전에 진행한 불사로 만든 새 불당 안에는 높이 35m의 좌불상이 모셔져 있다. 친절한 객잔 주인장의 강력한 추천으로 가보니 절 곳곳에 신도들의 신앙심과 성의가 절절히 배어 있다. 절의 불상이나 불탑, 불당들이 예술성 높은 벽화(壁画), 탱화(唐卡), 공예와 조각, 건축으로 이루어져 있어 다른 어떤 사원보다 높은 예술적 수준과 격조를 보여주고 있다. 특히 한국에서 왔다는 나를 위해 친절하게도 두 분 스님이 친히 절의 이곳저곳을 자세히 안내해 주어 무척 감사했다.

향성(乡城)에서의 좋은 기억은 멋진 객잔과 상피령사만이 아니다. 객잔 주인장(아조무합, 阿早木呷)의 친절과 정겨움도 잊기 어려운 인연이었는데 3일을 머무는 동안 삼시 세끼 자기 가족들과 같이하는 식사 자리에 초대해 주었다. 무엇보다 동년배다 보니 스스럼없이 많은 이야기를 나누었다. 젊은 시절 송이버섯 사업으로 큰 돈을 벌었던 이야기부터 한 달을 걸어 히말라야산맥을 넘어 네팔을 다녀온 이야기, 장족(藏族)들의 문화, 종교 이야기, 자식 교육 이야기까지 등 시간 가는 줄 모르고 얘기 나누었다. 역시 사람은 민족이나 국적을 넘어 같은 세상을 살고 같은 생각을 하고 있다는 사실을 새삼 깨우치는 계기가 되었다.

헤어질 때에는 우리부부에게 티벳의 전통 하다(哈达)를 걸어주며 아쉬워했는데 65세 전에 한국을 꼭 한 번 오겠다고 한다. 여행 중에 마시라며 부인이 직접 담갔다는 백주(칭커주)까지 한 통 쥐여 주었다. 짧은 시간 지나가는 과객과 객잔 주인의 인연이었지만, 진한 우정이 느껴진다. 다만 그의 건강이 좋아 보이지 않아 마음에

상피령사의 화려한 불탑.

상피령사의 스님이 불당의 탱화에 대해 설명해 주신다.

객잔 주인이 하다(哈达)를 걸어주며 안전을 빌어준다.

걸리지만 한국에서의 재회를 기약해본다. 다음은 향성(乡城)의 좋은 기운을 받고 해발 4,700m의 아정(亚丁) 자연보호구로 간다.

상피령사(桑披岭寺).

도성, 아정(稻城, 亞丁)
상상하지 못했던 진정한 샹그릴라

　보통의 사람들은 어떤 상황을 처음 마주할 때, 자신의 과거 경험에 비추어 무언가를 상상하고 기대하게 된다. 그러나 상상력을 뛰어넘는 상황과 마주하게 되는 순간에는 그저 감동은 충만하나 도저히 글이나 말로 표현하기 어려운 경우가 있다. 아마도 사천성(四川)의 도성(稻城)과 아정(亞丁)의 자연 풍광이 바로 그런 경우가 아닐까 싶다. 이제 주유열국(周游列國)의 전체 여정중에서 반환점을 돌고 있다. 잠시 뒤돌아보니 지난 3월 장춘(長春)을 출발하여 이제 막 사천성으로 들어온 오늘에 이르기까지 3개월 동안의 여정은 한마디로 표현하자면 점입가경(漸入佳境)이란 말이 딱 적당할 듯하다. 산동성, 강소성, 절강성, 복건성, 광동성에서의 인문(人文)과 역사(历史)의 흔적들을 돌아보고 광서성, 귀주성, 운남성은 주로 자연 풍광 위주의 여정이었다. 그 전체적인 여정의 흐름이 인문에서 자연으로, 사람에서 조물주로, 현재에서 과거로, 물질에서 정신으로의 변화를 따라가게 되어 절묘하게 잘 어우러져 있다. 스스로 내리는 이러한 후한 중간 평가는 매번 만나고 지나온 사연과 풍광들이 하나같이 너무도 다채롭고 기대를 훌쩍 뛰어넘는 감동을 선물해 주었기 때문이다. 아정(亞丁)도 나 스스로 정보를 찾고 일정을 짜고 노선을 정한 곳이었지만 기대와 상상한 것 이상의 감동을 받은 곳이기에 그저 점입가경(漸入佳境)이라는 말 외에는 더 달리 표현할 방법이 생각나지 않는다.

　향성(乡城)에서의 느긋하고 정겨운 장족(藏族) 문화의 경험을 뒤로하고 아정(亞丁)으로 향했다. 사실 이곳은 사천성 서부(川西)에서도 아주 외진 곳이고 상대적으로 덜 유명한 곳이다. 그 이유를 생각해 보면 그 아름다움은 말로 표현하기 어려울 정도이지만 깊은 산골에 위치해 접근성이 떨어지고 가까이 있는 서장(西藏)이나

아정의 선내일봉(仙乃日峰)으로 가는 길.

청해(青海), 신강(新疆) 등에 너무 유명한 풍광지역이 많다보니 상대적으로 지명도가 덜한 이유가 아닐까 생각한다.

향성(乡城)에서 도성, 아정에 이르는 길은 4,000m가 넘는 산을 넘어가야 했다. 해발 3,500m가 넘어서자 광활한 초원이 눈앞에 나타났다. 큰 굴곡을 그리며 S자로 수없이 사행(蛇行)하듯 휘어지는 오르막을 오르자면 저 멀리 아득히 완만한 곡선으로 이어지는 너른 구릉과 구릉 사이 광활한 초원이 이어지고 수많은 검은 야크(牦牛)들이 풀을 뜯는 목가적 풍경이 펼쳐진다. 더불어 광활한 구릉 초원 위로 소박한 티벳트식 돌집들이 드문드문 정감을 더한다. 세찬 고원의 바람이 몰아쳐 도저히 6월 중순의 기후라고는 생각할 수 없을 정도로 춥다. 초원은 약간의 녹색 기운이 있기는 하나 아직도 황량하다. 그렇지만 이 황량한 초지 고원에도 부처님을 받드는 웅장한 사원만은 황금빛으로 자태가 찬란하다. 문득 이런 생각이 든다. '과연 인간은 신에게 바치는 정성으로 이승의 고단한 삶을 위로받을 수 있는 것일까?'

처음 가는 길. 이 아름다운 구릉 위에 아정(亚丁)의 풍광이 있으려니 생각했건만 전혀 아니었다. 4,000m 가까운 봉우리를 완전히 지나 다시 해발 2,500m 가까이 내려온 다음에야 아정 자연보호구로 들어가는 샹그릴라 진(镇)에 도착했다. 이 지역에는 샹그릴라(香格里拉)라는 아름다운 뉘앙스의 지명을 사용하는 곳이 멀지 않은

구릉지대 위의 티베트 민가에 사는 주민.

거리에 두 곳이나 있다. 한 곳은 며칠 전 지나온 운남성 동북 끝의 샹그릴라현(县)이고 또 다른 한 곳은 오늘 지나가야 할 사천성의 샹그릴라진(镇)이다. 중국 사람들도 샹그릴라(香格里拉)라는 동명의 지명이 둘이나 있다는 사실을 아는 이가 드물다. 아무리 좋은 이름이라도 공식적으로 두 곳에서 같은 지명을 사용한다는 것은 분명 남사스러운 일일 것이나 두 곳 중 어느 곳이 소설 속의 이상향 샹그릴라의 명성에 더욱 걸맞을 것인가? 궁금한 심보가 발동한다.

아정(亞丁)으로 들어가는 길은 여전히 자연보호를 앞세운 여행객들의 주머니 털기 행태가 노골적이다. 실제적인 아정 풍경구(风景区)로부터 물경 40여 km 떨어져 있는 풍경구 입구에서 입이 쩍 벌어지는 비싼 입장권(150위안)과 더욱 놀라운 셔틀버스 차표(120위안)를 사고서야 풍경구로 들어갈 수가 있다(풍경구 내에서 이동하기 위한 추가 관광차 비용 70위안과 이틀간의 주차 비용 30위안은 별도이다). 셔틀버스를 타고 약 35km 정도 산길을 따라 들어가면 아정촌(亞丁村)이라는 마을이 나온다. 언제부터 이 마을에 들어가기 위해 비싼 셔틀버스를 타야만 했는지는 모르겠지만, 이미 많은 관광지에서 이러한 시스템은 적용되어 있다. 상세한 내막을 알기는 어렵지만, 풍경구를 이용해 돈을 벌려는 현지 당국과 개발 사업자들의 과도

아정의 입구, 5A급 국립공원 표식이 당당하다.

설봉에 둘러 쌓인 그산 초원.

주봉인 선내일봉(仙乃日)과 진주해(珍珠海).

한 욕심이 느껴진다.

　아정 풍경구의 넓이는 56만 ㎢로 아주 광활하다. 해발 5,000m 이상의 봉우리가 10개나 있고 빙하(冰川)가 녹아 형성된 호수는 62개나 더 있다고 한다. 그중 만년설이 덮인 제일 높은 세 개의 큰 봉우리가 풍경구를 크게 둘러싸고 있다. 북봉이자 장족의 수호 신산(神山)으로 관세음보살의 의미를 가진 주봉(主峰) 선내일봉(仙乃日峰, 6,032m), 남봉이자 문수보살로 알려진 앙매용봉(央迈勇, 5,958m) 그리고 동봉이자 금강수보살인 하낙다길봉(夏諾多吉, 5,958m)이다.

　그 세 개의 만년 설산 사이에는 '허걱' 소리가 날 정도로 아름답게 펼쳐진 드넓은 초원과 만년설이 녹아내려 만들어진 비취색의 호수(진주해, 오색해, 우유해)들이 자리잡고 있다. 모든 풍경이 해발고도 4,000m에서 시작해 거의 5,000m까지 너른 지역에 분포되어 있다. 사전에 고소 적응과 고산증에 대한 예방 준비가 필요하다. 편한 마음으로 준비 없이 왔다가는 경치 구경은 고사하고 엄청난 두통과 구토로 고생하게 될 가능성이 크다. 더불어 체력이 좋은 경우라도 풍경구를 다 돌아보려면 최소 하루 반나절의 시간이 필요한데, 미리 풍경 구내에 숙소를 정하여 숙박한 다음 날 아침 일찍부터 움직여야 적당한 시간 안에 모든 풍경을 돌아볼 수 있다. 이러한 상세 정보를 알지 못한 상태로 오후 시간에야 아정(亚丁) 입구에 도착한 우리 부부도 부랴부랴 풍경구 내(亚丁村)에 숙소를 예약하고 하룻밤을 보낸 후 다음 날 아침에야 풍경구로 들어갈 수 있었다. 다행히 숙소에서 산소 공급기를 제공해 주어 밤새 병원에 입원한 환자처럼 코에다 호스를 끼고 산소를 공급받았는데도 높은 고도에 이르니 움직임에 많은 제약을 받았다(아정풍경구 매표소→35km→아정촌→5km→아정 풍경구→7km→초원, 호수). 풍경구는 크게 두 노선으로 나뉘는데 짧은 노선은 북봉이자 주봉인 관세음보살 선내일봉(仙乃日)으로 가는 길이고 긴 노선은 나머지 두 개의 봉우리와 그 사이의 광활한 초원을 지나 빙하 호수로 오르는 길인데 해발이 무려 4,700m에 이른다.

　밤새 숙소에서 산소 공급을 받았음에도 호흡 곤란과 어지럼증에 시달렸다. 그래서 먼저 짧은 코스를 답사하고 난 후 남는 시간과 체력을 보아 긴 노선에 도전하기로 하였다. 짧은 노선의 목적지는 선내일봉이 비치는 아름다운 비취색 호수(진주해)다. 진주해로 향하는 길목에는 충고사(沖古寺)라는 절이 있다. 설산의 봉우리와 원시림과 어우러진 금빛 지붕을 가진 이 절의 모습은 가히 극락에 있는 절을 연상시킬 정도로 아름답다. 고산병 증상이 비슷한 아내와 산소 스프레이를 끼고서 앞서거니 뒤서거니 올라간 진주해와 선내일봉의 모습은 여강(丽江)의 옥룡설산(玉龙雪山)을 압도했다. 그 전체 모습을 내어 주지 않았던 매리설산의 아쉬움을 한 방에 날려버릴 정도로 신비롭고 장엄하여 과연 장족(藏族)의 수호 성산(圣山)으로 추앙받는 이유를 알 만했다. 호수 주변에는 울창한 원시림과 품위 있는 고사목들이 어우러져 그 아름다움을 더하고 장족(티베트인)들 사는 곳이면 흔히 볼 수 있는 커다란 다르촉(불경을 인쇄한 옥색 천들을 언덕이나 산 위에 펄럭이게 엮어 놓은 표식)도 있어 이곳이 티베트인(장족)들의 성산임을 다시 한번 실감하게 된다. 관세음보살로 숭배되는 선내일봉(仙乃日)과 진주해(珍珠海)를 벅찬 감동으로 감상하고 나서 나머지 풍경은 남은 에너지의 게이지에 맞춰 여유롭게 돌아봐야겠다는 소박한 생각으로 작은 셔틀버스를 또 한 번 갈아타고 7km를 더 올라갔다. 셔틀버스에서

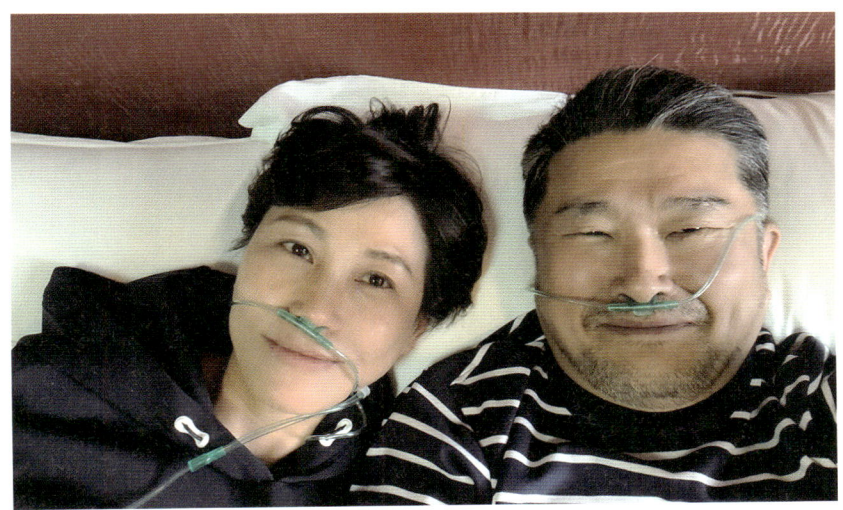

아정의 숙소에서 산소 공급 중.

내리자마자 도착 전의 소박했던 생각은 사라지고 '아! 왜 여기부터 오지 않았을까!' 하는 아쉬움으로 급변했다. 고산증으로 바닥까지 떨어진 에너지를 끌어올려 무거워 둔해진 발걸음을 재촉하며 좀 더 높은 곳으로 올라가 봐야겠다는 과한 욕심이 일었다. 그렇게 올라가다 보면 또 다른 절대 비경이 연속해서 펼쳐진다.

남봉인 강변앙봉(5,958m), 동봉인 하낙다길봉(5,958m)과 만년설을 뒤집어쓰고 있는 주변의 거대한 암봉들이 한눈에 들어오고 두 봉우리 사이의 광활한 초원에는 맑은 계곡물이 흐르고 수많은 소와 말들이 방목되고 있다. 내가 아직 프랑스, 스위스의 알프스산맥은 못 가보았지만 아마도 이곳의 풍경이 그곳에 절대 빠지지 않을 것 같다. 너무나 아름다운 설봉의 능선들과 봉우리에서 흐르는 빙하의 위용은 그저 할 말을 잊게 할 뿐이었다.

차에서 내려 초원에 놓인 나무로 된 길을 따라 3km 정도 걸어 올라가며 주변 풍광을 감상해 보았다. 사실 만년설 봉우리를 한 번에 그리 많이 본다는 게 비현실적이기도 하고 초원의 녹색과 어우러진 백색 봉우리들이 나를 둘러 360도를 돌아 한눈으로 감상할 수 있다는 사실에 감동하지 않을 수 없었다.

짧은 노선에서 너무 많은 시간을 보낸 게 아닌가 싶어질 즈음, 온종일 정신없이 카메라 버튼을 눌러 댄 핸드폰 배터리가 바닥이 나버렸다. 어찌하리오. 내려가야 될 시간도 다가오고 더이상 사진도 찍을 수 없게 되었다. 천천히 발길을 돌리면서도 꽃들이 만발하고 짙은 녹색으로 물든 초원이 따뜻한 햇살과 더불어 어우러진 이곳이야말로 진정한 샹그릴라가 아닐까 생각해본다. 예로부터 '천당에 가장 가까운 곳(离天堂最近的地方)'이라 불리던 아정(亚丁)에서 진짜 샹그릴라를 보고 내려오는 길에 문득 이런 생각이 든다. 아! 앞으로 무엇을 봐야 또 이런 감동을 하게 될런지 괜한 걱정이 앞선다. 하지만 이러한 걱정이 쓸데없는 것이라는 사실을 깨닫게 되는 데 그리 오랜 시간이 걸리지 않았다. 쓰촨(사천)은 원래 그런 곳이다.

아정의 계곡에는 빙하가 녹은 맑은 물이 흐른다.

아정(亚丁)에서 리당(理塘)까지
사천성 서부(川西), 하늘의 길(天空之路) 이야기

　길림성부터 운남성까지 11개 성을 거쳐 사천성에 도착하기까지는 역사 유적과 자연 경관지 등 지점과 지점을 연결하는 점(点)의 여정이었다면, 운남성 북부에서부터 시작하여 사천성 서부(川西)를 경유하는 이번 여정은 길과 길을 연결하는 선(线)의 여정이다. 사천성 서부(川西)는 해발고도 3,000~4,000m의 고원 길로 이어지며 때로는 6,000m 이상 되는 높은 산들과 이런 높은 산들의 능선이 연결되는 너른 고원과 초원지대로 이루어져 있다. 말 그대로 대자연(大自然)의 풍광이 이어지는 장쾌한 길이어서 따로 경치 좋은 풍경구(风景区)를 찾을 필요가 없다. 달리는 길과 그 주변의 광활하고 아름다운 대자연 그 자체의 풍광을 즐기는 여정이다. 물론 길 주변에 유명한 풍경구(风景区)들이 산재해 있다. 일부러 이런 경구(景区)를 찾을 필요가 없을 만큼 마을과 마을, 산의 봉우리와 봉우리를 잇고 있는 도로의 주변 경관이 아름답고 장쾌하다.

리당 가는 길, 파와산 고개.

4,000m를 넘나드는 고원의 길은 우리나라에서는 경험은 물론 상상도 하기 어려운 다른 차원의 모습을 보여준다. 지역에 따라서 나무가 자랄 수 없는 수목한계선이 다르다는 것을 처음 느꼈다. 해발 2,000m 이하의 산록(山麓)은 가파르고 아기자기하면서도 수려한 암벽미와 계곡미를 한껏 뽐내고 있다. 해발 3,000m를 넘어가는 고지대의 풍광은 말 그대로 나무 한 그루 볼 수 없는 대초원과 구릉이 끝없이 펼쳐지는 광막한 장관을 연출한다.

산지가 많은 한국에서 이러한 공중 초원의 모습을 약간이라도 상상할 수 있는 지역이라면 아마도 대관령의 목초지와 지리산의 세석평전, 영취산의 갈대평원 그리고 제주 한라산 정도일 것이다. 하지만 그 규모에 있어서는 도저히 비교가 불가하다. 사천성의 바당(巴塘)에서 야강(雅江)까지 이어지는 공중 평원을 가로지르는 도로는 물경 300km 이상 이어진 공중 대초원을 통과한다. 일망무제(一望无际)의 경관으로 잘 알려진 청해성(青海)이나 신강성(新疆)의 대초원들은 아무리 달려도 그 끝을 가늠하기 어려울 만큼 넓은 평원이 펼쳐져 있다. 이 대초원과 구릉들을 자유롭게 달리며 해발 4,000m를 넘나드는 고개를 넘고, 초원을 흐르는 계곡과 그 평원에서 방목되는 동물들의 목가적인 모습을 감상하고 드문드문 흩어져 사는 현지인들의 문화와 생활을 엿보는 즐거움은 따로 풍경구를 찾아야 할 이유를 상실시킨

파와산 아래로 황금빛 사원이 보인다.

다. 더불어 가끔 하얀 만년설을 뒤집어쓰고 멀리서도 환상적이고 신령스러운 모습을 보여주는 설산(雪山)의 웅자(雄姿)는 공중 도로(天空之路)를 운전하여 여행하는 자유 여행자들의 수고스러움과 노고를 충분히 보상해 주고도 남음이 있다.

중국에 10년을 거주하는 동안 기회가 될 때마다 여러 지방을 여행했던 경험으로 지금까지는 내몽고 대초원의 광활하고 텅 비워진 아름다움을 최고로 생각하고 있었다. 그러나 사천성의 공중 고원을 달려 보니 그 감동은 이미 내몽고 대초원의 감동을 넘어섰다. 앞으로 이어질 청해성(青海)과 여러 가지 이유로 이번에는 가보지 못할 것 같은 신강성(新疆)과 서장성(西藏)의 대자연의 모습은 어떨지 가늠하기가 쉽지 않겠다. 이번에 아정(亚丁)의 멋진 설산을 뒤로하고 출발하여 다음 경유지인 리당(理塘)으로 향하는 길 또한 지금까지는 경험치 못한 다양한 지형적 변주를 보여주는 곳이었다. 샹그릴라 진(镇)을 출발해서 한 시간가량 언덕길을 오르니 멋진 호수가 나오고 근방에는 향성(乡城)과는 또 다른 모습의 돌멩이로 지어진 장족(藏族)의 민가가 이어진다. 계속 언덕을 오르면 해발 4,513m가 표시된 파와산(波瓦山) 고개에 이르는데 이곳에서 바라보는 건너편 산 중턱에는 황금빛으로 빛나는 불교사원과 몇 채의 민가가 어우러진 멋진 마을 풍경이 내려다보인다. 파와산을

마을의 돌탑들, 돌판마다 불경이 새겨져 있다.

세계에서 해발이 가장 높다는(해발 4,411m) 아정 비행장의 안내판.

내려가면 백리화원이라는 들판과 한적한 마을이 있는데 이 마을에는 아주 많은 돌탑이 흩어져 있다. 돌탑을 쌓은 무수한 돌멩이들과 돌판들에는 티베트어(藏语)로 '옴마니반메옴' 등 불경의 법문들이 새겨져 있다.

중간 경유지인 상퇴(桑推)에 도착하여 점심을 해결하고 리당(理塘)으로 가는 길에는 얼마 지나지 않아 세계에서 해발(4,411m)이 가장 높은 아정(亚丁) 비행장이라고 쓰여진 빌보드가 서 있다. 해발 높은 공중도로라는 사실이 다시 한번 실감 난다. 도로는 계속 이어지고 주변 경관은 또 한 번 변하는데 신기하게도 엄청난 호박돌 천지가 펼쳐진다. 동글동글한 호박돌은 하천에만 있는 줄 알았었는데 해발 4,000m 높은 고원에 웬 엄청난 호박돌 천지라니! 이 무슨 지형의 조화인지 알다가도 모를 일이다. 다만 눈앞에 보이는 현실은 현실이니 그저 눈과 맘에 담을 뿐이다.

한참을 더 가면 이름도 예쁜 토끼산(兔儿山)이 나온다. 뾰쪽뾰쪽한 암봉들이 줄지어 서 있는 모습이 장관이다. 멀리 암봉 능선을 보니 토끼의 귀처럼 뾰쪽한 두 개의 암봉이 불쑥 튀어나와 있다. 이 때문에 토끼산(兔儿山)이라 불리게 되었으리라. 토끼산을 지나면 넓은 녹색 초원이 펼쳐진다. 오늘의 목적지인 리당(理塘)이 멀리서 서서히 그 모습을 드러낸다. 날이 갑자기 추워지며 비까지 슬슬 뿌리고 있다. 너무 늦지 않은 시간에 목적지에 도착해서 무척 다행이다. 호텔에 도착해 여장을 푸니 빗줄기가 더욱 굵어지기 시작한다. 이곳이 해발 4,100m라 약간 고산 증상가 있는 듯하다. 산소 스프레이를 부둥켜안은 채 중국에서 해발이 제일 높다는 공중도시이며 서장(西藏)으로 가는 전초기지인 리당(理塘)에서 하룻밤을 보냈다. 저녁내 스산하게 내리던 빗줄기는 밤새 눈이 되어 먼 산을 흰색으로 덮고 있다.

리당가는길, 호박돌 평원과 호수.

격섭남로(格聂南路), 318국도
하늘의 길 (天空之路) 이야기

　318번국도(国道)는 상해(上海) 포동(浦东)에서 출발하여 중국 대륙을 횡(横断)으로 가로질러 서장성(西藏) 객즉(喀则)시 섭라목(聂拉木)현에 이르는 5,476km 길이의 중국 최장 국도다. 상해, 강소, 절강, 안휘, 호북, 중경, 사천, 서장성을 관통하는 도로 주변에 중국의 대표적인 명승지들이 포진하고 있어 중국에서 가장 아름다운 경관도로(景观道路)로 불리는 길이다. 중국인들 사이에서도 이 길을 달려 중국 대륙의 동해안에서 서부 끝까지 아름다운 경관을 경험해 보는 것이 로망이 될 정도로 유명한 길이다.

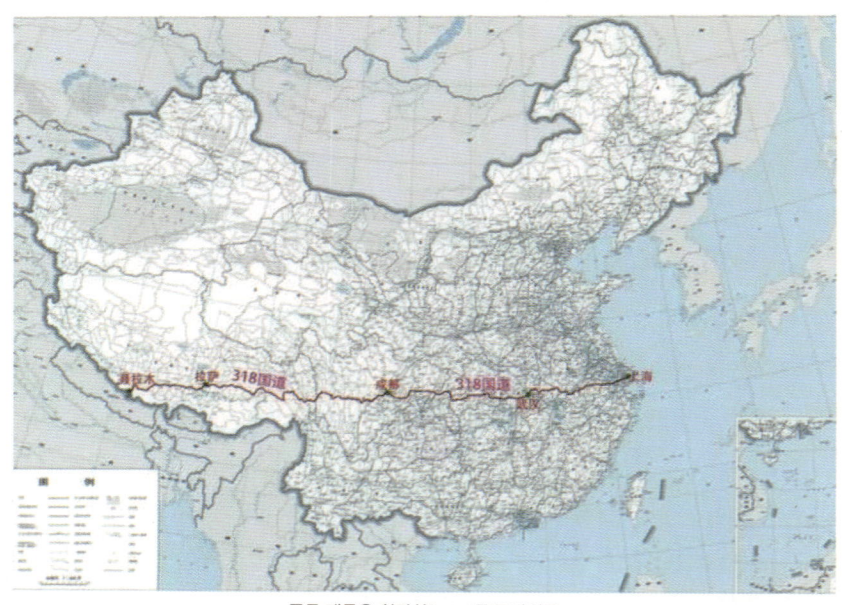

중국 대륙을 횡단하는 318국도(바이두).

리당(理塘)은 318국도 중 사천성의 서부에 위치하여 바당(巴塘)을 거쳐 서장(西藏, 티베트)으로 들어가는 길목에 있는 마을이다. 해발 4,080m 높이 고원에 위치하며 주변에 높고 아름다운 산들과 초원이 펼쳐져 서장(티베트)으로 향하는 자동차 여행객이나 배낭 여행객들의 베이스캠프가 되고 있다. 주로 장족(藏族)들이 거주하며 그들의 문화와 종교적 색채가 짙게 묻어나는 지역이다. 아정(亚丁)에서 고원 길을 달려 도착한 리당(理塘)에서 하룻밤을 묵은 후 바당(巴塘)까지 가보는 것이 이번의 일정이다. 이번 여정에서 꼭 가보고 싶은 곳이 서장(西藏)과 신강(新疆) 지역의 티베트고원과 천산(天山)산맥, 곤륜(昆仑)산맥 그리고 타클라마칸 사막(沙漠)을 돌아보는 것이었다. 그러나 현재 서장과 신장 지역은 코로나의 영향으로 외국인들의 출입을 불허하고 있다. 사천성 그 대자연의 아름다움을 체험하면서 좀 더 서쪽으로 가보지 못하는 것이 몹시 아쉽다. 그래도 서장 지역의 지형과 문화 관습 등이 유사한 사천성 서부지역을 경험하게 된 것만으로도 이번 여정의 위안이자 즐거움이었다.

리당(理塘)에서 318 국도를 따라 서쪽으로 3시간 정도 가면 서장성(西藏)과의 경계 지역에 있는 바당(巴塘)에 도달한다. 우리는 중간에 있는 격섭설산(格聶雪山) 남쪽을 돌아가는 지방 도로를 이용해 바당(巴塘)으로 가기로 하였다. 이 지역은 자동차 여행객들이 오프로드 드라이빙을 즐기는 지역이기도 해서 숙소에서 연결해

초원 너머 이탕 전경.

준 여행사를 통해 격섭설산(格聶雪山)을 우회하는 남쪽 도로가 있다는 정보를 얻고 그쪽 길을 통하여 바당으로 가보기로 한 것이다.

이 길은 일반지도에는 나오지 않는 작은길이다. 내비게이션에서도 검색되지 않는 곳이라 도로 사정이 어떨지 예상할 수가 없어 약간 걱정이 되었다. 그래도 이 길을 선택한 이유는 도중에 격섭신산의 비경을 볼 수 있다는 여행사 직원의 격려와 계속 달려온 아스팔트 도로를 벗어나 약간은 원시적인 길도 가보고 싶다는 도전 정신이 작동한 까닭이다.

318국도를 따라 리당 경계를 5km쯤 벗어나자 국도에서 좌측으로 빠지는 작은 길이 나타났다. 용기를 내어 핸들을 꺾고 길에 진입하자마자 작은 마을을 통과하고 너른 초원을 지나 큰 구릉 언덕을 오르기 시작한다. 어젯밤 내린 비가 산중에서는 눈이 되었기에 눈앞의 봉우리들은 이미 하얀 눈으로 아름답게 덮여있다. 언덕을 계속 오르자 사방이 눈 세상이다. 6월 중순에 눈 세상을 지나자니 도대체 계절을 거꾸로 가는 느낌과 함께 거대한 중국 대륙의 다양성에 다시 한번 감동한다.

격섭신산에서 6월 중순에 만난 눈길과 데보라.

밤새 내린 눈으로 하얀 격섭신산(格聶神山)을 넘어가야 한다.

날씨가 흐리더니 진눈깨비까지 뿌리기 시작한다. 언덕 위에는 하얀 눈과 함께 예쁜 호수도 나오고 둔덕과 평원이 번갈아 나타나며 또 새로운 고원지대의 풍경이 연속으로 펼쳐진다. 눈 덮인 산을 넘고 산속 작은 장족(藏族) 마을을 지나다 보니 마을에 어울리지 않는 화려하고 큰 불탑(佛塔)이 나타났다. 관광객이 찾아올 리 없는 진짜배기 장족 산골 마을의 불탑에 이끌려 경통(经桶)을 돌리며 탑돌이도 해보았다. 불교 신자는 아니었지만, 이 지역 사람들의 경건한 신앙심이 느껴진다. 이 작은 마을에 어찌 이런 큰 불탑을 지었을까. 부처님께 공양하고 생활 속에서 함께하며 신앙과 생활을 떼어내어 생각할 수 없는 이들의 일상이 고스란히 전해 오는 듯하다. 조금씩 비가 내리는 낮, 불탑 주변에 모여 잡담을 나누며 시간을 보내고 있는 할머니들의 손에는 작은 경통(转经桶)들이 부지런히 돌아가고 있다. 큰 소리로 한국에서 온 사람이라고 말씀드리고 양해를 얻어 찍은 할머님들의 사진에는 하나같이 아름다운 미소와 평화가 가득하다. 족히 높이가 10m는 될 것 같은 거대한 경통(经桶)을 돌려 보려는 시도는 당연히(!) 실패하고 탑 주변에 둘려 처진 회랑 속의 작은 경통들을 돌리며 마음속으로 빌어 본다. 여행의 안전과 가족들의 평안을…. '옴마니반메홈'

마을을 통과하여 산길로 접어드니 산허리를 오르는 길의 경사가 아주 급하다. 겨우 차 한 대 지나갈 정도의 넓이밖에는 되지 않는 길이다. 오가는 차가 거의 없기는 하지만 만에 하나 위에서 내려오는 차량이 한 대만 있더라도 양옆이 절벽인 이 길

큰 탑과 작은 불탑이 가득하다.

활불(活佛)의 동상.

을 어찌 비켜 가야 할지 막막해진다. 방금 전 부처님께 기도드린 영험으로 그저 우리가 고개를 다 오를 때까지 마주 내려오는 차가 없기만을 맘속으로 빌며 액셀레이터를 밟았다. 다행히 부처님께서 도와주신 듯 무사히 고개를 넘었다.

고개를 막 넘어가니 아래쪽에 또 다른 작은 마을과 사원의 지붕이 보인다. 마을을 지나니 이제부터는 본격적인 비포장도로를 달리는데 경사도 급한데 격한 회전길이 연속된다. 게다가 중간중간 도로를 보수하느라 파헤쳐진 길이 많은데다 비까지 추적추적 내리는 경사진 진창길을 오르내리려니 길옆 가파른 낭떠러지가 등골을 오싹하게 만든다. 아이고 이 길이 얼마나 되려나 겁 많은 아내의 긴장한 표정이 역력하다. 나도 여유 있는 척하며 핸들을 돌리고는 있으나 맘은 꽤 조마조마하다.

다행히 한 시간 정도 비포장도로를 달려 큰 언덕을 내려오니 또 하나의 작은 마을이 나오고 시멘트 포장길도 나온다. 아직 바당(巴塘)까지는 180km 이상 남았다. 도로 사정이나 날씨, 시간으로 볼 때 이 근처에서 서둘러 저녁을 지낼 장소를 찾는 것이 급선무 일 듯하다. 내비게이션도 작동하지 않은 시골길이다. 다음 경유지를 확인하는 방법은 주민들에게 열심히 물어보는 것뿐이다. 지나가는 마을 사람도 별로 없는지라 차를 세우고 두리번거리다 보니 역시나 이 마을의 불탑 근처에 몇 분이 모여 계신다. 씩씩하게 다가가서 가사를 걸치신 스님 한 분께 길을 물으니 친절하게 설명을 잘해 주신다. 하지만 역시 가까운 중간에 숙소를 정하여 하룻밤을 보내고 가는 건 정답이었다. 스님 말씀대로 계곡을 따라 한참을 가다 보니 60여 가구가 산다는 작은 마을이 나온다. 오늘은 여기서 묵기로 하고 숙소를 찾는 중에 작은

불탑의 회랑에 나와 이야기를 나누고 계신 할머니들.

거대한 경통(经桶).

구멍가게 앞에 몇 대의 오토바이들이 모여 가게에서 휘발유를 사고 있는 모습이 눈에 들어왔다. 민박집이 있느냐고 물으니 가겟집 주인인듯한 청년이 잠시 기다리라 한다. 다행히 숙소가 해결되는가 보다 하는 생각에 맘이 놓인다. 잠시 후 총각은 자기 누님 집이라는 곳을 소개하는데 마을의 전형적인 장족(藏族) 민가(民居)다. 누님네 가족은 산속으로 동충하초(冬虫夏草)를 캐러 가서 집이 비어있다고 한다. 찬밥 뜨거운 밥 가릴 입장도 아니고 이런 기회에 진짜 장족 민가에서 하룻밤을 보내는 것도 좋은 경험이 될 것이다. 청년의 누님 집은 심플한 4각형 돌집이다. 안으로 들어가니 큰 방에 가운데 커다란 화목 난로와 기다란 탁자가 있고 양쪽 벽으로 긴 의자 형태의 턱이 있다. 장족은 이렇게 한방에서 가족들이 함께 생활한다고 한다. 둘러보니 침실, 거실, 주방, 식당이 모두 한 공간에 있다. 어쩌면 쉽게 만들 수 없는 귀한 실내 공간을 한 번에 다목적으로 사용하는 것이 이해는 되지만 생활 속에서 프라이버시는 어떻게 유지 되는지 괜시리 궁금해진다. 총각이 가져온 장작으로 난로에 불을 붙이자 훈훈한 온기와 향긋한 장작 타는 냄새가 방 안에 가득하다. 밖에는 추적추적 비가 내리고 탁탁 장작 타는 소리마저 정겹다. 물론 성격 깔끔한 아내가 견디기에는 쉽지 않을 환경이련만, 아무 말 없이 한밤을 보내주어 고맙다. 하지

◀ 화목 난로의 온기가 방안 가득 퍼진다.
▼ 장족마을의 숙소. 거실, 주방, 침실이 모두 한 공간에 있다.

만 다른 나라 산골짜기 자유여행에 이런 데서 하룻밤 지내보는 것도 좋은 추억이 되리라.

　아침에 일어나니 집 앞 산자락이 온통 눈으로 하얗게 덮여있다. 컵라면에 찬밥을 말아 먹고 35살에 어머님을 모시고 산다는 구멍가게 총각 사장님의 배웅을 받으며 바탕(巴塘)으로 향했다. 기름통에 기름이 가득하고 아침에 조금 일찍 출발만 할 수 있다면 아무리 험하고 먼 길을 가더라도 맘이 편하다. 중간에 또 험한 비포장도로를 달렸다. 주변의 풍경들이 너무도 아름답다. 판판한 포장길을 쌩쌩 달리며 바라보는 풍경과 쿨렁쿨렁 물구덩이를 헤치며 차와 함께 달리는 계곡의 풍경을 바라보

60여 호가 산다는 산중의 장족 마을.

해발고도 4,900m 고개를 넘어 바당으로 가는 길.

는 느낌은 정말 다르다. 역시나 숨 막히는 경치를 카메라에 담느라 편치 않은 길에 가다 서기를 반복했다. 이곳 주민 말고는 아는 사람이 거의 없을 숨은 비경을 나 혼자 발견한 것 같아 괜한 웃음이 흐른다. 네 발 달린 Jeep 차(데보라)도 비틀비틀 가는 험한 길은 두 발 오토바이로 쌩쌩 내달리는 동네 사람들이 오토바이 운전 기술이 신통방통하다. 비포장도로를 빠져 나오니 막 포장한 듯 아스콘 냄새가 가시지 않은 신작로가 연결된다. 갑자기 양탄자 위를 달리는 느낌이 드는 반듯한 포장길이다. 주변의 경치는 더욱 장대하고 광활해진다. 바당(巴塘)까지는 두 개의 큰 산을 넘고 계곡 길을 달려야 하는데 두 개의 큰 산중 하나는 해발이 4,940m였다. 아마 이번 여정에서 넘은 가장 높은 지역일 듯하다. 이 높은 산길을 굽이 돌 때마다 신비하게도 매번 다른 풍경을 보여준다. 계속되는 점입가경의 여정 속에서도 거의 차량을 만나보지 못했던 바당(巴塘)으로 가는 이 험한 산길은 최고의 드라이브 코스로 손에 꼽을 만하다. 6시간을 운전해서야 도착한 바당(巴塘) 현은 장족의 풍취가 농후하다. 건물마다 누렇고 짙붉은 장족 특색의 컬러로 도색이 되어있다. 마을은 좁은 계곡의 비탈을 비집고 만들어져 있고 사방은 높디높은 절벽으로 둘러싸여 있다. 중심 지역으로 보이는 곳의 작은 동네 식당에서 늦은 점심을 해결하고 다시 리당(理塘)으로 향했다.

바당을 빠져나와 다시 만난 318국도를 따라 한참을 오르니 해발 4,300m에 근육질의 희끗희끗 눈 덮인 봉우리로 둘러싸인 멋진 호수가 보인다. 헐떡이며 언덕을 올라온 데보라에게 잠시 휴식을 주고, 318도로를 달려 리당으로 향하는 170km의 길은 온통 완만하고 푸른 구릉과 초지로 되어있다. 역시 318도로의 명성에 걸맞은 풍광을 자랑하기도 하지만 전국 각 지역의 번호판을 단 각양각색의 티베트를 향하는 차들이 줄지어 들어온다. 차들은 그렇다 치겠는데 짐을 잔뜩 실은 오토바이 행렬과 보기만 해도 힘들어 보이는 티베트고원을 향하는 자전거 라이더들은 이 높은 길은 어찌 올라온 건지….

지난번 하바 설산(阿坝雪山)에서 만난 라사(拉萨)로 가는 자전거 여행객에게 놀란 가슴이 이들을 보면서도 진정되지 않는다. 이 사람들 때문에 차를 타고 가는 우리가 괜히 미안하고 맘이 불편해진다. 그런데, 아뿔싸! 대형마트의 쇼핑카트 같은 수레를 밀고 걸어가는 사람들도 듬성듬성 보인다. 이들은 대체 무슨 일로 수천 km의 고행을 하는 걸까. 다른 모든 이유를 떠나 이 길을 걷고 있는 저들의 고행에 마음이 숙연해진다. 170km 계속되는 웅장한 산봉우리들과 드넓은 산상 초원들의 향연을 만끽하며 다시 리당(理塘)으로 돌아오니 꼬박 이틀이 걸렸다. 편한 길을 선택했더라면 5시간이면 족히 왕복할 수 있는 거리를 이틀이 걸려서 돌아왔다. 그러나 사천성의 숨은 산길과 함께한 만만치 않았던 격섭남로의 여정은 오래 남을 기억이 될 것이다. 다음은 318국도를 따라 동쪽으로 간다. 끝없는 하늘길과 다양한 초원의 변주는 계속된다.

멀리 바당 시내가 보인다.

이렇게 하염없이 걷는 사람도 드물지 않다.

318도로에서 손수레를 밀며 걸어가는 사람들.

아강(雅江)·단바(丹巴)·마이강(马尔康)["]

계곡의 길(峡谷之路) 이야기

　리당(理塘)에서 동쪽으로 180km 공중도로를 달리면 해발 2,530m의 아강(雅江)이 나온다. 해발이 1,000m 이상 낮아지니 호흡은 상당히 수월하다. 사천성에 들어온 후 열흘이 넘도록 고산 지역을 돌아다녔더니 고산증에 적응이 되었는지 어지럼증과 속 거북증은 많이 좋아졌다. 그러나 호흡이 가쁜 것만은 여전하다. 해발이 낮은 곳에서 휴식을 취하고 사천성의 서북쪽을 거쳐 청해성의 옥수(玉树)를 향해 갈 생각으로 계곡 속 작은 마을 아강(雅江)현을 찾아 길을 떠났다.

318도로를 달리는 데보라.

　리당에서 아강현으로 향하는 길도 318국도를 따라 바당에서 리당에 이르는 길과 비슷한 고원의 초원과 구릉길이 펼쳐진다. 돌이켜보면 바당(巴塘)에서부터 아강(雅江)으로 내려갈 때까지 318국도를 따라 무려 300km가 넘는 하늘의 초원길이 계속되고 있다. 내몽고의 판판한 초원길에 버금갈 정도의 넓고 긴 초원길이었던 셈이니 이 광활한 초원이 해발 고도 4,000m를 넘나드는 고원지대에 있다는 것을 어찌 상상이나 할 수 있었겠는가. 앞으로 어떤 경관과 풍광을 만나게 될지는 모르겠으나 사천성의 높고 광활한 고지의 초원은 너

단바의 장족마을. 전통 의상을 입은 여인과 안개 낀 배경이 조화롭다.

무나 인상적이다.

　아강(雅江)의 계곡으로 하강하기 전, 고원 초원길의 거의 마지막쯤에 있는 세계에서 가장 높은 곳에 있는 소고기탕면(牛肉面)집에서 맛있는 소고기탕면을 즐겼다. 해발 4,000m가 넘는다는 너른 초원 위에 하얀 천막으로 조촐하게 지어진 이 소고기탕면집에는 '맛없으면 돈 안 받는다!'는 도전적인 간판 글을 써 붙여놓았다. 일 년에 5개월만 이곳에서 소고기탕면 가게를 운영한다는 강소성 출신의 식당 주인

해발 4,000m의 소고기탕면 집.

장 아저씨는 왜 이곳까지 와서 장사하냐는 나의 우문(愚问)에 "경치가 좋잖아요."라는 현답(贤答)을 주었다. 고원의 푸른 초원에서 먹는 소고기탕면 맛은 역시 훌륭했다. 당연히 돈을 내지 않는 불상사(!)도 없었다. 흰 천막 한켠에 소고기탕면을 맛본 감상을 한 자 적어달라는 주인장의 부탁에 '소고기탕면 맛, 기가 막혀요.'라는 글을 한·중·영어로 써주고 나서는 다시 길을 재촉한다.

　아강(雅江)으로 내려오면 해발고도 1,500m를 급작스레 낮추는 길이 사정없이 계곡으로 치 내린다. 한참을 굽이굽이 내려와 좁디좁은 계곡 기슭에 오밀조밀 만들어진 아강(雅江)현에 도착하니 계곡을 사이에 두고 굽이치는 물살이 아주 거칠게 흐르고 있다. 산 위에 있다 보니 잘 몰랐는데, 요 며칠 비가 많이 내린듯하다. 서쪽으로 넘어가는 햇빛에 비친 건너편 산기슭의 마을이 빛과 그늘로 나뉘며 묘한 느낌을 주고 있다. 운남성의 샹그릴라를 지나며 작은 산속 도로를 따라가다 보니 숙

소를 정하는 데 어려움이 많다. 일반적으로 산속 작은 마을들에는 외국인들이 숙박하는 경우가 매우 드물다 보니 대부분의 객잔이나 호텔에서 외국인을 받아들이는데 긴장하는 모습이 역력하다. 외국인을 별로 보지 못한 이유도 있겠지만 어떤 지역은 외국인이 숙박할 수 있는 자격이 있는 호텔에만 숙박할 수가 있다.

외국인이 체크인하는 데는 절차가 여간 복잡하지 않다. 여권과 비자 그리고 입국 날짜를 확인하고 전산 시스템에 등록하는 일에 익숙지 않아 때로는 내가 직접 컴퓨터 앞에 앉아 호텔측의 등록 업무를 도와준 경우도 있다. 더불어 코로나로 인한 건강코드(健康吗)와 최근 15일간 지나온 길을 알려주는 행정코드(行程吗)를 확인해 줘야 했다. 성(省)마다 자체적으로 다른 시스템을 운영하고 있을 뿐만 아니라 대부분 외국인이 자신의 여권 정보로 시스템에 가입하는 것을 지원하지 않아 여간 번잡하지 않다. 그래서 우리는 여행 출발 전에 중앙정부 국무원(国务院)에서 인증해주는 건강코드에 가입하고 갔다. 이조차도 그들이 처음 보는 코드이다 보니 지역코드를 요구하는 경우가 많아 매번 설명하기도 번잡했다.

사천성에 들어서면 어떤 지역에서는 핵산 검사확인서를 요구하기까지 해서 무척 난감했다. 게다가 지역마다 요구하는 절차와 조건들이 조금씩 달라 여러 지역을 이동하는 이번 여정에는 유쾌하지 않은 에피소드를 적지 않게 만들어주고 있다. 절강성(浙江)의 태순(泰顺)을 지나올 때 에피소드 하나를 소개한다.

오래간만에 근사한 온천장에 들어가 온천욕을 즐기며 여독을 풀고 나오는데 탈의실 앞에 '짝다리' 짚은 경찰 두 명과 서너 명의 호텔 직원들이 진을 치고서는 나를 보자고 한다. 분위기가 보통 위압적인 것이 아니다. 무슨 급한 일이 있기에 탈의실까지 들어와 찾는지 이유를 물어보아도 대답도 없다. 그냥 확인할 것이 있으니 여권을 보여 달란다. 아내가 정비하고 나오기를 기다리자고 해도 막무가내로 보통 재촉이 아니다. 종업원을 몇 번이나 여자 탈의실로 들여보냈다. 허겁지겁 나온 아내와 짝다리 경관을 대동하고 객실에 가서 여권을 보여주니, 사연인즉, 호텔 카운터에 있던 직원이 만기가 지난 비자를 등록하면서 생긴 일이란다. 내 참. 분명히 유효한 비자를 챙겨 보여주며 직접 확인까지 시켜주었건만…. 다른 페이지의 만기가

좁은 계곡을 끼고 있는 아강 시내 풍경, 전통 마을과 현대식 건물이 함께 있다.

지난 비자를 등록해 졸지에 우리를 불법체류자로 만든 모양이다. 경찰이 찾아오는 것도 여간 불쾌한 일이 아닌데 목욕탕 탈의실까지 쳐들어와 불법체류자 취조하듯 위협하다니. 그 짝다리 짚고 섰던 경관만 떠올리면 지금도 기분이 확 상한다. 아무튼, 사천성과 청해성은 서장 장족 자치주(西藏)와 신강위구르 자치주(新疆)의 접경지대이고 여러 가지로 민감한 지역이다. 그러다 보니 출입이 잦지 않은 외국 여행객의 출현에 상당히 긴장하는 모습을 보여준다. 아강(雅江)에서도 마찬가지로 예약했던 숙소에 도착하자 외국인이 처음이라며 부랴부랴 파출소에 연락하더니 파출소에 직접 가서 확인받아야 한단다. 숙소 잡는데 파출소까지 가서 확인받는 것은 결코 유쾌한 일은 아니다. 어찌하리오! 호텔 직원을 동행하여 파출소에 갔다. 대뜸 경관 왈, 그 호텔은 외국인이 입주할 수 없는 곳이니 다른 곳을 찾아보라고 한다. 졸지에 어렵사리 외국인 숙박이 가능한 다른 호텔을 수소문해 예약을 마치고 짐을 다시 옮겼다. 그러나 거기서도 다시 복잡한 절차와 심문(?)이 시작되었다. 핵산 검사 확인서 있느냐, 어디서 왔냐, 어디로 갈 것이냐, 뭐 하러 왔냐, 중국에서 뭔일 하냐, 어디에 사느냐 등등….

이번엔 출입국 사무소와 보건당국에 신고한다고 한층 더 난리를 피운다. 한참을 등록과 취조 절차를 통과하고 나서야 겨우 방에 들어갈 수 있었다. 고도를 좀 낮춰 숨이나 좀 편히 쉬겠다고 일부러 내려왔건만 이 번거로움을 겪자니 아예 숨 좀 헐떡이며 지내는 게 낫겠다 싶기도 하다. 앞으로 가야 할 곳도 외지고 작은 마을들이 이어질 텐데 어찌 이 번잡하고 유쾌하지 않은 과정을 매일 반복할까 생각하니 머리가 지끈거린다.

다음날 아강(雅江)을 출발하여 단바(丹巴)로 향한다. 단바에 이르는 170km의 길은 모두 대금천(大金川)을 끼고 계곡을 따라 이어진다. 높고 가파른 산들로 이어진 계곡은 상류로 갈수록 한없이 넓어지기만 하니 참 희한한 일이다. 가는 길 내내 거대한 산에 막혀 하늘 보기가 어려웠다. 며칠간 보아왔던 광활한 능선과 장쾌한 하늘 대신 눈앞을 꽉 막아서는 절벽과 봉우리들 사이로 계곡의 허리춤을 따라 돌아가는 절벽 길은 대단히 위협적이다. 중국 판다대로(中国熊猫大道)라는 248국도를 온종일 달렸다. 길이 이리 험하니 다른 작

강가에 선 스님들의 모습이 한가롭다.

계곡 옆의 절벽에 붙은 아강의 주택들.

은 길은 함부로 가면 절대 안 되겠다는 생각이 절로 든다. 아무튼, 겁나는 길이었지만 목적지인 단바(丹巴)에 잘 도착했다. 비교적 별일 없이 숙소에 안착하였음에 감사할 뿐이다. 다음날 마이강(马尔康)을 향하는 길에 단바(丹巴)의 유명한 장족 마을(藏賽)을 돌아보았다. 장족이 사는 마을은 대부분 고산 지역에 위치한다. 어쩌면 이리 높은 곳에서 사람이 살 수 있을까 싶은 정도로 절벽을 끼고 한참을 올라서야 마을에 도착할 수 있다. 지역이 높다 보니 경치는 기가 막힌다. 특히나 구름이 맞은편 계곡의 절벽을 끼고 산허리를 감아 오르는 모습은 장관 그 자체이다. 높은 지역이나 띄엄띄엄 흩어진 산마을은 호젓하고 평화롭기 그지없다. 안내판을 보니 수년 전 중국에서 가장 아름다운 마을로 선정된 적도 있다고 한다. 그럴 수도 있겠다는 생각이 들 정도로 산과 계곡 그리고 마을이 서로 어울려 드러나는 조화로움이 매우 아름답다.

　마을의 골목을 돌아내려 가보았다. 구석구석에 장족(藏族)들의 종교와 생활의 역사와 문화가 배어 있다. 호젓한 불탑의 경통(经桶)도 돌려보고 장작더미 가득한 전통가옥의 지붕에 휘날리는 롱따(风马), 오색천에 불경을 새긴 긴 장대에 매달아 놓은 천들이 정겹다. 역시 우리의 안복(眼福)은 날이 흐려도 계곡 속에서도 여전히 흘러넘친다. 장족 옛 마을(藏賽)을 돌아보고 계속해서 하늘이 보이지 않는 깊은 계곡 길을 달려 마이강(马尔康)으로 향한다. 여전히 계곡의 상류로 달리건만 계곡

▲곳곳에 유실된 도로가 위협적이다.
◀참으로 아름다운 단바의 장족마을.

의 물살은 더욱 험해지고 그 넓이는 더욱 넓어진다. 요 며칠 내린 많은 비로 계곡물은 불어나 물길이 세차고 격하다. 계곡에 불어난 물길에 손상되어 1km가 멀다 하고 도로가 심하게 유실되어 지나기가 겁이 난다. 내내 급한 경사길에 널브러진 낙석들을 보아온 터에 고도를 낮추니 이젠 도로가 움푹 파여 유실된 모습을 연속으로 보고는 아! 이번 여행이 결코 만만한 여정이 아님을 다시 한번 실감했다.

험준한 계곡 길을 따라 종일 달렸더니 마이강(马尔康)이 멀지 않다. 도착 전 시에청(携程)을 뒤져 외국인을 보고도 놀라지 않을 것을 희망하며 이 동네에서 규모가 제일 크고 등급도 제일 높다는 호텔을 예약한 후 확인(confirm)까지 받고 찾아갔다. 그러나 카운터의 털털한 장족(藏族) 아가씨들은 자기들끼리 한참을 뭐라고 떠들더니 외국인은 어찌 처리해야 하는지 모른단다. 목마른 사람이 우물 파는 법! 오늘도 할 수 없이 내가 직접 호텔 카운터 컴퓨터를 차지하고 앉아 시스템에 여러 가지 정보를 입력하고서야 방을 배정받았다. 카운터 아가씨들이 처음 해보는 일인데 도와줘서 고맙다며 경치 좋은 방을 배정하고 생수도 몇 병 들려준다.

오늘은 이만하면 다행이고 수월한 거다. 계곡물 흐르는 전경과 앞산의 경관이 멋진 방에 들어와 한숨을 돌리고 있자니 지역 공안에서 경찰 두 분이 방문을 두드린다. 절대로 친절하지 않은 분위기로 다시 한번 달갑지 않은 취조는 시작되었다. 여권 보자, 어디서 왔냐, 어디로 가냐, 뭐 하러 왔냐, 언제 가냐, 중국서는 뭐 하고 사냐… 쩝. 아! 이제 좀 큰 도시로 가고 싶다!

마이강 호텔에서 셀프 체크인.

양당(壤塘)
홍군이 넘은 대장정의 길

사천성의 마이강(马尔康)에서 다음 목적지인 청해성(青海)으로 향하는 길은 크게 두 갈래가 있다. 하나는 서쪽으로 달려 고산(高山)의 숨겨진 불교의 도시 색달(色达)을 넘어 감자(甘孜)→마니간과(马尼干戈)→석거(石渠)를 지나 청해성의 옥수(玉树)로 향하는 서향(西向) 길이다. 또 하나는 바로 북쪽으로 올라가 반마(班玛)→달일(达日)→마심(玛沁)을 거쳐 성도인 서녕(西宁) 쪽으로 북상(北上)하는 길이다. 아침부터 두 갈래 길을 놓고 많이 고민했다. 첫 번째 노선은 다시 서쪽으로 고지대를 넘어가서 청해성의 남쪽 변경으로 들어가는 길이라 다음 여정으로 향하는데 상당히 외지고 긴 길을 돌아가야 한다. 두 번째 길은 비교적 짧은 거리로 청해호로 갈 수 있으나 아쉽게도 이 아름답고 전통미 물씬 풍기는 사천성의 서부를 오늘 내로 지나가야 하기 때문이다. 잠시 고민 끝에 원래 계획대로 첫 번째 길을 선택했다. 티베트문화가 더욱 농후한 원시의 땅 색달(色达)로 향한다. 해발 3,990m의 색달(色达)에는 중국에서 가장 크다는 라마 불교 승가학교가 있다. 장족(藏族)의 문화가 고스란히 살아있는 옛 도시라고 한다. 외부에 공개하지는 않지만, 말로만 듣던 장족들의 전통 장례인 천장(天葬) 터도 있다고 하니 이곳을 보고 천장북로(川藏北路)와 717번 성도를 지나 3일 정도면 옥수(玉树)에 도착할 것이다.

마이강(马尔康)에서 계속되는 계곡을 따라 색달(色达)로 가는 길은 지나온 길에 비해 넓고 물살도 거세다. 하지만 계곡과 함께 펼쳐진 작은 장족의 전통 마을이 연속으로 나타나며 멋진 경관을 선사한다. 거의 마을마다 금빛 찬란한 사원 지붕들이 번쩍번쩍 빛나고 있다. 한참을 달리는 포장길이 띄엄띄엄 끊어지며 비포장도로로 이어지고 있다. 중간중간 도로공사를 하는 구간이 나오더니 옹달(翁达)에서 색

색달로 향하는 도로변 계곡의 거센 물살.

다(色达)로 넘어가는 길이 갑자기 막혀 있다. 아뿔싸! 이미 4시간을 넘게 달려왔는데 도로포장 공사를 한다며 길을 완전히 막아버렸다. 4시간 후에나 열린다고 한다. 한국 같으면 어떤 도로공사를 하더라도 한 차선은 열어놓아 통행 방법은 마련해놓고 공사를 할 것이다. 아니면 밤중이나 새벽 시간을 이용할 것이지만, 중국에서 지방 도로를 달리다 보면 이렇듯 길 자체를 통째로 막아놓고 공사를 하는 경우를 자주 보게 된다. 정말 어떻게 해볼 방법이 없다. 오던 길을 돌아서 우회로를 찾거나 공사가 끝나고 다시 길이 개통되기를 무작정 기다릴 수밖에 없다. 여기까지 오는 동안 수시로 이런 경우가 있긴 했지만, 이곳처럼 4시간을 달려왔는데 돌아갈 길도 막막하고 또 공사 끝나기까지는 꼬박 4시간을 더 기다려야 한다는데, 개통이 된다 한들 저녁 7시는 넘을 터다. 어두워진 산길을 150여 km 더 가야 한다니 계산이 잘 안 나온다. 지도책을 열심히 보며 우회할 길이 있는지 찾아보아도 뾰족한 방법이 없다. 더욱 황당한 것은 길이 막힌 곳을 기준으로 지나온 길을 포함하여 모두 세 갈림길이 있는데 모든 방향에서 동시에 공사를 하여 길을 막아 놓고 있다는 것이다. 물론 작은 진(镇)과 진(镇)을 잊는 지방도(乡道)이고 통행 차량도 많지는 않지만 이렇듯 모든 길을 한 번에 막아 놓고 공사를 하면 급한 사람들은 어찌한단 말인가.

길가에서 만난 노천 족욕탕.

우리야 딱히 꼭 가야 할 목적지를 정해놓은 것은 아니고 시간 또한 급할 일이 없는지라 친절한 경찰이 알려준 옆 마을 노천 족욕(足浴)탕에서 족욕까지 하는 여유를 부리며 기다릴 수 있었다. 백성의 생활보다는 정부의 공무가 우선되는 사회주의 국가, 중국의 한 단면을 보는 듯하다. 기다림에 지쳐 갈 즈음 저녁 늦은 운전은 하지 말자는 아내의 성화에 가까운 곳을 정하여 하룻밤을 묵고 가기로 하고 방향을 틀어 인근의 양당(壤塘)현으로 향했다. 물론 다른 방향으로 길을 돌렸지만 한 시간 정도 막힌 도로에서 기다림을 감수해야 했다.

도로 봉쇄로 예정에 없이 들린 양당(壤塘)에서 하루를 지냈다. 주변에 꼭 들러보

가카령 정상의 홍군 환송 기념물. 홍군들을 환송하며 춤을 추고있다.

아야 할 곳을 물어보니 대장정(長征) 시기에 홍군(紅军)이 지나간 곳 중양당(中壤塘)에 홍군 장군들의 동상이 있다고 한다. 홍군 역사 중 가장 중요한 부분인 대장정의 흔적을 보는 것도 의미가 있다 싶어 중양당(中壤塘)을 거쳐 색달(色达)로 향하기로 한다. 양당의 계곡 길을 빠져나와 한 시간 정도 고갯길을 오르니 해발 3,920m의 가카령(尕卡岭)이 나온다. 안개 자욱한 고갯마루에는 대장정 당시 홍군을 환송해 주는 이곳 주민들과 홍군들의 모습을 새긴 동상들과 기념물들이 전시되어 있다.

안내판을 읽어보았다. 1936년 여러 곳에서 출발한 홍군 제4 방면군이 양당(壤

불경이 가득 들어있는 오래된 소가죽 경통에선 깊은 유서가 느껴진다.

塘)에서 집합하여 북상했다고 한다. 50여 일에 걸쳐 이곳 양당 지역에서 4,000m 이상 되는 6개의 산을 넘으며 추격하는 국민당군과 벌인 치열한 전투에서 전사한 1,000명 이상의 홍군들이 이곳에 묻혀있다고 한다. 양당현에만 11개 마을에 홍군 전적지가 있다고 하며 이 조형물은 1936년 7월 홍군의 부대가 양당을 떠날 때 마을 주민들이 성대한 잔치와 연회를 베풀며 홍군을 환송해 준 사실을 기록한 것이라고 한다. 군사 작전상으로는 실패했을지는 몰라도 대장정을 통하여 공산혁명의 사상을 곳곳에 전파하여 결국 중국에서 공산혁명을 성공시킨 홍군들의 혁명 역사가 짙게 묻어나는 길이었다. 그 외에 더욱 감동적이었던 것은 가카령 언덕을 내려가서 만난 작은 마을을 지나가며 우연히 경통정자를 보고 멈추어 만나게 된 장족 전통 사원이었다. 이 경통정자는 한 건물이 아니라 많은 작은 정자들이 연결된 곳이다. 안에는 세월이 묻어나는 쇠가죽으로 만든 것부터 최근에 황동으로 만든 듯한 번쩍거리는 것까지 다양한 모양과 크기의 경통들이 가득 들어있다. 이러한 정자들이 서로 연결되며 사원을 크게 둘러 쌓고 있는데 이 경통 정자들이 둘러싸고 있는 사원에는 돌에다 티베트어(藏語)로 불경을 새기는 작업장과 진흙으로 불상과 불경을 찍어내는 작업장이 있었다.

여기서 만든 불경 새긴 돌들과 진흙 벽돌들은 공양하려는 사람들에 의해 바로 옆 지붕이 덮인 전각 아래 거대한 무더기를 이루며 계속 얹어지고 쌓여 있다. 지금도 매일매일 주민들의 불심과 구복(求福)의 마음을 부처님에게 전하고 있었다. 이 크

하루 종일 돌에다 '옴마니반메훔'을 새기고 있다.

진흙을 두드려 불상과 불경을 새긴다.

진흙에 새긴 불상의 공양.

디크 돌조각과 흙조각들의 무더기는 정말 어떤 다큐멘터리나 기록으로도 보거나 들어본 적이 없었다. 둘레를 삥 돌아 있는 경통 전각 중에는 불심 깊은 주민들이 아주 오랜 세월을 거쳐 한 집 한 집 지어 연결한 듯한데 그 안에 있는 경통들 중에는 최근에 황동 판으로 만들어진 크기가 엄청난 것도 있었지만 무엇보다 백여 년은 족히 되었을 듯한 불경 인쇄물이 가득 들어있는 소가죽(야크)으로 만든

아들 딸의 건강을 빌며 작은 정성을 더한다.

경통은 오랜 세월 장족들의 절절한 불심과 기도가 어떻게 이어져 왔는가를 실감 나게 보여준다.

우리 부부도 경건한 마음과 놀라운 눈으로 경통이 이어진 건물들을 몇 바퀴 돌며 돌아가는 경통과 함께 부처님의 자비와 은덕이 온 세상에 널리 퍼지길 기도해 본다. 슬쩍 방금 옴마니반메홈이 새겨진 예쁜 돌멩이 하나를 집어 들고는 우리 아들과 딸의 건강과 안녕을 빌어본다. "아들래미, 딸래미 그저 건강만 하거라. 옴마니반메홈!"

돌과 진흙 고양물을 산더미처럼 쌓아 놓았다.

정말로 생각지도 못했던 장족(藏族) 마을 보통 사람들의 깊은 불심이 어떻게 모여지고 전승되고 있는지를 직접 목격하게 된 것은 티베트의 황금빛 지붕이 휘황찬란하고 화려한 법당을 가진 어떤 사찰보다도 더욱 큰 감동이었다.

중양당(中壤塘)의 감동을 안고 길을 재촉했다. 양당현의 또 하나 큰 사찰인 어탁사(鱼托寺)가 나타났다. 사실 양당에서의 일정을 짜다가 알게 된 유서 깊은 사찰

중 하나였지만 정확한 위치를 몰라 일정에 포함 시키진 않았던 곳이다. 그런데 길을 가다 보니 홀연히 작은 산록 마을을 다 제압하고도 남을 거대한 사찰이 어탁사(鱼托寺)라는 표지판과 함께 눈앞에 나타난다. 부처님이 인도하신 인연인 듯하니 어찌 그냥 지나칠 수 있으리오! 산 중턱에 있는 커다란 법당 앞까지는 차가 올라간다. 차에서 내려 마을을 굽어보니 마을 전체가 사찰과 함께 섞여 있다. 마을이 사찰인 듯 사찰이 마을인 듯…. 이 작은 마을에 어찌 이리도 크고 화려한 사찰을 지었단 말인가. 스님들이 그들 살 집을 이리 지은 것은 아닐 터이니 분명 바칠 것은 마음밖에 없을 중생들이 공양과 울력을 바쳐 이 황금 사원을 올렸으리라. 이런 생각이 미치니 만리장성 웅장한 성벽을 보고 밑에 묻힌 노동자들의 살과 뼈가 생각나듯 종교라는 범하지 못할 파워로 소 몰고 양 치고 풀 뜯으며 살아온 착하디착한 장족(藏族) 백성들의 노고와 피땀이 서려 있을 이 화려한 법당과 법당 안을 배회하는 화상(和尚)들의 모습이 겹쳐지며 맘이 썩 편치 못하다. 너무도 화려한 법당을 한 바퀴 돌아보고 내려오는 길에 보니 법당 앞의 전각을 보수하는 듯 위태로운 사다리에 매달려 단청을 열심히 하는 두 명의 화상(和尚)의 모습이 마치 도(道) 닦는 듯 경건하다. 생각 짧은 나에게 "까불지 마라!" 하시며 죽비를 내리친다! 아미타불!

연용(年龙)을 거쳐 색달로 향하는 길목에 들어서니 절대로 보고 싶지 않은 검문소가 또 나온다. 검문소를 만난다는 건 정말 유쾌하지 않았지만, 그저 지금까지 그

황금빛 찬란한 어탁사.

덕탁산(4,448m) 고개를 넘어 청해성으로 향한다.

소를 잡아먹고 있는 독수리 떼.

래온 것처럼 검문소에서 신분증을 보여주고 잠시 불편한 취조를 거치면 통과되려니 생각했다. 아뿔싸! 이 길은 공사 중도 아닌데 외국인은 통과할 수가 없단다. 하도 황당하여 책임자 좀 불러 달라고 부드럽게 항의해 보았지만 역시 소용없는 일이었다. 사유는 간단하다. 이 길 주변에 중요한 설비가 있는데 외국인은 보면 안 된다고 한다. 내 참. 이틀을 돌아 여기까지 왔건만 갈 수 없다는 한마디에 정말 갈 수가 없었다. 그것도 외국 땅 자유여행에서 생길 수 있는 일이라 자신을 위로해 보지만 아무래도 답답한 마음이 가시질 않는다. 결국은 마이강(马尔康)에서 고민 끝에 선택했던 색달(色达)을 거쳐 청해성으로 가자던 계획은 여기에서 허무하게 끝나버렸다. 선택하지 않았던 또 다른 하나의 길로 며칠은 빠르게 청해성(青海)으로 들어갈 수밖에 없는 노릇이다.

   많은 감동을 하고 특별한 경험을 했던 사천성을 뒤로하고 청해성의 경계를 넘어 반마(班玛)로 방향을 틀었다. 청해성(青海)으로 넘어가자면 해발 4,448m의 덕탁산

덕탁산을 오르는 길.

(德啄山)을 넘어가야 한다. 큰 산은 항상 큰 자락과 큰 계곡을 품고 있다. 산을 오르는 너른 산자락에 펼쳐진 계곡과 거기에 사는 사람들과 가축들의 평화로운 공존은 보는 이에게 항상 자연스럽고 잔잔한 감동을 준다.

이런 감동을 완상(慢賞)하며 길을 가고 있는데 갑자기 길 위에 거대한 새들이 날개를 푸드덕거린다. 놀라서 차를 세우고 자세히 보니 목에 털이 숭숭한 엄청나게 큰 콘도르 독수리들이다. 아니 도로 위에 웬 독수리 떼란 말인가. 주위를 살펴보니 길 위에만 있는 것이 아니었다. 길옆 개울가에는 이미 여러 마리의 독수리가 모여 뭔가를 뜯어 먹고 있었다. 유심히 보니 소를 잡아먹는 듯하다. 주민에게 물어보니 독수리 떼가 방목하는 소를 사냥해 먹고 있다고 한다. 근데 왜 소 주인은 가만히 있는지 모를 일이었다. 아무튼, 자세한 내력은 상상 속에 남겨두고 자리를 떠났다. 와~우! 독수리 떼가 소를 잡아먹는 야생(wild world)을 생생히 목격했다.

정말 많은 것을 보고 감동받았는데 한편으론 아쉽고 그렇다고 반드시 아쉽지만은 않은 사천성 여정이 새삼 고마워진다. 어제나 그제나 오늘이나 예정 없이 이 길을 가게 된 것은 공안(公安) 때문만은 아닐 것이다. 부처님이 억겁(億劫) 전에 정해진 인연으로 오늘 이 길을 따라 청해성(青海)으로 우리를 인도하셨기에 우리는 오늘도 안복(眼福)을 누리며 안전하게 '푸른 호수(青海)'를 품고 '크게 아름다운(大美)' 청해의 반마(班玛)에 잘 도착할 수 있었을 게다.

노오란 야생화가 우릴 반긴다. 드디어 청해성이다.

청해성

동대길내이호(东台吉乃尔湖) 가는 길

청해(青海)

반마(班玛) · 서녕(西宁)

청해(青海)의 길 이야기

    부처님이 인도해주신 길을 공안(公安)의 도움(?)으로 계획보다 4~5일 정도 빠르게 청해성으로 진입해 처음 만난 마을은 반마(班玛)라는 작은 현급(县级) 마을이다. 이곳에는 호텔 예약 사이트 시에청(携程)에서도 외국인 숙박이 가능한 호텔이 검색되지 않아 또 한바탕 밤을 지내기 위한 고달픈 숙소 잡기 전쟁을 치를 수밖에 없었다. 급한 대로 시에청에서 보증금을 날린다 생각하고 예약을 감행한 다음 숙소로 직행해 부딪혀보는 작전을 선택했다. 가끔은 효과가 있는 숙소 잡기 작전이다. 예약한 숙소는 마을을 관통하는 길가에 3층짜리 아담한 모텔급이었다. 걱정과는 달리 호텔에 들어서자마자 자매인 것 같은 두 아가씨가 한국에서 왔다는 말에 반색하며 반긴다. 물론 여기서도 외국인을 받아본 적이 없는 듯 체크인 절차는 목마른 나그네의 우물 파기(self check-in)로 해결했다. 아버지인 듯한 주인장과 카운터의 두 딸이 따뜻한 환영과 친절한 안내로 긴장된 나그네의 마음을 푸근히 풀어준다. 간만에 호텔 옆 한적한 식당에서 그럴싸한 훠구어(火锅)로 민생고까지 해결하고 청해성에서의 푸근한 첫날을 보냈다. 그러나 아쉽게도 이 푸근함은 이날뿐이었다!!

반마에서 데보라 정비도 받았다.

청해성은 면적이 우리나라의 약 7배에 이르는 중국 22개 성(省) 가운데 4번째로 크고 광활한 지역이다. 남부는 티베트고원의 동북부를 이루는 고산지대와 곤륜산맥이 걸쳐 있고, 서북쪽은 광활하고 황량한 사막지대로 실크로드의 주 통로인 감숙성의 하서주랑(河西走廊)과 경계를 이루고 있어서 사람이 거주하지 못하는 지역이 많으며 인구는 600만 명이 채 되지 않는다. 역사적으로는 원래 티베트 지역에 속해 있었으나 청나라 때 분리되어 청나라의 영향력 아래 있었고, 신해혁명 이후에는 군벌들의 지배하에 있다가 해방과 함께 중화인민 공화국의 영토가 되었다. 인구 구성은 한족(汉族)과 장족, 회족(回族) 등 소수민족의 비율이 반반 정도이나 성도인 서녕(西宁)이나 해동(海东)지역을 제외하면 소수민족 자치 지역이 97%를 차지하는 소수민족 지역이다. 청해성은 우리의 여행 계획상에는 서쪽으로 갈 수 있는 마지막 성(省)이다. 여기서 얼마나 서쪽으로 더 가느냐가 곧 우리 여정의 서쪽 끝이 어디인지 결정될 것이다. 현재는 신강(新疆)과 서장(西藏) 지역은 갈 수가 없으니 나중을 위해 남겨놓되 사정이 허락하는 한 서쪽으로 가장 멀리까지 가보는 것이 나의 욕심이다. 얼마나 서진(西进)이 용인될지는 가봐야 알 수 있을 것 같다.

반마에서도 다음 일정을 향한 고민은 계속되었다. 남쪽으로 내려가 원래 청해성으로 진입해가려고 했던 옥수(玉树)를 지나 크게 청해성을 남쪽으로 돌아 청해호(青海湖)로 올라가는 길과 바로 북상해 성도인 서녕(西宁)을 지나 청해호로 가는

▲청해의 길도 여전히 아름답다.
◀고지의 초원을 흐르는 멋진 개울과 함께 달린다.

길 중에서 선택이 필요했다. 마음은 항상 모험의 신께서 인도하시기에 청해성의 남쪽을 삥 돌아 서장성의 변경을 둘러보고 곤륜산맥을 남쪽에서부터 통과해 청해호로 올라가는 대회전 길을 따라가고 싶었다. 복잡한 계산으로 바쁜 머리는 '아, 이제 시골에서 숙소 잡는 고생과 외딴길에서 취조당하는 일은 그만!'하자며 마음에 '큰 동네로 통하는 넓고 좋은 길로 그냥 올라가자.'는 꼬드김을 전한다. 앞으로도 더 서쪽으로 가자면 수많은 시골길을 거쳐 가야 할 것 같다. 먼저 큰 도시로 가서 에너지도 보충하고 삼겹살에 된장찌개도 좀 먹어야겠다는 생각으로 마심(玛沁)에서는 최단 거리로 서녕(西宁)까지 가기로 했다. 첫날 도착한 반마에서 180km 떨어진 마심은 아직 눈 덮인 산들에 둘러싸인 고지대 분지이다. 확실히 반마보다는 큰 지역이지만 이곳에서도 또 한번 잘 지내던 숙소에서 갑자기 쫓겨나 다른 숙소로 옮겨가는 한바탕 소동을 치러야 했다. 에고, 이젠 빨리 큰 도시 서녕으로 가자!

절벽 바로 위에서 풀을 뜯는 야크.
도로를 막고 있는 양떼.

반마에서 서녕으로 올라가는 국도는 560km에 이르는 만만치 않은 거리이다. 운행 시간을 줄일 수 있는 고속도로도 있지만, 구불구불 산을 넘고 들을 지나가는 국도의 매력은 '청해의 길'의 이야기를 계속 이어갈 자원이기도 해서 거의 10시간 이상을 달려야 하는 강행군이다. 오전 일찍 출발했으나 역시 청해성의 위대한 자연풍광은 나그네의 발길을 계속 더디게 한다. 가는 길을 소(야크)들, 양들, 말들이 번갈아 막아선다. 그러고 보니 이번 여정에 길을 막아서는 것들이 참 많은 것 같다.

구불구불 산록을 오르자 붉은 대협곡이 나타나고 황하강이 굽이치는 계곡에선 아담한 마을이 나타나나 싶더니 격한 바람에 흙먼지가 앞을 가리기도 한다. 광활한 고원의 구릉 대초원, 붉은 땅의 험준한 협곡, 사방이 지평선으로 일망무제(一望无际)의 광활한 초지가 연속으로 나타나며, 사천성과 또 다른 청해성의 지형을 잘 보여주고 있다. 황하변 마을은 건조한 지역인데도 수시로 비가 내린다. 잠시 소나기가 휘몰아치더니 붉은 흙물이 도로로 쏟아져 내린다. 서녕이 가까운 귀덕(贵德)은 전체 도시가 나무 한 그루 풀 한 포기 없는 그저 붉은 황토산에 둘러싸여 있다. 나도 평생 처음 보는 정말 붉기만 한 산이다.

    사천성의 고원 지형이 청년기 지형이라면 청해성은 장년기 지형이다. 두 곳 모두 높은 고지대의 초원 지역이지만 그 산자락의 넓이에는 차이가 크다. 청해성의 고원은 사천 분지보다 더욱 넓고 평평해 장쾌함을 더한다. 이렇게 넓은 초원도 있구나 하는 생각이 절로 든다. 어떤 지역은 한눈에도 수천만 평은 됨직한 너른 풀밭이 저 멀리 아득한 산 능선에 둘러싸여 있고, 또 어떤 지역은 끝도 모를 평지와 초지가 지평선을 만들고 있다. 이런 초원길을 지날 때면 몇십 km가 내비게이션에는 딱 한 줄의 직선으로만 보인다. 또한 수시로 지형의 급격한 변화가 나타나는데, 붉은 토

나무가 없는 청해에서 연료로 사용하는 야크의 똥 무더기.

양의 침식으로 엄청난 협곡이 나타나기도 하고 황하의 지류가 만든 계곡에 예쁜 마을을 만들어놓기도 했다. 10시간 이상을 달린 청해의 국도 500km는 지형이나 날씨가 참으로 변화무쌍하다. 서녕에 도착하는 저녁 길은 비가 축축이 뿌리고 있다. 서녕 중심가에 있는 싸고 근사한 호텔을 정해 여장을 푸니 간만에 맡는 도시의 냄새가 향긋하기까지(?) 하다. 호텔 창밖으로 완다(万达)광장도 보인다. 시내 중심에 있다는 뜻이리라. 아내와 간만에 도시의 냄새를 만끽하긴 했지만, 삼겹살에 된장찌개 먹는 것은 실패했다. 겨우 찾은 한식집이 문을 닫았기 때문이다.

귀덕(贵德)시의 붉은 황토 산. 중국에는 재미있는 곳이 많다.

도무지 작은 카메라 앵글로는 청해성의 일망무제 풍경을 담을 재간이 없다.

수십 km 길이 딱 일직선이다.

청해호(青海湖)
내륙의 푸른 바다

서녕에서 달콤한 이틀간의 휴식을 취했다. 고대하던 삼겹살에 된장찌개는 못 먹었지만, 호텔 근처에서 멋지고 화려한 한국식 사우나를 발견해 오래간만에 지친 몸을 푹 담그며 여독을 풀었다. 그리고 다음 여정인 청해성의 푸른 바다(청해호)로 향한다.

서녕의 한국식 사우나 내부, 한국보다 훨씬 쾌적하고 고급스럽다.

청해호수는 제주도의 두 배 넓이를 가진 내륙의 염수호(盐水)이다. 아주 옛날에는 바다였다는데 대륙 한가운데에 이렇게 넓은 호수가 있으니 이곳 사람들에게는 이것이 바로 바다 그 자체였으리라.

오늘의 여정은 청해호를 남쪽으로 지나 또 다른 코발트색 호수가 있다는 차카(茶卡)로 갈 예정이다. 마누님이 바라마지않는 청해호수의 위쪽에 있다는 작은 모래사막 사도(沙岛)를 먼저 보고 청해호의 남쪽을 돌아 차카(茶卡)로 갈 노선을 잡아 열심히 달리고 있는데, 또 검문소가 막아선다. 거의 1시간 이상 매번 같은 레퍼

내륙의 바다 칭하이호(青海湖).

토리의 취조를 받고 기다린 끝에, 이 길은 외국인 입장 불가라고 한다. 아니, 간단히 '여긴 대외 개방 지역이 아니니 돌아가세요.'라고 하면 1분이면 될 걸 1시간이나 허비해야 했다. 그래도 이방인 여행객의 여정을 막무가내로 막은 것이 안쓰러웠는지 여자 공안 한 명이 청해성에서 외국인이 못 들어가는 지역의 리스트를 열심히 적어준다. 무려 12 지역과 도시이다. 청해성에는 외국인이 아예 못 들어가는 지역이 참 많기도 하다. 아무래도 중국 서북지역을 자유 여행하려면 1950년대 미국에서 흑인들의 여행 필수품이었던 그린 노트(흑인 입장 가능 식당과 호텔 리스트)라도 있어야 하는 것 아닌가 싶다. 그저 우리가 가는 길에 출입 금지 지역이 안 걸리기만을 바랄 뿐이다. 이렇게 쉽지 않은 노정을 따라가는 것이 이번 서북(西北) 여행의 가치를 높여줄 것이라고 스스로를 위안해본다. 지금까지 적지 않은 한국인(외국인)들이 중국 서북지역을 여행했겠지만, 우리처럼 직접 차를 몰고 시골길을 달려 여행한 사람은 극히 적었을 것이다. 좁고 험한 길모퉁이를 지날 때면 마누님과 서로 얼굴을 쳐다보며 말했다. "아마도 한국 사람 중에 이 길을 달려본 사람은 우리밖에 없을 거야, 그치?"

막히면 돌아가고 걸리면 비켜 지나온 1만 5,000km의 이번 여정이 대견하고 신

호수물은 맑지만 짭짤한 맛이 난다.

청해호 변의 야크 떼들.

통하다는 생각이 문득 스쳐 간다. 다시 돌아가는 청해호의 남쪽 길은 청해호수의 아름다운 호변을 따라간다. 호수와 도로 사이에는 몇백 m를 두고 녹색 천지이기도 하고 때로는 유채꽃으로 노랗게 물든 평평한 길이 있다. 호수의 물을 만져보고 싶으면 핸들을 직각으로 꺾어 호수로 향하는 길로 들어가야 한다. 길목마다 장사꾼들이 지켜 서서 "말 타라, 소 타라, 자전거 타라." 하며 외쳐댄다. 도로변에 차를 세워놓고 빤히 보이지만 절대 가깝지 않은 길을 한참을 걸어가야 푸르디푸른 청해 호수를 만날 수 있다. 간간히 구름 사이로 고개를 내밀어주는 햇살 덕분에 하늘빛보다 더 푸른 호수의 색깔과 광활한 호수의 수평선이 주는 해방감과 청량함이 감동을 준다. 아! 이곳은 바다다! 거의 100여 km의 호숫가를 달리며 푸른 호수와 초원과

상피산(橡皮山).

그 초원을 노니는 수많은 소 떼와 양 떼들. 그리고 반대편의 호수를 감싼 능선들이 이루는 조화를 만끽한다. 명불허전(名不虛传)! 청해호는 바로 푸른 바다다.

길을 달려 호수와 도로가 헤어질 무렵부터 길은 산을 향한다. 푸른 능선을 올라 만나는 그곳에 상피산(橡皮山)이 있다. 호수와 헤어지기 아쉬운 초원의 마음일까. 그 초원이 솟아올라 높은 산을 이루고 있다. 푸른 초원 상피산을 넘으면 홀연히 대지의 색깔이 갈색으로 바뀐다. 짧고 푸른 초지는 누렇고 기다란 건초 지대로 변하며 광막한 평야에 세찬 바람이 불어온다. 그 바람을 맞으며 광야를 달리는 베가본드를 맞이해주는 건 수많은 바람개비를 돌리며 줄 맞춰 서있는 거대한 풍력발전기 숲이다. 조금 더 가자 이제는 누렇고 기다란 풀들도 사라지고 서부의 황량한 사막이 나타난다. 청해호를 지날 때 잠깐 보여준 푸른 하늘도 상피산을 넘어서면 두터운 구름으로 가득하다. 황량한 회색 사막에 두터운 구름이 가려 더욱 삭막하고 까마득한 길을 달려가자 '하늘의 거울'이라는 차카의 염호(盐湖)에 다다른다. 내일은

세찬 바람이 느껴지시나요? 무정한(无情) 바람개비의 숲도 황량한 대지에서는 외로운 여행자의 벗이 되려는가!

두꺼운 구름이 걷히고 검은 구름 대신 푸른 하늘을 비춰주는 환상적인 코발트 빛 차카의 염호를 기대해본다.

청해호변의 초원과 양떼 그리고 데보라.

짙은 구름이 드리운 茶卡 시내.

격이목(거얼무, 格尔木)
또 하나의 실크로드(丝绸之路) 길목

청해성으로 넘어온 후 날이 계속 흐리고 비까지 오락가락하고 있다. 청해는 초원과 사막 그리고 호수의 대지인데 찬란한 하늘의 Blue, 대지의 Green, 사막의 White, 그리고 호수의 Jade green 등 온갖 색깔의 향연을 만끽하지 못하니 이건 청해가 아니다. 일기예보를 보니 아쉽지만 1주일 내로는 청명한 하늘을 보기가 어려울 듯하다. 하늘과 땅, 물, 이 모든 색깔이라는 게 태양이 있어야 그 진짜 모습을 볼 수 있다. 빛의 반사에서 색이 드러나는 것을 모르는 바는 아니지만, 우리가 보고 있는 이 삼라만상의 모습이 빛과 함께 나타나고 빛과 함께 소멸한다면 본래 물 자체의 모습과 색깔은 없다는 말인가? 차카(茶卡)는 청해성과 감숙성을 크게 한 바퀴 도는 서북 여행의 필수 경유지이기는 하지만, 허허벌판에 달랑 있는 호수 하나 보려고 오는 곳이다. 물론 그 호수의 물빛이 예사롭지 않은 코발트 빛이라 그 멋진 호수를 보려면 날이 맑아야 한다. 호수는 하늘을 비춰서 그 모습을 드러내는데, 회색빛 구름만 잔뜩 비추는 호수는 그 구름 색보다 더욱 짙은 회색일 뿐이다.

멀리 차카염호(茶卡盐湖)가 보인다. 수량도 부족하고 볼품도 없다.

그래도 여기까지 왔는데 물빛이라도 볼까 해서 축축이 내리는 빗속을 뚫고 호수 근처까지 가보았지만. 호수도 많이 말라 멀리서는 물빛을 바라보기도 쉽지 않다. 중국 내륙지방의 많은 호수가 물 부족으로 말라가는 것이 실감 난다. 아무리 봐도 이런 날씨에 입장료 내고 호숫가로 들어가는 건 돈 낭비다 싶어 내일을 기다리며 호텔로 돌아왔다. 차카염호는 염분이 많아서 호수 바닥에 하얀 소금들이 깔려있고 호수 표면에 하늘이 반사되어 마치 하얀 거울에 비치는 듯 위아래로 파란 하늘

맑은 날의 차카호수(바이두).

격이목(거얼무)로 향하는 사막길.

이 환상적인 모습을 연출한다. 사실 이곳을 여정에 넣을 때 인터넷에서 검색한 사진은 가히 별유천지(別有天地)를 보는 것 같았고, 어찌 이런 경관이 있을 수 있을까 싶었는데 부슬부슬 내리는 빗속으로 날아가 버린 별유천지에 대한 환상이 지금까지 벅차게 누려온 안복(眼福)을 무색하게 한다.

다음날도 역시 흐리다. 차카의 염호는 우리에게 진면목을 보여주지 않으려나 보다. 무턱대고 기다릴 수도 없는 일. 아쉬움을 남기고 다음 여정인 청해의 중심도시 격이목(格尔木)으로 향한다. 서녕에서 청해호를 거쳐 차카를 지나고 도란(都兰)을 거쳐 격이목(格尔木, 거얼무)으로 가는 청해의 길(青海之路)은 하서주랑(河西走廊)을 지나는 원래의 실크로드에 문제가 있거나 통행이 어려울 경우 또 하나의 실크로드 우회 통로로 이용되었다. 격이목을 지나고 북쪽으로 올라가면 다시 원래의 실크로드와 연결되는데, 한마디로 청해호의 남쪽을 지나는 실크로드의 또 다른 지선(支线)으로 볼 수 있고, 최근 도란 지역의 큰 무덤에서는 당시 교역을 증명하는 다수의 실크 유물들도 발견되었다고 한다.

도란은 청해의 길에 있는 고대 마을이다. 격이목(거얼무)시는 서쪽으로는 신강(新疆), 남쪽으로는 서장(西藏)으로 갈 수 있는 청해성의 중심 지역에 있다. 도시는 녹음이 우거진 오아시스 지역이지만 주변은 온통 모래사막으로, 가끔은 수직의 거

드디어 격이목(格尔木) 도착.

격이목은 오아시스 도시이다.

차카에서 격이목으로 가는 국도.

대한 모래 폭풍이 몰아쳐 해외 토픽을 장식하기도 하는 황량한 환경을 가진 지역이 기도 하다. 남쪽으로 내려가면 해발 6,000m를 넘나드는 곤륜산맥(昆仑)이 지나가기도 한다. 격이목에는 특별한 볼거리가 있는 것은 아니지만 청해성 중심부의 큰 도시로 서쪽으로 향하는 길목이며 여기서부터 북향해 감숙성(甘肅)으로 넘어갈 수도 있다. 여전히 날은 흐리고 비까지 내려 덕분에 이곳에서 이틀을 묵으며 정비도 하고 이후 여정도 다시 정리해본다. 다음은 중국의 몰디브로 불리는 동대길내이호(东台吉乃尔湖)와 150km의 장대한 사막길(315번 국도)을 탐험하러 갈 것이다.

격이목으로 가는 도로의 텅빈 휴게소.

동대길내이호(东台吉乃尔湖)

중국의 몰디브

    1년에 강수량이 100mm도 안 된다는 건조한 사막 지역에 이틀간 내내 오락가락하며 내리던 비는 그쳤으나 날은 여전히 흐리고 잔뜩 찌푸려있다. 덕분에 숙소 안에서 편안한 휴식과 재정비를 하는 것으로 위안 삼는다. 여행 자료에 중국의 몰디브라고 소개된 동대길내이호수와 거기서 멀지 않은 서대길내이호수(西台吉乃尔湖)를 돌아보고 약 530km 떨어진 또 하나의 유명한 호수 대자단(大柴旦)의 비취호(翡翠湖)로 갈 예정이다. 하지만 이날은 목적지로 정했던 대자단(大柴旦)이 비개방지역이라 하룻밤을 머물지도 못하고 다시 밤길 400여 km를 달려 감숙성(甘肃省)의 돈황(敦煌)까지 가야만 했다.

    이 지역의 유명한 호수들이 대부분 사막 지역에 있는 염호(盐湖)이다 보니 아름다운 비취색과 코발트색을 띠어 다른 곳에서는 보기 어려운 환상적인 모습을 보여준다. 하지만 이 모든 기대는 밝은 태양과 청명한 하늘이 전제되어야 하기 때문에 오늘처럼 두꺼운 구름이 드리워진 잿빛 날씨에는 기대하기 어렵다. 하지만 무작정 날씨가 좋아지기만을 기다릴 수도 없는 일. 도착할 때쯤엔 해가 쨍하게 뜨는 행운

기대했던 동대길내이호의 모습(from 바이두).

눈으로 확인한 동대길내이호의 모습 (by 필자).

을 바라야 할 것 같다. 격이목 시내를 나오는 중간에 시민들의 야외 마트인 아침 시장이 보인다. 사막 지역의 아침 시장엔 무슨 색깔(?)이 있을까 궁금하기도 해서 잠시 돌아본다. 역시 사람 사는 모든 곳의 시장들은 별 차이가 없다. 지역 특산물인 말린 과일과 화덕에서 굽고 있는 고소한 난이 보인다. 쌀쌀한 6월에 두꺼운 외투를 걸치고 물건을 파는 시장 사람들의 표정은 여전히 활기차다.

동태호까지 가는 길은 완전한 모래 평원이다. 고속도로를 벗어나 서쪽으로 향하는 국도의 도로 상태는 아주 좋았지만 지나다니는 차량은 거의 없다. 양쪽으로 펼쳐진 광활한 모래벌판에서 새까맣게 지평선으로 사라져가는 한 줄기 아스팔트 도로를 하염없이 달리는 드라이빙. 비록 화창한 날은 아니더라도 광막한 사막을 뚫고 달린다는 사실 하나만으로도 가슴이 부풀고 콧노래가 절로 난다.

격이목의 아침 시장.

한국에는 없는 야채인 커다란 동과(冬瓜)는 잘라서 판다.

▲중국의 고추알들도 엄청 크다. 맨 오른쪽이 우리네 일반 고추.
▶화덕으로 난을 굽고 있다.

두어 시간을 넘게 신나게 달리다 문득 옆을 보니 먼발치 모래벌판 위로 하얗고 연둣빛을 띠는 호수가 보인다. 동대길내이호수이다. 아! 그런데 6월 초부터 보호를 위한 폐쇄 기간이라고 한다. 출입로를 포클레인으로 파놓아 호수에 가까이 가볼 수조차 없다. 날은 흐려도 어느 정도는 비취색을 띠고 있다. 이리 허망하게 돌아서야 한다니 아쉬움이 크다. 이곳에서 40km 더 서쪽에 있는 서대길내이호수라도 보아야겠다는 기대를 걸고 다시 핸들을 돌린다. 서대길내이호수로 가는 길의 지형도 다양한 변주를 보여준다. 모래언덕이 풍화를 거치며 사막 위로 다양한 모양의 모래무지가 도로와 함께 달려주어 운전하는 재미를 더한다. 서대길내이호수 20km 전부터는 도로기반 침하지역이라 도로면의 상태가 아주 고약하기 이를 데 없는 진흙탕 길이다. 호수를 가르며 지나가는 진창길을 왕복 40km를 달렸으나 땅에는 발을 딛지도 못하고 되돌아 나왔다. 다행인 것은 조금 맑아진 날씨 덕에 코발트색은 아

▲소차단 호수. 푸른 빛이 도는 호수.
▼서대호 가는 길의 지반 침하지역 경고판, 20km가 이런 길이었다.

광활한 사막을 달리는 데보라!

니더라도 푸르스름한 물빛을 감상할 수 있었다.

 다음 목적지인 대자단까지 250km의 구간이 거의 일직선으로 뻗은 사막길이다. 가는 내내 멋진 U자형의 언덕 굴곡을 연출한다. 대자단 도착 전에 지나게 된 소자단에도 맑은 물과 주변의 산들이 잘 어울리는 호수가 있어서 가던 길을 멈추고 메마른 사막만 달려온 갈증을 풀어본다. 그나마 여기서 동대, 서대호수의 맑은 날 모습을 조금이나마 상상할 수 있었다. 해질 즈음에야 목적지인 대자단에 도착했다. 여느 때처럼 숙소를 잡기 위해 시에청을 열심히 뒤져보아도 외국인 투숙 가능한 숙소가 보이질 않는다. 어렵사리 한 곳을 찾아 전화해보니 요즘은 지역 정책에 따라 외국인을 받지 않는다고 딱 잡아뗀다.

 그럼 어쩌란 말인가! 잠시 고민 끝에 절대 자주 만나고 싶지 않았지만, 민중의 지팡이(!) 경찰을 찾아갔다. 이 외진 시골까지 온 외국인 여행객이 잠자리를 못 찾았으니 도움을 청할 곳은 그래도 경찰밖에 없지 않은가. 지역 경찰서에 가서 친절해 보이는 여경에게 최대한 선량한 표정으로 주저리주저리 사정을 말하자 잠시 기다려 보라며 어디다 전화를 한다. 잠시 후 사복 입은 경찰 두 명이 나와서는 난감한 표정으로 이 동네는 외국인에게 개방하지 않는 동네라 숙박할 수가 없다고 한다. 이런, 자발적으로 경찰서에 신고한 셈이 되버렸다. 무조건 조그만 여관에 쳐들어가서 잘 수도 없는 노릇이고 선택은 다시 아침에 출발한 격이목으로 되돌아가든지

돈황 가는길, 장엄한 노을에 갈길이 멀다.

U자형 도로

미안, 데보라! 그래도 발굽에 진흙은 털어줘야지!

아니면 400km를 더 달려 감숙성의 돈황으로 넘어가는 것이다. 저녁 8시가 다 되어 간다. 뒤로는 3시간, 앞으로는 4시간을 더 가야 잘 수가 있다니! 여행 중 항상 예상치 못한 문제가 생길 때면 크게 심호흡 한번하고는 편히 생각하려고 노력한다. 까짓것 밤새 가면 되지 뭐. 이왕 밤늦은 운전인데 고생할 거면 당연히 다음 여정이기도 한 돈황을 향해 전진하기로 하고 부지런히 대자단을 빠져나왔다.

중국 대륙은 동서의 길이가 5,500km이고 동서 사이에 4시간 이상 시차가 있는데도 불구하고 시간대는 북경시(北京时) 하나만을 쓰고 있어서 서북지역은 여름철 일몰 시각이 엄청나게 늦다. 돈황은 일몰시각이 9시 10분이다. 아직 해지기 전에 달릴 시간이 1시간 이상 남았으므로 밝을 때 부지런히 달려야겠다는 생각에 데보라의 액셀레이터를 찐하게 밟아본다. 밤 운전은 안 한다는 원칙을 여행 내내 잘 지켜왔었는데 아쉽다.

그래도 멀리 사막의 지평선 위로 쏟아지는 석양만은 장관이다. 사천성에서 청해성으로 넘어올 때처럼 부처님의 안배와 공안의 도움(?)으로 예정보다 빠르게 감숙성의 돈황을 만나러 넘어간다. '까짓것 밤새 운전하지 뭐!' 이렇게 생각은 했지만 해 떨어지고 깜깜해진 적막한 사막의 국도를 자정이 넘을 때까지 운전하는 건 여간 고역이 아니었다. 하지만 조수석에서 열심히 보좌하는 아내의 협조와 내비게이션 아가씨(?)의 성실한 안내방송 덕분에 자정을 조금 넘어 돈황 인근의 자그마한 마을 숙소에 도착할 수 있었다.

외국인을 처음 보았을 텐데 한밤중에 갑자기 들이닥쳐 여권을 들이민 이방인 여행객을 선선히 받아준 주인장께 고마운 마음을 전하고 싶다. 이날 하루종일 달린 길이 거의 1,000km는 되는 듯하다. 간단치 않았던 하루였지만 무사히 도착했다는 안도감이 엄습한다. 실크로드의 중심지이자 고대 서양과 동양이 만나던 고대 도시, 그 유명한 막고굴 유적이 있는 돈황에 도착했으니 벌써 아침이 기대된다.

대자단에서 쫓겨나 감숙성 돈황으로 넘어 가는 길.

감숙성

돈황(敦煌)과 막고굴(莫高窟)

고촌(庫村)마을로 들어가는 문

막고굴. 전면이 깨끗하게 정비되어 모든 굴에 문이 달려있다. 원형이 많이 훼손되었다는 느낌을 지울 수 없다. 상단의 석굴들이 더 오래된 것들이다.

돈황(敦煌)과 막고굴(莫高窟)
실크로드에 있는 고대 도시

　전날은 의도하지 않게 거의 1,000km를 달려 돈황(敦煌)에서 한 시간 정도 못 미치는 '아극채'(阿克塞)라는 작은 동네의 작은 모텔에서 허겁지겁 하룻밤을 보내고 오늘은 드디어 돈황(敦煌)으로 들어간다.

　아침에 눈을 뜨니 간밤의 강행군 때문이었는지 해가 이미 중천에 떠 있다. 모텔 1층에 조그만 양탕(羊汤)을 파는 집이 있었다. 20위안(元)짜리 양탕을 한 그릇 주문했다. 그런데, 오! 이렇게 맛있을 수가! 사실 이번 긴 여정에서 식사는 '간단히' 먹을 수밖에 없었다. 아침은 대부분 호텔 조식이나 준비한 컵라면으로 때우기 일쑤이고 점심은 대부분 이동 중이니 간단히 볶음밥(炒饭)이나 소고기탕면(牛肉面)으로 해결해왔는데, 이렇듯 맛난 양탕으로 아침 해장을 하니 뱃속이 든든하기 이를 데 없다. 아쉽게도 고기를 몹시 거부하는 채식주의자 아내는 손도 대지 않는다. 30년 넘게 같이 살았는데도 이번 여행을 같이하면

막고굴

서 새삼 확인한 것은 고기를 아예 입에도 대지 않는다는 것이다. 고기가 아니라 고깃국물조차 입에 대지 않으려 한다. 외식할 때는 삼겹살도 곧잘 먹었는데, 이 정도인지는 내가 지금껏 몰랐다. 아내 식성도 몰랐다는 사실에 매우 미안해진다. "링따오, 뿌하오이스(아내여, 미안합니다)!"

막고굴(莫高窟)로 가기 위해 돈황 시내로 들어갔다. 돈황은 사막지대에 발달한 오아시스 도시인데, 예로부터 중국과 중앙아시아를 잇는 실크로드(丝綢之路) 관문이었다. 고대 동서 교역, 문화교류의 중심지이고 중국의 서역 경영과 진출의 거점이 되었던 지역이다. 이처럼 동서가 교역을 한 결과 한족, 페르시아인, 튀르크인, 인도인 등 여러 인종이 어울리며 그들의 독특한 문화와 예술이 서로 융합되었다. 4세기부터 조성되기 시작한 막고굴에 1,000여 년의 시간을 거치면서 문화와 예술이 융합한 정수를 남겨 놓았다. 막고굴은 4세기 전진(前秦) 시대의 승려 '낙준'이 처음 만들기 시작했는데 북위(北魏), 북주(北周), 수(隋), 당(唐), 5대(大), 송(宋), 원(元)을 거치며 거의 1,000년이 넘는 세월 동안 이어지면서 조성됐다. 원(元)대 이후 실크로드 역할이 분산 약화되고 돈황 지역이 변방으로 쇠락해가면서 역사 속에서 수백 년 동안 거의 잊혀진 지역이 되었다. 이후 청(淸)나라 말 서방 고고학자들이 이곳을 찾았을 때는 몇몇 도교(道敎) 도사(道士)와 양(羊)을 치는 주민만이 이 역사의 현장에 살고 있었다고 한다. 지금도 그때 생활하던 사람들의 흔적이 석굴 곳곳에 남아있고 많은 벽화와 유적들은 아쉽게도 오랜 세월을 거치면서 훼손되었다.

막고굴 매표소와 사실상의 입구는 석굴에서 몇십 km나 떨어져 있는 돈황 시내 변두리에 있다. 이곳에서 입장표(1인당 230위안)를 사고 막고굴 역사와 막고굴 내부를 찍은 기록영화 두 편을 의무적으로 보아야 한다. 그러고 나서야 전용 버스를 타고 30분 정도 이동해서 막고굴에 도착한다. 바싹 마른 간헐천 너머로 모래가 덮인 사암(砂岩) 단애(斷崖)가 길게 뻗어 있고, 중간중간에 사각형과 타원형의 입구가 곳곳에 박혀 있다. 석굴은 크게 남쪽 지역과 북쪽 지역으로 나뉘는데 남쪽 지역은 불상들과 벽화로 장식된 불당형(佛堂型) 석굴들이고 북쪽의 석굴들은 승려들과 석굴을 만들던 노동자와 예술가들이 거주하면서 참선과 작업을 하던 지역이다. 이곳에 벽화는 없다고 하며 현재는 공개하지 않는다. 유적을 보호한다는 명분이겠지만 관람객들을 20~30명 단위로 모아 안내원 한 사람이 인솔하여 석굴을 돌아본다. 500여 개에 이르는 남쪽 석굴 가운데 단 8개만을 관람할 수 있다. 우리 돈으로 인당 5만 원 가까운 입장료를 내고 그 먼 길을 왔건만 단지 8개만 볼 수 있다니 아쉽다. 게다가 석굴 내부에서는 사진 촬영도 금지다. 아하, 그래서 오기 전에 매표소에서 관련 기록영화를 의무적으로 보게 했던 것이었구나!

 석굴 내부는 대부분 전형적인 사각형 불당 양식을 하고 있는데 석굴 문을 들어서면 몇 m 정도 동굴 입구를 지나 화려한 벽화로 장식된 크고 작은 사각형의 방이 나온다. 방 앞면에는 반원형이나 사각형으로 된 제단형 굴이 있고 그 안에는 벽을 조각하거나 진흙으로 빚은 부처나 보살상들이 배치되어 하나의 불당을 이루고 있다. 석굴 안의 벽화나 불상들의 조성 양식은 석굴이 조성된 시대의 양식에 따라 특색을 다르게 하기 때문에 지금도 조성 시기를 예측할 수 있다. 그렇지만 이번에 본 8개의 석굴 가운데 석굴 안에 배치된 5개의 불상은 대부분 청나라 이후에 만들어진 것들이라 한다. 당나라 시대에 만들어진 석굴을 참관했는데, 역시 성당(盛唐)이라 부를 정도로 문화와 예술이 발전했던 시절답게 벽화나 불상의 예술미는 출중하다. 문화와 예술은 시간이 지난다고 발전하는 것이 아니고 시대의 풍성함과 문화에 관한 관심이 있어야 발전한다는 것을 실감한다. 석굴 내에서의 촬영이 금지되어 있

당(唐) 석굴의 전형적인 내부 구조.

문밖에서 찍은 사진.

고 컴컴한 굴 안에 가이드가 비추는 희미한 손전등 빛에만 의지하여 벽화와 불상들을 감상하자니 답답하기 그지없다. 안내원들도 전반적인 굴의 구성과 역사 그리고 의미를 설명하기보다는 벽화 문양의 의미와 불상의 모습과 자세 같은 디테일에 집중하다 보니, 막고굴을 처음 찾아온 그리고 다시 방문하기 어려울 대부분의 관람객들에겐 충분한 설명이 되지 못한다. 그저 자기에게 배당된 8개의 석굴을 안내하고 보여줄 임무에 충실할 뿐이다. 분명히 엄청난 역사 유적 앞에 와 있는데도 박제된 통조림 유물을 겉핥기로 보고 있다는 생각을 지울 수 없다.

8개의 석굴을 열심히 살펴보면서 나름 1,600년 전부터 이어진 불교예술과 석굴 양식의 생명력에 감탄할 수밖에 없다. 석굴 속의 벽화와 불상마다 색이 바래고 세월의 때와 먼지가 수북이 쌓여 있지만 무수한 세월을 넘어 석굴을 만든 사람들의 불심과 예술혼을 생생하게 느낄 수 있다. 관람한 8개 석굴 가운데 특히 한 석굴 벽화에는 그 무렵 중국을 방문한 외국 사절단의 그림 속에 고구려 복식을 한 사신의 모습이 그려져 있어 우리에게 큰 감동을 주었다. 그리고 마지막 참관한 중앙의 8층 목 구조 전각으로 보호되고 있는 석굴에는 35m 높이의 좌불상이 모셔져 있는데 절벽을 깎아 이런 거대한 불상과 석굴을 조성한 옛사람들의 지극한 정성에 고개가 숙여질 뿐이다. 이곳에서 알게 된 한 가지 흥미로운 사실은 이러한 석굴 사원이 이곳 돈황에만 있는 것이 아니라는 것이다. 이곳 막고굴은 규모나 예술성은 워낙 높은 평가를 받고 있어서 유명하지만, 이곳에서 시작해 하서주랑(河西走廊)을 관통하며 감숙성(甘肅省) 남부와 섬서성(陝西省), 산서성(山西省)에 이르기까지 지역마다 조성한 석굴군(群)이 있다고 한다. 원

석굴 외부에서 발견한 현대적 감각의 벽화.

유림굴에는 1930년대 지었다는 도교 사원도 함께 있다.

이 석굴안에 35m 크기의 거대한 좌불상이 있다.

래 막고굴은 천불동(千佛洞)이라고도 불렸는데, 이곳에서 멀지 않은 곳에 '서천불동'(西千佛洞)이라는 또 다른 석굴군이 있다.

또 돈황에서 남동쪽으로 200km 떨어진 과주(瓜州)라는 곳에도 작지 않은 규모의 또 다른 석굴군인 유림굴(楡林窟)이 있다. 그리고 보니 감숙성 남부 천수(天水)에도 4대 석굴 중 하나인 맥적산석굴(麦积山石窟)이 있고 산서성 대동(大同)에는 운강석굴(云岗石窟)도 있으니, 모두 이곳에서부터 비슷한 시기에 태동한 석굴 사원 문화의 이동과 흐름을 보여주는 것이다. 더욱 험하고 어려운 곳에 석굴이나 사찰을 세움으로써 부처님께 더 큰 불심을 보여주려고 했을 것이다. 이런 강력한 불심이 대동 운강석굴이나 천수 맥적산석굴, 낙양(洛阳) 용문석굴(龙门石窟)과 같은 기적의 유산들을 지금까지 남겨준 원동력이 되었으리라.

이튿날에는 이 지역의 또 다른 석굴군인 과주 유림굴을 찾았다. 돈황에서 남동쪽으로 사막길을 내려가면 막고굴보다는 좀 더 원형 분위기를 느낄 수 있고 관람객들도 훨씬 적은 유림굴을 만날 수 있는데 이곳에서는 다섯 곳을 참관할 수 있다. 분위기는 확실히 외지고 한적하지만, 석굴 속 벽화나 불상의 수준은 막고굴만 못한 듯했다. 여기서 300위안을 더 내면 당나라 시대의 명품 석굴을 관람할 수 있다고 한다.

유림굴을 오가는 도로는 막막한 사막 길인데, 때로는 여러 가지 변형된 지형의 모습을 보여주기도 한다. 특히 도로변에 있는 한(汉)나라 시절의 오래된 성터를 생생하게 볼 수 있고 현대 예술가들이 사막 지형을 이용해서 멋지게 설치한 현대적 작품들도 감상할 수 있어 전혀 지루하지 않은 여정이었다. 인간들은 왜, 무엇 때문에 오랜 세월 동안, 또 그토록 많은 석굴을 파고 벽화를 그리고 부처를 만들었을까? 이런 멍청한 의문은 계속 머릿속에서 뱅뱅 돌고 있다.

바싹 마른 개천 너머 단애(断崖)의 북쪽 석굴군.

유림굴 가는 길 '대지의 아들' 조각, 청화대학 교수가 자비로 만들었다고 한다.

한무제 두상을 조각한 한무웅풍(汉武雄风)은 12.5m이며, 작가는 청년 조각가 장만훙(张万兴).

명사산(鳴沙山)과 월아천(月牙泉)

진짜배기 사막과 오아시스

　우리 연령대 사람들의 기억 속에는 70년대 흑백 방송 시절 인기를 끌던 〈사하라 특공대〉라는 미드 시리즈가 있었다. 군용 지프(JEEP)를 타고 사하라 사막을 배경으로 신나는 전투를 벌이는 매우 인기 있는 드라마였다. 여기에 나오는 황막한 사막은 어린 시절 내 기억 속에 '사막'이라는 곳의 명확한 이미지를 심어놓았다. 진짜배기 사막을 보고 싶다고 노래하는 아내에게 사막의 이미지를 만들어준 것은 아마도 디즈니의 〈아라비안나이트〉나 〈신드바드의 모험〉 정도의 이미지가 아니었을까.

　땅덩어리 작은 한국이라는 나라에서 자라난 사람들은 사방(四方)에 지평선만 보이는 대초원(大草原)과 완만한 구릉에 풀 한 포기 없는 모래사막에 대한 막연한 동경이 있다. 필자도 2004년 처음 중국에서 내몽고(內蒙古)의 대초원을 처음 보았을 때의 그 강렬한 인상을 지금도 지울 수가 없다. 360도를 빙글빙글 돌아보아도 단 하나의 선(線)만이 존재하는 엄청난 대초원의 광활함은 산(山)이 많은 한국의 산하(山河)에서 자라난 사람들이 아무리 상상의 나래를 펴 보아야 실감하기 어려운 충격적인 풍광 그 자체였다.

　초원을 지나 사막이라는 또 하나의 동경이 어떻게 낭만적 기억으로 실현될지, 오늘 찾아가는 명사산(鳴沙山)은 기대로 가득하다. 청해성(靑海)을 거쳐 오면서 도로변에 펼쳐진 광막하고 황량한 사막의 풍광을 계속 보아 왔고 돈황(敦煌)시 그 자체도 거대한 오아시스 지역이지만 한 도시를 이루는 그 크기와 면적 때문에 한눈에 〈아라비안나이트〉와 〈사하라 특공대〉가 만들어 준 낭만적인 기억을 충족시키기엔 무언가 부족함이 없지는 않다.

돈황(敦煌) 시내에서 고작 5km 떨어져 있는 명사산(鳴沙山), 순전히 고운 모래로만 이루어진 높은 구릉으로 남북으로 20km, 동서로 40km에 이르는 엄청난 크기라 사막의 광대함에 대한 기대를 충족시켜 주기도 하지만 거대한 모래 능선들의 부드러운 곡선은 절로 경탄을 자아내게 한다. 또한, 완벽하게 고운 모래로만 이루어져 있어 황량하기보다는 오히려 무척이나 낭만적인 풍경을 선사한다. 더불어 그

가로수 넘어 보이는 명사산의 모래언덕.

순수하고 거대한 모래 봉우리 사이에 자리 잡은 초승달 모양의 연못과 아름다운 녹지대인 월아천(月牙泉)은 한눈에 <아라비안나이트>에나 나올법한 사막 속의 오아시스가 어떠한 모습일지를 드라마틱하게 보여준다. 더불어 어린 시절 <사하라 특공대>의 흑백화면에서 보았던 그 기억 그대로 사막풍경을 여실 없이 직접 눈으로 확인하게 해준다.

감숙성(甘肅)은 실크로드(丝绸之路) 그 자체이고 돈황에서 비단길은 크게 두 갈래 길로 나뉜다. 중국 대륙의 중원(中原)지방에서 하서주랑(河西走廊)을 거쳐 돈황에 도착한 대상들은 이곳에서 옥문관(玉门关)을 거쳐 투르판(吐鲁番)으로 향하는

여행객을 태우고 명사산을 오르는 낙타.

천산북로(天山北路)와 양관(阳关)을 거쳐 남쪽으로 향하는 천산남로(天山南路) 중 한길을 선택해야 한다. 돈황은 중간 기착지이자 또한 새로운 기나긴 길을 떠나야 하는 출발점이기도 하다. 모래언덕에 앉아서 멀리 떨어지는 석양을 바라보자니 기나긴 역사 속에서 이 길을 지났을 수많은 대상(带商)의 사연들이 겹쳐진다.

　시내에서 명사산(鸣沙山)을 향하자면 도심에서 얼마 가지 않아 도로의 가로수 위로 명사산의 엄청난 모래언덕이 나타난다. 통상의 경험에 기대자면 도시를 벗어나고 한참을 황량한 초지대를 달려야 나올 법한 거대한 모래 산이 미처 도심을 벗어나지도 못했는데 눈앞에 불쑥 나타나니 이 또한 약간은 비현실적 상황이다. 하지만 순간 '아! 이곳이 사막 한가운데로구나.' 하는 현실 인식도 동시에 들어온다.
　이 큰 산에 입장료 없이 아무 곳으로나 올라도 될 법할 텐데 기막히게도 입장료를 내지 않으면 올라가지 못하도록 동선을 만들어놓았다. 입구에 들어서면 바로 거대한 모래언덕이 펼쳐지고 더불어 관광객들을 실어 나르는 많은 낙타가 눈앞을 지나다닌다. 우리 부부는 애초에 불쌍한 낙타의 등 짝에 올라탈 생각은 전혀 없었기에 땡볕 아래 푹푹 빠지는 모랫길을 터벅터벅 걸어 모래 속 푸른 갈대숲이 보이

갈대 밭은 사막 둔덕의 능선과 묘한 대비를 이룬다.

는 곳으로 향했다.

보통 돈황에 오는 여행객들은 오전에는 막고굴(莫高窟)을 보고 오후 늦게 이곳에 올라 석양을 본다는데 우리는 아무런 생각 없이 점심시간 한낮에 오다 보니 더위에 숨이 찬다. 그저 그늘과 그늘을 옮겨 다니며 모래밭을 걷다 보니, 오른쪽으로 짜~잔~~ 그림 같은 사막 속의 오아시스 월아천(月牙泉)이 한눈에 들어온다. 사진으로 본 그림 같은 월아천이 어딘가엔 있겠거니 생각했지만 이렇듯 가까운 곳에 그것도 불쑥 모습을 나타내니 신비로움이 배가된다. 주위를 둘러싼 거대한 모래 봉우리들 사이에 어찌 저런 호수와 녹지가 있을 수 있는지 눈앞에서 보면서도 믿겨지지 않는다.

월아천(月牙泉) 변에는 청나라 때 만들었다는 도교 사원과 높은 목탑(木塔)이 있어 녹색 호수와 함께 어우러진 멋을 더한다. 90년대 새로 대대적인 보수를 했다는 이 사원은 연못과 잘 어울리는데 특히 지붕을 덮은 누런색의 기와는 주변의 경치와 완벽하게 조화롭다.

호수에 가까이 가보니 호수의 물이 생각보다 맑고 푸르다. 호수의 면이 모래언덕과 바로 연결되고 있는데 호수의 물이 사라지지 않고 유지되고 있는 게 신기하기만 하다. 물론 여기도 수량이 점점 줄어들어 수면의 넓이와 깊이가 낮아지고 있어 지하수로 수량을 보충해주고 있다고 한다. 오래오래 멋진 모습을 유지하기를 기원해본다.

사막의 오아시스 월아천(月牙泉).

물이 말라 지금은 인공으로 물을 넣어준다.

월아천(月牙泉), 사막과 완전한 조화.

醉臥鳴沙月牙側, 千沙万泉无顔色.

모래 위에 한 줄로 설치된 사다리를 따라 언덕을 오른다. 사다리를 따라 사막의 언덕을 오르는 사람들의 행렬이 심플한 사막의 모습 위에 한 줄기 선을 그어 놓은 듯하다. 다른 곳이라면 별것 아닐지 모를 모습도 텅 빈 사막 위에서는 새로운 풍경이 된다. 멀리서 보는 것과 달리 수월하게 모래언덕 위로 올라갈 수 있었다. 위에서 내려다보는 사막과 월아천은 사진에서 본 딱 그 모습 그대로다. 그저 경이로울 뿐이다. 언덕의 고운 모래 위에 그저 아무런 생각 없이 앉아 있다 보니 두어 시간이 훌떡 지나간다. 해가 저물어 날이 서늘해진다. 들어오는 관광객의 수도 점점 늘어가고 사막 모래 언덕 위에 점점이 박힌 사람들의 모습. 시시각각 변해가는 사막의 광선(光线). 눈앞을 오가는 행글라이더와 헬리콥터들 그리고 모래 위 곳곳에 원색의 드레스를 빌려 입고 인생샷을 남기려 분투하는 위대한 아주머니(大妈)들의 처절한 포즈들…. 시간이 더욱 훌~쩍 지나간다.

바람이 불 때면 모래언덕에서 우는 소리가 난다고 하여 명사산(鸣沙山)이라 불렀다고 한다. 저녁 해 넘긴 후 바람이 세차진다. 모래도 날리고 앉아 있기가 불편해질쯤 모래언덕에서 미끄럼 타듯 아래로 내려왔다. 온종일 이곳에 있었지만, 나의 <사하라 특공대>와 마누님의 <아라비안나이트>에 대한 상상 속 사막을 기억에서 흔들어 깨워준 명사산의 시간은 빠르게 흐르고 있다.
 명사산 곳곳에 새워진 기둥 위에 이런 시구(诗句)가 쓰여 있다.
 "술에 취해 鸣沙와 月牙 간에 누우니, 모래와 샘의 빛깔에 구별이 없도다."
 (醉卧鸣沙月牙侧, 千沙万泉无颜色)

언덕에서 내려다 본 월아천.

명사산의 모래 언덕을 오르는 사람들.

가욕관(嘉峪关)
만리장성 서단(西段)에 서다

막고굴(莫高窟)과 명사산(鸣沙山)의 기억을 간직한 채 만리장성(长城)의 서쪽 끝인 가욕관(嘉峪关)으로 향한다. 하서주랑(河西走廊)의 서쪽 끝인 돈황(敦煌)에서 남동쪽으로 360km를 달려야 한다. 돈황 시내를 빠져나와 고속도로로 한참 달리다 보니 갈림길에 큰 이정표가 나온다. 왼쪽은 신강성의 성도 우루무치(乌鲁木齐)로 가는 길이고 오른쪽은 하서주랑을 달려 가욕관(嘉峪关)으로 가는 길이다. 이정표를 보는 순간 묘한 감정이 솟구친다. 2만여 km를 달려 여기까지 왔는데 여기서 더는 서(西)쪽으로 가지 못하고 핸들을 꺾어 동진(东进)해야 했기 때문이다. 오랫동안의 꿈이었던 주유천하(周游天下)에 꼭 직접 달려보고 싶었던 신강과 서장을 다시 미래의 희망으로 남겨 놓고 여기서 핸들을 돌려야 한다는 사실이 못내 아쉽다. 이번 여행이 그러하듯 언젠가 또 한번 신나게 중국의 대서북(大西北)을 달려볼 일이 있으리라!!

가욕관에 이르는 길은 여전히 황막한 사막 길이지만 그래도 조금씩은 익숙한 모습으로 다가온다. 대지의 메마른 풀과 나무도 좀 보이고 고속도로와 함께 동남향으로 달리는 기련산맥(祁连山)도 있어

신강의 우루무치와 동쪽의 가욕관으로 갈라지는 이정표.

황막한 사막보다는 정감이 간다. 가욕관을 지나면 내몽고와 청해성이 남북의 양쪽에서 누르는 장구 모양의 기다란 하서주랑(河西走廊)을 따라 장액(张掖), 무욕(武

峪), 란주(兰州)로 이어진다. 일반적으로 서북지역을 돌아보는 코스라면 반대 방향인 동쪽에서 서쪽으로 이동하여야 하겠지만 우리는 먼저 대륙의 동쪽과 남쪽을 돌아 북상해왔기에 서쪽에서부터 동쪽으로 비단길의 징검다리 오아시스 도시들을 거꾸로 지나가고 있는 것이다. 돌이켜 보니 지난 3월 9일 만리장성의 동쪽 끝 산해관(山海关)을 지나왔다. 황해의 바닷속으로 들어가는 장성(长城)의 동단(东段) 용두(龙头)에서 아내에게 3개월 정도 후에는 서쪽 끝 가욕관(嘉峪关)에 도착할 것이라 얘기했었는데 드디어 그 가욕관에 도착하게 되었으니 감회가 새롭다.

무엇보다 지난 4개월 동안의 시간을 안전하게 지나올 수 있었던 것에 천지신명께 무한한 감사를 올린다. 부디 남은 여정 동안도 보살핌을 주시어 무사히 장춘(长春)으로 돌아갈 수 있게 하여 주십사 천지신명께 다시 한번 빌어 본다. 사실 그동안 돌아본 수많은 사원과 절에서 기도할 때마다 맘속으로 첫 번째로 열심히 빈 것이 무사귀장(无事归长) 이었으니 부처님께서도 잘 보살펴 주시리라 믿는다!

사천(四川)에서부터 청해(青海)를 지나 돈황(敦煌)을 거쳐 오는 아름다운 길에 비하면 가욕관으로 향하는 사막 길은 별 특색 없는 무료한 길이지만 지나는 길에 '주천(酒泉) 위성 발사 센터'를 볼 수 있었다.

우주항공 기술이 세계 최정상급인 중국의 우주굴기를 추진하는 전초기지인 로켓 발사 기지인데 일주일 전 차카의 숙소에서 중국의 우주정거장 건설 임무를 띠고 우주로 가는 신주(神州) 로켓 발사 장면을 TV 중계로 시청했는데 그 발사기지가 바로 이곳에 있다. 이정표만 보고 지나쳐 가지만 중국이 대륙굴기에 이어 우주굴기

만리장성의 동쪽 끝, 산해관(2021년 3월 9일).

만리장성의 서쪽 끝, 가욕관(2021년 6월 23일)

로 우주에까지 진출하려는 모습을 보면서 우리나라도 강해져야 만이 엄혹한 국제질서 속에서 자주적 목소리를 내고 살 수 있겠구나 싶다.

중국은 앞으로도 더욱 강해질 것이니 우리도 한발 앞서 더욱 발전되고 강성해지는 것만이 이웃 중국과 힘의 밸런스를 유지하며 호혜적인 관계를 지속하는 유일한 길이리라. 가욕관(嘉峪关)의 경계에 들어서니 먼발치에서도 딱 보면 누구나 금방 알 수 있을 커다란 성루(城楼) 3개가 지평선 위에 불쑥 솟아있다. 아! 드디어 가욕관

사막의 구릉 위로 우뚝 보이는 가욕관. 막막한 서쪽을 바라보고 있다.

(嘉峪关)에 도착했다. 가욕관 시내에서 하루를 보내고 다음 날 가욕관을 향했다.

가욕관은 명나라(1327년) 때 단단하게 만들어진 만리장성 서단(西端)을 지키는 성루이다. 이 넓디넓은 대지에 벽돌로 지은 성루가 크다 한들 무슨 기능적 의미가 있을까마는 그래도 명(明) 제국의 서역에 대한 통치와 위엄을 보여주는 기능을 수행하는 데에는 큰 의미가 있었을 것이다. 그래서 누각의 커다란 현판에는 '천하제일웅관(天下第一雄关)'이라고 적혀있다. 산해관에 '천하제일관(天下第一关)'이라

적혀있으니 웅대할 '웅(雄)'자를 한글 자 더한 듯하다. 아무튼, '천하제일'을 엄청 좋아하는 중국이다.

성루를 돌아보면 3중으로 된 내성(内城)과 외성(外城)의 복합 건물인데 내성의 동문(东门)의 이름은 우리에게도 익숙한 '광화문(光化门)'이어서 재미가 있다.
가욕관에는 성과 직접 연결된 장성의 성벽이 이곳에서 십여 km 떨어진 현벽장성(悬壁长城)으로 연결되며 이곳에서부터 근래에 복원되었을 법한 선명한 성벽이 산의 능선을 타고 동쪽으로 내달리고 있었다.
거의 4개월 동안 2만 km를 달려 만난 만리장성과의 재회는 우리도 이제 집으로 돌아가는 노정에 들어섰음을 말해준다. 이곳을 지나면 더욱 남쪽으로 내려가 감숙성의 남쪽(甘南) 지역을 돌아보고 영하(宁夏)회족 자치주를 지나 황하를 따라 동진한 후 태항산맥(太行山)을 따라 북진(北进)하여 하북성, 북경, 요녕성을 다시 거쳐 장춘으로 향할 예정이다.

가욕관(嘉峪关).

내성과 외성으로 구분된다.

모래 색과 닮아 있는 황색 기와지붕

능선을 따라 동(东)으로 달리는 만리장성.

동북으로 향하는 큰길에 들어서며 새삼 하루하루가 더욱 소중해지는 느낌이 들었다.

가욕관을 나와 또 다른 하서주랑의 오아시스 도시 장액(张掖)으로 간다. 땅 위에 그린 일곱 가지 색 파스텔화로 유명한 무지개 빛깔의 지형으로 된 칠채단하(七彩丹霞)와 서하(西夏)왕조의 유적이 있는 곳이다.

현벽(县壁)장성.
여기서부터 산으로 올라 동쪽으로 6,700km를 달려 산해관에 이른다.

장액(张掖)
무지개 색의 대지

하서주랑(河西走廊)의 중간 지점에 위치한 장액(张掖)은 과거부터 서역으로 향하는 실크로드의 길목으로서 중요한 역할을 해온 지역이다. 더불어 오랫동안 서북지역의 북방 민족(西戎)들이 거주하였으며 특히 드물게도 서하(西夏)의 대표적 불교 유적이 남아있기도 하다.

칠채단하(七彩丹霞).

장액시는 가욕관(嘉峪关)으로부터 200여 km 동남쪽으로 내려가야 한다. 여정을 짜며 생각했던 것보다 기대 이상으로 아름다운 지형과 의미 있는 유적들이 많아 3일을 더 머물게 되었다. 먼저 가욕관에서 장액(张掖)으로 들어가는 첫날은 여러 가지 색깔로 지층이 분리되어 특이하고 아름다운 지형을 자랑하는 칠채단하(七彩丹霞)를 돌아보았다. 사실 장액으로 오는 도로변 내내 주변의 산세가 사뭇 험한 사막의 암석으로 되어있었기에 무척이나 황량했다. 그러나 나름 멋진 풍광을 감상하며 지루하지 않은 시간이었다.

새로운 지역을 갈 때마다 매번 그러하듯 탐문되는 대표적 유적지나 명승지 중에서 어디를 선택하고 뺄 것이며 동선과 시간은 어떻게 조정할 것인지를 고민하게 된다. 이곳에 오기까지 줄곧 황량한 사막과 험한 산줄기들을 따라왔었다. 또 삭막한 계곡이나 산줄기를 보러 가야 하겠는가 하는 생각도 잠시 들기도 했다. 하지만 이곳은 장액(张掖)에 들어가는 길목에 있기도 하고 여행 정보를 수집했던 여러 채널에서도 이 지역의 대표적인 명승지로 추천하고 있었다. 그래서 첫날의 여정으로 선택했다. 칠채단하 입구에 도착하기 전부터 새로 건설한 듯한 큰 규모의 숙박과 상가 지역들이 줄지어 있다. 입구에는 거대한 여행센터가 버티고 있는 것을 보아하니 투자를 꽤 많이 한 듯하다. 일단은 꽤 볼만한 경치가 있을 것이라는 기대하게 된다.

풍경구(风景区)에 들어서 관광 전용 셔틀버스를 타고 정차소에 내리니 주변 환경이 마치 거대한 오색 백설기를 길게 썰어 옆으로 눕혀 놓은 듯한 모습을 연출한다. 이미 여러 곳의 지질 공원에서 지층의 변화나 침식 등으로 생긴 기기묘묘한 경관들을 보아왔지만, 이곳은 지층의 다양한 색깔을 감상할 수 있는 곳이다. 해발이 높지는 않다. 지층의 변화가 격렬하고 층층이 선명하게 분리된 지층들이 구불구불 지표를 타고 내달린다. 다음 정차소에서는 그 지층과 색깔의 변화가 더욱 선명해지고 좀 더 멀리 뻗어가는 장쾌한 모습을 감상할 수 있다. 참으로 특이하고 아름다운 지표의 변주를 보게 된다. 매번 느끼는 바이지만 지구상에 참으로 많은 기이한 풍경이 있겠지만 웬만한 건 중국 땅에 다 있겠다는 생각이 든다.

단층 지역을 뚫고 가는 길

일곱가지 색깔과 아내.

 칠채단하와 함께 장액(张掖)에서 기대를 넘어서는 또 하나는 가성비 최고의 멋진 호텔(千玺丝路国际酒店, 245元/1일)을 만난 것이다. 개업한 지 얼마 안 된 최신 시설에 고층 호텔이라 객실에서 멀리 눈 덮인 기련산맥(祁连山)의 설봉(雪山)들이 굽이치는 모습을 감상할 수 있었다. 게다가 호텔 바로 앞에서 만난 진정한 감숙성의 양고기(羊肉) 식당에서는 진짜 거의 20년 만에 기막힌 어린 양의 수육(抓手肉)과 양탕(羊汤)을 맛볼 수 있었다. 그나저나 제대로 된 한식(韩食) 못 먹어 본 지가 언제인가. 아! 그립다. 장춘 용수산(龙秀山)의 삼겹살, 아귀찜, 된장국, 연포탕⋯ 꼴깍! 편안한 숙소, 좋은 풍경, 맛난 음식⋯. 여기서 며칠 거(居)하지 않을 이유가 없다. 그저 여행도 배가 부르고 등이 따스워야 최고다!

가성비 최고 천세사로 국제호텔(千玺丝路国际酒店).
호텔에서 본 기련산맥의 설봉.

양고기 수육(手抓羊肉)

다음날은 시내에 있는 서하(西夏) 시대의 불교사원 대불사(大佛寺)를 돌아본다. 서하(西夏)는 1,000여 년 전 서북지역에 티베트 계열의 탕구트족이 세운 나라로 동북의 요(辽)와 금(金), 남쪽의 송(宋)과 함께 150년 정도 천하 3분 지세(三分之势)를 이루었던 왕조이지만 몽골족의 침공에 아주 참혹하게 멸망 당하여 역사에서 자취가 거의 사라져버린 비운의 왕조이기도 하다.

몽골이 이렇듯 잔인하게 서하(西夏)를 지워버린 이유는 칭기즈칸이 서하 정벌에 친정하던 중 사망하였기 때문이다. "서하인을 하나도 남기지 말라."는 그의 유언에 따라 수레바퀴보다 키가 큰 남자는 모두 죽여버렸다고 한다. 그래서인지 선비족의 후예는 역사의 기록에서나 찾을 수 있고 서하의 유적이나 유물은 거의 남아있지 않다. 그런데 이곳에 서하의 대표적인 유적인 대불사(大佛寺)와 거대한 목조 와불(卧佛)이 남아있다. 서하시대에 창건한 대불사에는 중국에서 실내에 모신 와불중에 가장 크다는 35m 크기의 불상이 모셔져 있다. 그 불당의 모습도 단아하며 웅장하여 서하의 문화 예술 수준이 절대 간단치 않았음을 말해 주고 있다.

대불사를 참관한 후 기련산(祁連山)에 위치한 마제사(马蹄寺)로 향했다. 마제사도 1,600여 년의 역사를 지닌 곳이라 하는데 이곳에도 석굴사원 여러 곳이 있단다.

단아함과 웅장한 기품을 보여주는 서하의 대불사.
명, 청의 건축과는 분위기가 사뭇 다르다.

불당의 문속... 이게 뭘까요???

35m, 900년을 이렇게 누워 계신 부처님의 복부(腹部).

지역마다 나름의 석굴사원을 만든 것은 불교가 실크로드를 통하여 중국으로 전파된 이래 전파경로를 따라 하나의 큰 조류가 되었음을 증명하고 있는 듯하다. 현장 설명서에는 막고굴, 유림굴과 더불어 3대 불교 석굴 유적이라고 과장하여 설명하고 있다. 입구에서 얼마 오르지 않은 곳에 천불동(千佛洞)이라 거창한 이름으로 불리는 곳의 사원에는 절벽에 몇 개의 자그마한 석굴사원이 붙어있긴 하다. 그 규모나 불상, 내부의 구조나 벽화 등 모든 면에서 다른 두 곳과는 비교하기 어려운 수준이라 실망을 준다. 단지 절벽에 굴을 뚫고 통로를 삼아 석굴과 석굴을 연결한 것은 옛사람들의 노고를 느끼게 한다.

비슷비슷한 석굴의 감상보다도 좀 더 산 쪽으로 올라 넓은 산자락 초원에 가득 핀 야생화 들판을 돌아보는 것이 더 큰 감동을 준다. 산 정상에는 아직 하얀 눈이 덮여 있는 걸 보니 여기도 해발이 만만치 않은 듯한데 들판에는 천지에 보랏빛 야생 붓꽃이 가득하다. 야생화는 꽃송이가 자잘한 것만 보아 왔었는데 난초처럼 크고 화사한 붓꽃 송이들이 만발한 것을 보는 것은 새로운 경험이다. 꽃 풍경에 취해 좀 더 산자락 오르다 보니 노랗고 하얀 여러 야생화가 곳곳에 숨어 있다. 꽃을 좋아하시는 아내의 가벼운 발길을 따라가며 이리 기웃 저리 기웃 들꽃을 찾다 보니 이름 모를 야생화들이 많기도 하다.

다소곳한 야생화에 중년 사내의 무딘 가슴에도 꽃바람이 분다. 운 좋게도 숙소로 돌아오는 길가에도 온통 노란 유채꽃이 가득하더라…!

석굴과 석굴을 이렇게 연결한다.

기련산의 야생 붓꽃.

천불동의 석굴, 절벽에 붙어있는 여러 채의 암자.

감가(甘加)초원의 밤
백리 유채꽃 바다(百里花海)를 지나서 만난 초원

원래 계획은 장액(张掖)시를 지나 하서주랑의 무위(武威)를 통과하여 감숙성의 성도 란주(兰州)로 바로 갈 계획이었다. 그러나 영하(宁夏)의 은천(银川)에서 만나기로 한 친구이자 아우 쩡강(振罡)을 만날 날짜에 맞추자니 며칠 시간이 남는다. 덕분에 감숙성(甘肃)의 남쪽(甘南)을 돌아볼 시간이 생겼다. 장구처럼 양쪽 끝이 넓게 생긴 감숙성의 남쪽도 면적이 아주 넓고 사천성과 청해성과 접한 지역이라 산세가 높고 멋진 초원이 있다. 장족(藏族)의 유서 깊은 사원인 랍보릉사(拉卜楞寺)를 둘러보러 가는 길에 청해성, 문원(门源)에 있는 유채꽃의 바다 백리화해(百里花海)도 거쳐 가기로 했다.

한 장면으로 보이던 초원에 저녁 어스름이 9겹의 능선을 가른다.

백리화해(百里花海)는 기련산맥(祁连山)을 넘어 청해성의 서녕(西宁)으로 내려가는 길목인 문원현(门源)에 있다. 글자 그대로 바다처럼 세상에서 제일 넓은 유채꽃밭이 있는 곳이다. 전날 마제사(马蹄寺)를 다녀오는 길에 본 유채꽃밭도 넓기는 하나 어찌 바다에 비할 수 있으리오. 유채 꽃바다를 만나기 위해서는 무엇보다 개화(开花) 시기가 들어맞아야 하는데 이곳 장액에도 유채꽃이 만개(满开)하였으니 위도가 더 낮은 그곳에도 그러할 것이라 기대해본다. 백리화해에 가기 위해서는 기련산맥을 넘어 다시 청해성으로 들어가야 한다. 20여 일을 넘게 사막 지역을 달려왔으니 다시 청해성으로 들어가 푸르디푸르고 넓디넓은 대초원을 다시 만날 생각에 핸들 잡은 손조차 가벼워진다.

기련산을 넘어가는 도로.

장액(张掖)을 출발하여 구불구불 산길을 올라 눈 덮인 기련산으로 들어가는 초입 길에 이미 초원들이 나타나기 시작한다. 초원을 따라 산길로 접어들어 가뿐히 4,000m 가까운 고개를 넘고, 감숙성과 청해성의 북쪽 경계를 이루는 기련산맥의 준령를 넘어 청해성으로 들어갔다. 다음 날이면 다시 감숙성으로 빠져나가야 하지만 일망무제(一望无际) 청해의 초원이 무척이나 반갑다. 기련산맥의 청해성 쪽에 있는 탁이산(卓尔山)을 돌아보기 위해 서쪽으로 힘차게 달렸다.

아침부터 날씨가 흐리다. 짙은 구름이 드리운 저 멀리에는 하늘과 땅이 연결된 듯 소나기를 뿌리고 있다. 데보라가 달리고 있는 길에는 언뜻언뜻 햇살도 비치고 있다. 비 오는 하늘과 햇빛 나는 하늘이 한눈에 들어온다. 대평원이나 초원을 달리다 보면 이렇듯 한눈에 서로 다른 날씨를 볼 수 있는 경우가 많다.

탁이산(卓尔山)으로 가는 산자락에는 넓은 초원의 계곡이 흐르고 그 주변에는 방목하고 있는 수많은 양 떼와 야크 떼가 풀을 뜯고 있다. 7월 초 완전히 푸르러진 초원의 녹색과 흙이 드러난 넓은 진갈색의 계곡이 멋진 대비와 하모니를 이룬다. 탁이산(卓尔山)을 돌아 나올 때까지 거의 200km 이상 이런 길을 달리니 눈도 맘도 파래지는 듯하다. 녹색은 보는 것만으로도 역시 마음에 평화와 위로를 준다.

탁이산을 잠시 보고 돌아 나와 다시 100여 km를 달리니 백리화해가 있다는 문원현(门源)이다. 노오란 유채꽃밭이 하나둘씩 나타나기 시작한다. 점점 더 유채밭이 커지더니 완전히 지평선이 보일 정도로 넓어진다. 그런데 아쉽게도 아직 큰 들판에는 유채꽃이 완전히 개화하지는 않은 듯 노란색보다는 푸른색이 훨씬 더 많다. 3월 중순 강소성을 지나며 유채꽃을 보았는데 7월이 되어 지금도 유채꽃을 볼 수 있다는 게 신기하기도 하지만 꽃바다(花海)라고 해서 기대가 컸건만, 아직 바다 전체가 만개하지는 않아 약간은 실망스럽다. 어찌하리오. 군데군데 성질 급하게 만개한 유채밭에서 위안받고 인증샷도 찍었다. 기대가 크면 실망이 큰 법. 바다를 기대했으니 호수가 맘에 들 리 없다. 사실 이 광경만으로도 대단하긴 하다. 푸른빛이 더 짙은 큰 밭에 꽃이 다 핀다면 정말 대단하겠! 상상력을 발휘하며 셀프 위로를 받아본다.

문원(门源) 시내에 도착하자 굵은 비가 쏟아지기 시작한다. 후다닥 숙소를 정하고 호텔 방에 들어와 여장을 풀며 내일은 꽃이 좀 더 피려나 기대해 본다(아내의 애

▲탁이산 가는길. 양떼가 길을 막기도 한다.
◀탁이산 가는 도로에서 본 초원과 넓은 계곡.

절한 기대). 숙소에서 가까운 회족 식당을 찾아 란주에서 맛본 수육의 맛을 기대하며 주문한 양고기탕은 차라리 먹지 않는 것이 나았겠다 후회할 정도였다. 반주나 한잔하며 아쉬움을 달래려 했더니 회족식당이라 술은 없단다. 그럼 사 오면 되려니 하고 식당 주변의 여러 슈퍼마켓을 다 돌아보아도 모두 하얀 모자 쓴 분들이 주인이시라 술 비슷한 것도 없단다.

다음 날에도 역시 날이 흐리다. 역시 꽃바다의 색깔은 어제와 큰 차이가 없어 보인다(아내는 어제보다 훨씬 꽃이 많이 핀 것 같단다. 그럼 됐다!). 꽃 보러 오는 여행객을 고려해서 유채밭마다 개화 시기를 조절해 놓은 것은 아닐 터인데. 아무튼 만개는 안 했어도 유채꽃의 '바다는 바다다(海是海)'.

감남(甘南)로 향하는 고갯길 중턱에서 내려다본 문원(门源)의 들판은 틀림없는 유채꽃 바다(花海)였다. 서녕(西宁)을 비켜서 해동(海东)에 못 미쳐 남쪽 지방도로(乡道)를 달리다 보니 산속의 호젓한 장족 흙집 마을도 지나고 양 떼가 뛰노는 멋진 초원도 지나는데 아름답기 이를 데가 없다.

욕심 같아서는 인근에 티베트 불교 탱화(唐卡, 탕카)로 유명한 동인(同仁)에 들려 작은 탱화 작품 하나라도 사고 싶었으나 앞으로도 갈 길이 먼데 챙겨야 할 짐 하나 더 늘 것이 부담되어 그냥 통과하고 말았다. 사실 작은 작품 한 장 그리는데 한 달 이상 걸린다는 티베트의 탱화는 앞으로는 점점 더 구하기 어려워질 것이다. 그렇기

유채꽃 바다(花海)를 담다.

에 아직도 승려들의 탱화 학교가 있다는 동인을 그냥 지나온 것이 못내 아쉽다.

  티베트 불교의 6대 사원 중 하나이자 50년대 전만 해도 4,000명 이상의 승려가 공부하고 있었다는 대사찰 랍보릉사(拉卜楞寺)가 있는 하하(夏河)까지 갈 예정이었다. 하지만 감가(甘加) 초원의 비경에 기분 좋은 발목을 잡히고 말았다. 이곳은 지나는 초원마다 입이 쩍쩍 벌어질 정도로 아름다운 자태를 자랑했다. 초원에서 야영으로 하룻밤 지내며 쏟아지는 별빛을 보고도 싶었으나 하늘엔 구름이 가득하고 초원에는 풀 만큼이나 적잖이 뿌려진 야크와 말, 양 친구들의 배설물들로 낭만적 야영을 하기에는 적잖이 주저하게 된다. 그런데 목적지 하하(夏河)를 20여 km 남겨둔 초원을 달리며 발견한 높은 언덕 위에 설치된 멋진 야영지는 도대체 그냥 지날 수가 없었다.

  하룻밤 초원의 야영이 어떻겠냐는 반복되는 제안에도 뜨뜻미지근한 반응을 보이던 아내의 눈빛도 반짝인다. 다행히 날씨도 맑아져 푸른 초원이 더욱 푸르러 운전에 지친 나그네의 발목을 잡아당긴다. 급히 핸들을 꺾어 야영 캠프로 올라가 보니 내려다보이는 초원의 풍광이 그야말로 절경이다. 내몽고부터 사천, 청해의 고원 초원을 달려 보았지만 단언컨대 이곳 감가(甘加)초원의 경치는 최고다. 다만 텐트 한 동 빌리는 값이 장난이 아니다. 5성급 호텔보다 결코 싸지는 않다. 그러나 어

감가초원의 멋진 야영촌.

넘실대는 초원을 구불구불 넘는길.

찌 이 멋진 초원의 경치에서 지내는 하룻밤 정취를 돈의 가치와 비교할 수 있으리오. 급결제 완료!

　발목은 잡혔으되 감가(甘加) 초원의 기막힌 언덕배기 야영촌(露營村)에서 하룻밤을 지내는 행운을 잡았으니 이번 여행의 또 하나 잊지 못할 아름다운 추억이 되었음이다. 저녁 어스름에 천막에 앉아 건너편에 보이는 첩첩이 쌓인 초원의 구릉 사진은 지금 내 핸드폰의 메뉴 화면을 장식하고 있다. 천막 뒤편에 널린 야생화, 멀리 햇빛을 반사하고 있는 아담한 호수, 멀리 초원의 도로를 달리는 차들, 초원에 점점이 흩어져 있는 몽고빠오(蒙古包), 언덕 아래서 말을 타고 있는 아가씨, 10개의 하얀 천막이 일렬로 서 있는 야영 캠프의 모습까지…. 눈에 펼쳐지는 초원의 모든 모습은 사천성 향촌(鄕村)의 친구 아바(阿巴)가 챙겨준 청과주(靑稞酒) 향기와 함께 밤이 늦도록 나그네의 잠자리를 빼앗아 간다. 박약한 글재주와 사진 실력으로

는 도무지 이 아름다운 초원의 장엄을 설명하거나 담아낼 수 없으니 독자들은 글과 사진을 불쏘시래로 하여 상상력을 많이 발현하셔야 할 것 같다!

이름 모를 야생화가 지천이다.

언제나 감동을 주는 초원 검은 야크가 풀을 뜯고있다.

아내와의 즐거운 야영.

감가초원.

하허(夏河), 랍보릉사(拉卜楞寺)
신앙과 생활이 함께하는 곳

그지없이 아름답고 행복했던 감가초원(甘加草原)의 밤이 지나고 텐트에서 맞이한 초원의 아침은 또 다른 행복의 연장이었다. 초원의 일출을 보겠노라 새벽부터 텐트 문 앞을 지킨 아침잠 많으신 마누님이 건진 멋진 일출 사진으로 감상한 새벽이었지만 하늘에 맑은 태양이 비치는 신선한 초원의 아침은 온전히 나의 것이었다.

코라를 도는 길에서 스님과 한 노인이 정겹게 대화를 나눈다.

하루쯤 더 이곳에 눌러앉아 맥 놓고 초원에 푹 빠지고 싶은 욕망을 어렵사리 거두고 다음 목적지로 향한다. 내내 달려온 게 초원이고 또 창창하게 달려갈 게 초원인지라 초원의 목마름은 앞으로도 충분히 채우리라 생각하고 야영장을 떠났다. 20km를 더 달려 하하(夏河)의 랍보릉사(拉卜楞寺)로 간다

전날의 목적지이기도 했던 랍보릉사(拉卜楞寺)는 티베트 불교의 주(主) 종파인 격노파(格魯派, 노란 모자를 쓰기 때문에 黃帽派라고도 함.)의 6대 사원에 속하는 대찰(大寺)이며 많은 장족 불교 신도들이 연중 이곳을 순례하러 오는 곳이다. 규모도 크거니와 티베트 불교의 강원(讲院)이 있어 1950년대 이전에는 4,000명 이상의 스님들이 수행과 교육을 받았다고 한다. 물론 이곳도 문화대혁명의 풍파를 피해가지 못하고 당시 성스러운 많은 불당이 행정기관의 사무실이나 창고로 개조되었고 심지어는 가축우리로 쓰이기도 했다고 한다.

지금 보기에는 대부분 원래 모습을 되찾은 듯한데 역시 신앙심으로 복원한 것이라 돈으로 복원한 다른 유적들과는 달리 디테일 면에서도 허접하거나 소홀한 곳을 찾기 어렵다. 충분히 예전의 성스러움과 웅장함을 잘 보여주고 있다. 현재는 1,200명으로 제한한 스님들이 공부하고 있다고 한다.

현급(县) 도시인 하하(夏河)의 상당 부분을 랍보릉사 사원이 차지한다. 수십 동의

감가초원의 아침.

규모 큰 불당과 함께 많은 강원 건물과 스님들의 생활 공간을 구성하는 티베트 전통 양식 건물들이 둘레 3km의 코라(순례의 길, 불당들과 경통이 배치된 건물)로 둘러싸여 있다. 온종일 사람들이 경통을 돌리며 이 코라를 돌면서 '옴마니반메훔'을 되뇌고 있다. 특히 나이 드신 노인들이 많이 보였다. 그들은 평생 거의 매일 이곳을 돌면서 정성을 들였으리라. 그들에게 이곳은 종교의 성전이자 분리할 수 없는 생활 그 자체일 수 있겠다는 생각이 든다. 필자는 종교인이 아니다 보니 종교가 일상생활을 온전히 지배하는 정도까지 되는 것을 쉽게 받아들이기 어렵다. 그래도 그들의 경건한 자세와 경배 태도는 보는 사람조차 옷깃을 여미고 경건한 마음이 일어나게 한다.

주차장에 차를 세우고 바라본 건너편 언덕에 설치된 커다란 사각형 틀이 눈에 들어온다. 아마도 중요한 축일에 내다 건다는 거대한 탱화(唐卡)의 거치대로 생각된다. 예전 티베트 불교를 다룬 다큐멘터리에서 비슷한 광경을 본 것이 기억난다. 주차장 쪽에는 바로 코라와 연결되어 많은 사람이 경통(经桶)을 돌리며 시계방향으로 돌고 있다. 티베트인들처럼 우리도 코라를 따라 먼저 한 바퀴 돌기로 하고 대열에 참여해본다. 경통의 누각을 지나면 하얀 탑이 나오고 불당의 옆도 지난다. 모두 무슨 건물인지 알 길은 없으나 골목을 따라 걷기도 하고 다시 커다랗고 아담한 여

도시의 반쪽은 전부 사원이다.

불당을 돌고 있는 장족 신도들. 반드시 시계 방향으로 돌아야 한다.

곳곳에서 가사입은 스님들을 만날 수 있다.

금빛 사원 앞에서 기도드리는 노파, 무엇을 기원하시는 걸까?

지극히 화려한 황금빛 불탑. 겸손하고 소박한 절집이라는 부처님의 가르침에는 맞는지 모르겠다.

러 종류의 경통이 있는 누각이 나타난다.

　호기심 많은 필자는 계속 나타나는 불당들을 살펴본다고 노선에서 이탈한 덕분에 관리인에 의해 쫓겨나 코라 완주에는 실패했다. 너른 사원 안에는 여러 웅장한 불당들이 있다. 내부에도 당연히 웅장하고 화려한 불상들이 모셔져 있고 모든 티베트 사원이 그러하듯 불당마다 각기 다른 활불(活佛)의 사진도 함께 모셔져 있다. 활불(活佛)의 존재나 의미에 익숙하지 않은 우리에겐 스님 사진을 부처님과 거의 동격으로 모시고 있는 것이 의아해지기도 한다. 크고 하얀 큰 법당을 들어서니 예불 시간인 듯 스님들이 법당 안에 가득하다. 단체로 나지막이 불경을 암송하기도 하는데 그 분위가 상당히 엄숙하다. 스님들의 라이브 예불을 참관할 욕심에 선글라스도 벗지 못한 채 불당 문 앞을 얼쩡거리다 보니 스님 한 분이 들어와서 보아도 괜찮다고 하신다. 재빨리 불당 안으로 들어가 불전의 여러 부처님을 돌며 합장 삼배를 하고 있자니 예불이 끝나는 것 같다. 법당 안의 스님들이 모두 수업이 끝난 교실의 학생처럼 우르르 일어나 빠른 걸음으로 법당을 나선다.

　모두 자주색 가사에 두꺼운 망토와 앞이 높고 수술이 풍성히 달린 노란색 모자(황모)를 하나씩 들고 종종걸음으로 요사로 향해간다. 엄숙히 예불하는 법당 안에서는 카메라 들이대기가 어려웠지만, 우르르 빠져나가는 모습은 재빠르게 몇 장 찍었다. 스님들의 뒷모습에서도 그저 하교하는 학생들의 개운함과 유쾌함이 그대로 느껴진다. 하교(?)하는 스님들을 따라 법당을 빠져나오니 갑자기 돌풍과 함께 소나기가 쏟아진다. 급한 김에 후배 세명이가 보온용으로 챙겨준 번쩍이는 은박지 비닐을 몸에 둘둘 감고 서둘러 나오자니 자주색 가사 입은 스님들과 대비가 되는지 지나는 사람들이 슬쩍슬쩍 쳐다본다. 에라, 비 오고 추운데 쳐다보거나 말거나!

　랍보릉사(拉卜楞寺)의 순례를 마치고 내일 여정을 위해 임하(临夏)로 이동했다. 항상 저녁 밤을 보낼 장소를 찾는 부담은 외국인 잘 받아주는 숙소를 찾는 일이다. 오늘은 경통도 많이 돌리고 예불에도 참여했으니 부처님의 염력으로 좋은 숙소 하나 점지해주실 것을 기대하면서 임하(临夏)의 동향현(東乡)에서 제일 큰 현대식 호텔을 예약했다.

도착해보니 사진보다 더 크고 최신식이고 화려하다. '오늘 가성비 높은 숙소 잡이 대성공!'을 외치며 수속도 간단히 마치고 기분 좋게 입주했다. 그러나 한 시간도 안 돼 문을 두드리는 손님들이 줄을 선다. 출입국관리사무소에서 친절한 경관 세 명, 파출소에서 무례한 경관 두 명. 바로 뒤를 이어 구청과 위생국이라며 하얀 가운까지 입고서 한 명씩(이건 처음 하는 경험이다.) 물경 3차에 걸쳐 7명의 방문 검색과 똑같은 질문을 또 계속 받아야 했다. 어디서 왔냐? 중국에서 뭐 하냐? 어디로 갈 거냐? 언제 떠나냐? 코로나 검사는 했냐? 이들에게 외국인 여행객은 그 자체로 코로나바이러스로 취급한다는 생각이 들기도 한다. 아무래도 랍보릉사(拉卜楞寺) 코라를 돌며 불경스럽게도 법당을 기웃거리다가 쫓겨난 영향이 있는 것은 아닐까!

◀스님, 그리 보지마세요.
▼추워서 그래요~. ^^

그래도 한편으로 생각해 보면 이렇게 타이트하게 관리해서 코로나를 때려잡고 있으니 내게 지금 같은 주유열국의 기회가 있는 것이리라. 감사한 마음으로 착한 표정과 부드러운 목소리로 같은 질문에도 열심히 대답했다. 조금은 피곤한 저녁이다!

오체투지로 기도.

병령사(炳靈寺) 석굴
황하(黃河)의 계곡 속 1,600년간 숨겨진 석굴 사원

　약 2,500여 년 전 인도에서 발생한 불교는 서기 1세기경 후한 시대, 서역의 교역로를 따라 중국에 전파된 이후 중국의 역대왕조를 거쳐 정치, 사상, 사회 문화 등 여러 부분에서 큰 영향을 미치며 발전하게 된다. 불교의 이동 경로, 즉 중국 내 고대 실크로드를 따라가면서 조성된 불교 유적들이 켜켜이 세월의 무게를 쌓아가며 현재에 이르기까지 불교 전파와 발전을 생생히 증언하고 있다. 사실 이런 무수한 불교 유적들을 꼼꼼히 찾아본다는 것은 전문가가 아닌 이상 쉽지 않은 일이다. 그러나 중국 역사 유적을 살펴보고자 하는 아마추어 역덕(역사 마니아) 입장에서는 절대 어설프게 지나칠 수는 없는 일이다. 불교가 중국으로 전파되는 과정에서 인도의 석굴사원 문화도 함께 들어왔는데 대표적으로 알려진 것만도 돈황의 막고굴(莫高窟), 대동의 운강석굴(云岗石窟), 낙양의 용문석굴(龙门石窟), 천수의 맥적산 석굴(麦积山石窟) 등 4대 석굴을 포함하여 감숙성, 청해성,섬서성, 산서성등 지역 곳곳마다 크고 작은 그들만의 석굴 유적이 산재해 있었다. 이러한 석굴 문화는 최종적으로 신라시대 경주 석굴암까지 이어져 불교문화의 도도한 흐름을 보여준다.

병령사 대불. 큰 절 계곡을 따라가며 크고 작은 불상들이 새겨져 있다.

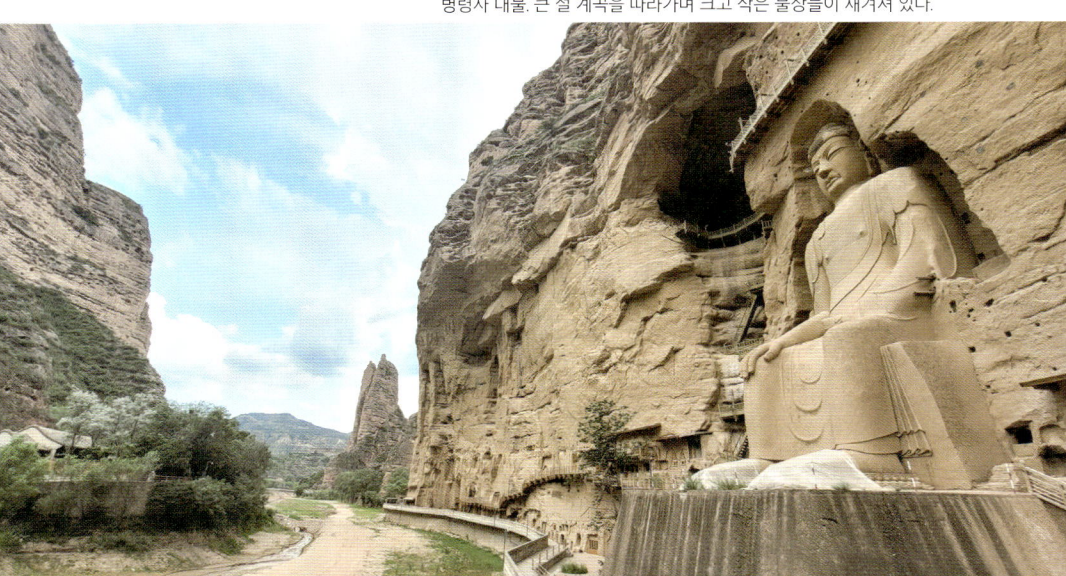

임하(临夏) 회족 자치주의 동향(东乡)을 찾은 이유는 이 지역 황하의 작은 계곡 속에서 1,600여 년을 다소곳이 숨겨져 있는 석굴사원 병령사(炳灵寺) 석굴을 찾아보기 위해서다. 병령사(炳灵寺)는 청장(青藏)고원에서 발원하여 청해성을 거쳐 북상하는 모친의 강 황하(黃河)가 유가협저수지(刘家峡水库)로 들어가기 전 만나는 큰절계곡(大寺谷)의 붉은 사암 절벽에 만들어진 석굴이다.

서기 5세기 초반 서진(西秦) 시대부터 조성되기 시작한 크고 작은 석굴들은 북위(北魏), 수(随), 당(唐), 오대(五代), 송(宋), 원(元), 명(明)을 거치며 조성되었고 규모가 작은 감실까지 포함해 모두 183개의 석굴에 694개의 불상 조각들이 있다. 그리고 90㎡에 이르는 벽화가 남아있다고 한다. 이미 유명한 4대 석굴에 비하면 규모나 지명도는 비길 수 없겠지만, 그 아름다움과 가치는 무시하기 어렵다. 많이 알려지지 않았기에 찾는 이들도 적다. 혼자만 아는 숨겨진 유적 보물찾기를 한 것만 같은 짜릿한 기분이 들기도 하며 비밀스러운 곳을 찾아 떠나는 모험심을 자극하는 곳이기도 하다. 결정적으로 이곳이 덜 알려진 이유는 앞은 큰 호수(유가협)에 막혀 있고 뒷산을 돌아들어 오는 도로는 최근에야 개통되었고 이전에는 배를 타야만 접근할 수 있었던 교통이 아주 불편한 지역이었기 때문이다. 반면에 어쩌면 이런 외진 곳이었기에 그 옛날 사람들이 밧줄에 매달려 석굴을 파면서도 더욱 절실한 마음을 애절하게 표현하여 부처님께 진심을 공양하는 대상지로 삼았겠다는 생각도 든다.

동향(东乡)에서 하룻밤을 보내기 위해 일곱 명의 공무원으로부터 세 번의 무례하고 번잡한 방문을 받은 기억도 즐거운 추억(!)으로 접어 넣고 병령사(炳灵寺)로 향했다. 사실 매일 상세한 일정을 정해야 하는 자유여행에서 가장 어려운 점은 가고 보아야 할 목적지와 관련된 정보를 모두 알 수 없다는 것이다. 아무리 책이나 인터넷들을 통해 부지런히 정보를 검색해 보아도 직접 가보지 않고서는 가는 길의 상태나 주변의 환경 등까지 세세히 알기는 어렵다. 상당 부분 운도 따라야 하고 그래서 매번 모든 것을 선택하는데 마음에 갈등이 수반되곤 한다.

내비게이션을 켜고 목적지를 입력하는 순간부터 선택의 갈등은 시작된다. 내비게이션에서는 기본적으로 두세 개의 노선을 추천해준다. 물론 시간이 단축되는 길, 비용이 적게 드는 길, 고속도로가 많은 길 등 간단한 설명이 붙어있지만, 드라이빙 자유 여행자 입장에서는 이왕이면 가장 의미 있고 아름다운 길을 선택하고 싶은 욕심이 앞서기에 고민이 깊어진다. 일단 노선 선택을 하고 차를 몰아가는 중간에도 여러 가지 상황이 발생한다. 예상 못한 멋진 경관을 만날 수도 있고 아니면 생각지도 못했던 의미 있는 곳의 이정표를 볼 수도 있다. 그러면 당연히 그곳으로 핸들을 돌려야 하고 그럴 자유가 있는 것이 자유여행의 본질이라 믿고 있다.

이날도 내비게이션에 위치를 조회해보니 자동차로 저수지를 삥 돌아가는 길은 왕복 4시간 가까이 걸리는 것으로 나온다. 노선을 보니 꽤 험난한 길이다. 이곳을 소개해 준 『론리플레닛』에는 글을 쓸 당시에는 저수지를 돌아가는 육로길이 없었는지 저수지 건너편에서 배를 타고 가는 방법만 설명되어 있다. 배를 타는 곳도 알기가 어렵고 차 있는 곳으로 다시 돌아올 것을 생각하니 시간이 걸리더라도 차로 가야겠다고 결정했다. 호수 변 도로를 따라 얼마도 가지 않았는데 호수를 건너는 배를 타는 부두를 가리키는 이정표가 나온다. 이정표를 보는 순간 오랜만에 배를 타고 호수를 건너가 보는 것도 괜찮겠다 싶다는 반짝이는 생각에 재빨리 방향을 바꿔 부두로 향했다. 많은 경우 순간의 선택이 여행의 가치를 곱빼기로 더해주기도 한다. 이건 순전히 운(运气)이고 안복(眼光)의 문제이다.

유가협 저수지 부두, 이곳에서 보트를 타고 건너편 계곡으로 깊숙이 들어가면 병령사가 있다.

부두에 도착해 물어보니 보트 한 대에 열 명이 모여야 출발한다는데, 평일 오전 시간이라 사람들이 없다. 둘이서 한 대를 통째로 빌려서 가는 데에는 무려 800위안을 내라고 한다. 다른 여행객이 오기를 기다려 보았지만, 좀체 보이지 않는다. 기다리는 동안 현란한(?) 협상술로 500위안까지 깎는 데는 성공했는데 마누님의 결제를 받아내는 데 실패, 결국 시간만 허비하고 다시 차를 몰아 호수를 돌고 돌았다. 그래도 황하의 저수지는 명불허전이다. 날도 좋아 물색(水色)도 푸르고 호안선(湖岸线)의 경치도 아름답다. 여러 번 차를 세워가며 유가협(刘家峡)의 경치를 감상하며 가자니 보트를 안 탄 게 잘했다는 생각이 절로 든다. 돈도 아끼고 호안(湖岸)의 절경도 보고 역시 여자(캐디女, 내비게이션女, 마누님)의 말을 잘 들어야 한다.

호수 반대편을 돌아서 가는 길은 역시 예사롭지 않았다. 높은 산을 구불구불 넘어가는데 굽이굽이 보이는 주변은 모두 험한 산을 깎아 만든 계단밭이다. 드라이브하며 감상하기에는 산기슭에 펼쳐진 계단식 밭들의 풍경이 근사하기도 하지만, 이렇게 높고 험한 산에 어떻게 저런 다랑이 밭을 만들었는지 신기하다는 생각과 함께 그 옛날 척박한 이곳에서의 삶을 살아내야 했던 사람들의 고단한 노고가 교차한다. 그 옛날 인간이 순전히 육체적 노동으로만 만들었을 엄청난 유적들은 위대하지만, 그래서 또 서글프다. 우리는 지금도 또 하나의 위대하고 서글픈 유적을 찾아서 가고 있다!

병령사(炳灵寺)에서 멀리 떨어진 주차장에 차를 세우고 석굴로 향하는 길부터 예사롭지 않다. 처음 보는 진정한 황하(黃河)의 붉은 강물을 끼고 눈앞에는 강물보다 더욱 붉은 사암 절벽들이 펼쳐진다. 마치 거대한 산수화가 그려진 붉은 장막이 쳐진 듯하다. 이곳은 별천지다. 석굴은 보기도 전인데 이런 외진 곳에 생각지도 못한 비경이 숨어있었다니 그저 넋이 나갈 지경이다. 걸음이 자동으로 멈춰진다. 눈앞에 황하는 분명 흐르고 있는데 도도함과 격렬함이 함께 하는 황하의 물길은 들어오는 곳이 어디인지 빠져나가는 곳은 또 어디인지 가늠조차 할 수가 없다.

석굴은 황하로 이어지는 마른 계곡(干峽) 쪽에서 시작한다. 이곳 또한 적벽(赤壁)과 적봉(赤峰)들이 도열 된 곳으로 들어간다. 거대한 적벽 표면에는 가로 방향으

층층이 겹쳐지는 호안선이 아름답다.

계단 다랑이 밭이 만들어진 구조를 정확히 보여주는 밭. 가운데 동그란 흙탑 주위를 깎아내어 만들었다.

로 뚜렷한 지층의 흐름이 이어지는데 군데군데 움푹움푹 침식의 흔적들은 보는 이들에게 시간에 대한 경외를 일으킨다. 적벽과 계곡의 사이에 설치된 잔도(栈道)를 따라 들어가면 바로 곳곳에 석굴들이 보이기 시작한다. 계곡으로 들어가는 초입의 적벽 위에 '병령사'라고 쓰인 석굴 사원이 있다. 올라가 보니 높은 각도에서 황하와 주변 경관의 파노라마를 더욱 잘 감상할 수 있다.

북위(北魏) 시대의 석굴이라는 안내가 있다. 석굴 전면에는 목조 전각도 설치되어 있다. 숨을 고르며 굴 안에 모셔진 보살상께 공덕전(功德钱)을 올리고 합장을 드린다. 공덕전(功德钱)을 넣는 것을 보더니 옆에 가만히 앉아있던 보살(?)님이 동종(铜钟)을 쳐 합장기도의 분위기를 살려준다. 막고굴이나 유림굴처럼 바위 속에다 큰 공간을 만들어 불상을 배치한 모습은 아니다. 외부에서 보일 정도의 바위 굴을 파고 속에는 불상을 안치했다. 어떤 곳은 바위에 돌출된 마애불상을 파놓기도 했다. 어떤 곳은 불상을 파다가 그만둔 곳도 보인다. 앞에는 보호창과 보호막을 설치한 곳도 있다. 굴마다 페인트로 쓰인 번호가 이곳의 석굴 규모를 말해준다.

멀리 높이가 24m나 된다는 커다란 미륵좌불의 압도적인 모습이 보인다. 가까이 가보니 당나라 시대 작품이라는데, 예술성에서는 4대 석굴에 있는 유명한 불상들에 비해 분명 차이가 있어 보인다. 다만 그 후덕하고 풍만한 모습이 당나라 불상의 전형을 잘 보여주는 듯하다.

미륵대불 머리 위쪽에는 잔도로 연결된 커다란 동굴이 둘이 있는데 이곳은 인당

어떤 산수화도 비교하기 어려울 적벽도(赤壁図).

300위안(한화 53,000원)의 추가 요금을 내야 관람이 가능한 곳이라 한다. 궁금하여 나중에 인터넷을 검색해 보니 이곳은 병령사 석굴의 가장 대표적인 동굴로 안에는 24기의 당나라 시대 부처님이 모셔져 있다고 한다. 아니 입장료(인당 100위안, 한화 17,500원) 내고 들어왔는데 가장 대표적인 유적은 별도의 비용을 내라니 황당하다. 여담이지만 중국의 유적지나 관광지에는 입장권을 사서 입장했다고 모든 경관이나 유적을 볼 수 있는 것이 아니다. 많은 곳에서 유적 안의 유적, 풍경 안의 풍경을 보는데 별도의 비용을 지급하기도 한다. 물론 사전에 그런 정보를 제공하는 곳은 거의 없다. '비싼 입장료(门票) 내고 여기까지 왔으니 네가 좀 더 내고라도 안 볼 수 없으리!' 뭐, 이런 뜻으로 해석하면 된다.

오늘 길에서 시간을 지체하여 조금은 늦은 시간에 도착하였더니 관람객들도 없다. 거의 개별 관람을 한 듯하다. 여유롭게 석굴의 구석구석과 계곡의 전후좌우도 살펴보았다. 볼수록 1,600년 전부터 오랜 세월을 이 절벽에 매달려 석굴을 팠을 석공들의 무한한 노고와 불심에 감사하는 마음이 절로 생긴다. 그런데 1,600년 세월의 무게를 견딘 대불(大佛)의 모습이 너무 깨끗하고 양발에는 비닐 버선까지 신고 있기에 석굴 건너편에서 우리가 나가면 후딱 퇴근하길 기다리는 표정이 역력한 보안원에게 조심스레 물어본다. "저 부처님 정말 1,600년 된 건가요?" 기대보다는 훨씬 친절한 태도와 목소리로 돌아온 대답은 "상체(上体)는 원래의 모습이지만 하체(下体)는 근래에 복구한 것"이라 한다.

이런 엄청난 절벽 왼쪽 아래 보이는 굴이 병령사이다.
작은 석굴 속에는 보살상이 있다

병령사 마애불.

역사적인 유적의 보호는 어설픈 복구보다는 원형 보전에 그 방점이 있어야 할 것이다. 급조되고 고증에 충실하지 못한 중국의 많은 유적의 복원 상황을 보면서 우리나라에서도 떠들썩했던 백제 미륵사지 9층 석탑의 보수 스토리가 생각나 안타까운 마음이 든다. 경건하고 뿌듯한 마음으로 석굴과 협곡을 돌아보고 나오는 길에 우리 부부처럼 섬서성에서 차를 몰고 왔다는 부부를 만나 병령사 석굴의 감상평을 나누었다. 더불어 부부가 오늘 지나오며 찍었다는 황하의 사진을 자랑하며 보여준다. 황하의 붉은 황토물과 맑은 지류가 합류하는 곳의 멋진 풍경이었다.

맑은 도하(淘河)와 황하(黃河)의 황톳물이 도도하게 합쳐진다.

더 늦기 전에 잽싸게 데보라를 몰아 사진이 부르는 그 곳으로 내달렸다. 다행히 해가 저물기 전 물어물어 찾아가 그곳에서 우리도 멋진 사진 몇 장을 건질 수 있었다. 오늘도 하루가 알차다.

영하성

은천(银川)

영하성을 흐르는 황하.

은천(银川)
서하의 역사가 살아있는 곳

　영하(宁夏)는 감숙성과 산서성 사이, 그리고 내몽고 남쪽에 위치한 성(省)이었으나 58년 회족(回族) 자치주로 지정되었다. 면적은 한국의 3/4 정도이고 인구도 630만 명으로 적은 편이다. 이슬람교를 주로 믿는 회족 인구는 전체의 35% 정도를 차지하며 성도(省都)는 은천(银川)이다. 건조한 사막 지형이 많다. 오래전부터 사람들이 거주한 역사를 가지고 있고 11~12세기 이곳을 중심으로 세력을 형성했던 서하(西夏) 왕조가 있던 지역이며 아직 서하 문화의 흔적들이 곳곳에 산재해 있다. 감동적으로 황하 계곡 속의 병령사(炳灵寺)를 돌아본 감숙성의 임하(临夏)를 출발하여 감숙성의 성도이자 소고기탕면(牛肉面)으로 유명한 란주(兰州)를 스치듯 지나 영하로 향하는 길은 약 600km이다. 의도한 바는 아니지만 청해성(青海)부터 계속 우리와 여정을 함께 하고 있는 황하(黄河)를 따라 북으로 향한다. 임하에서 잠시 헤어졌던 황하는 란주(兰州)에서 또 만나고 은천(银川)에 이르는 길 내내 거대한 현수교를 넘나들며 우리의 주변을 맴돌고 있다.

황하의 흐름.
내몽고를 흐르는 지역이 오르도스.

은천(银川)을 지난 황하는 내몽고 깊숙하게 북진한 후 급하게 동쪽으로 방향을 틀어 내몽고를 흐르다 다시 섬서성과 산서성의 경계를 이루며 ㄷ자형으로 남쪽으로 흐른다. ㄷ자 형 사이의 땅을 오르도스(Ordos, 鄂尔多斯) 지역이라고 하는데 중국 역사상 흉노, 선비, 거란족 등 북방 민족들과 중원(中原)의 한족들이 패권을 놓고 다투던 중요한 의미가 있는 지역이기도 하다.

  황하는 은천을 지나 북진(北进)하기에 남진(南进)할 계획인 우리와 잠시 헤어지게 되겠지만 연안(延安), 서안(西安), 낙양(洛阳), 개봉(开封) 등 중원의 유수한 역사 도시들을 방문할 예정인지라 며칠 지나지 않아 내몽고를 멀리 돌아 나온 황화를 중국의 대표적인 명소인 호구폭포(壺口)에서 다시 만나게 될 것이다.

  란주에서의 점심공양 시간을 제외하면 임하에서 은천까지 하루 종일 달리며 본 도로변의 풍경도 특색이 있다. 모두 회색의 건조한 황토와 사막의 풍경을 담고 있긴 하지만, 지역마다 나름대로 특색 있는 지형을 보여주고 있다. 거대하고 메마른 검은 산 사이를 지나는가 하면 바로 사막의 평지가 나타나기도 하고 오밀조밀한 붉은 산맥과 함께 달리기도 한다. 아마도 운남성의 여강(丽江)에서 시작하여 대자연의 풍광과 동행했던 '길의 여정'은 은천(银川)을 지나면 다시 유적과 유적이 이어지는 '점의 여정'으로 바뀔 예정이기에 이날 은천까지 달리는 황토 사막의 지형들이 더더욱 정감이 느껴진다. 눈 속에 그리고 맘속에 아주 많이 담아 놓고 싶다.

  사실 영하(宁夏)는 특별한 풍경이나 유적으로 유명한 곳은 아니다. 물론 한 번은 꼭 방문해 보고 싶었던 곳이긴 했다. 이곳에 가는 주요 목적은 장춘에서 은천까지 달려와 우리 부부와 며칠의 일정을 함께할 나의 친밀한 친구이자 동생 쩐강(振罡)

나무를 거부하는 회색빛 산.

붉은 모래 산.

383

을 만나기 위해서이다. 나의 중국 생활 내내 진한 우정(友情)을 나누고 항상 나를 친형님처럼 챙겨주는 목소리 큰 동북 사나이(东北爷们)이자 중견 사업가인 동생을 만날 생각에 더욱 즐거워지는 은천(银川) 가는 길이다. 은천에 도착하여 다음 날 공항에서 동생과 반가운 해후를 했다. "아휴, 뭔 남자들 수다가 그리 많냐?"라는 아내의 핀잔에도 아랑곳없이 그간 장춘 소식을 듣느라 시간 가는 줄 몰랐다. 은천에 있다는 인상 좋은 동생 친구의 공장도 구경하고 친구 안내로 이곳에서 유명하다는 사막 속의 커다란 호수 사호(沙湖)도 둘러보았다.

모래 산에 둘러싸여 있으나 키 큰 갈대로 뒤덮인 사호에는 많은 철새와 백조가 유유히 노닐고 있다. 호수 위 갈대숲 사이를 천천히 지나는 유람선을 타고 호수를 돌아보자니 사뭇 사막 속 호수의 운치도 훌륭했지만 뜨거운 태양이 호수 위로 떨어질 저녁 시간이면 참으로 더욱 황홀하겠다는 생각이 절로 든다. 아쉽게도 황홀할 사호(沙湖)의 저녁 호수 풍경을 감상하지는 못했지만, 동생 친구가 초대한 저녁 식사에서 맛본 양고기 수육 맛은 천하일품이었다.

은천의 사호(沙湖). 갈대 숲 건너에 모래 산이 보인다.

사막의 호수 沙湖.

11세기 초 티베트의 일족인 탕쿠트인들이 세운 서하(西夏)는 13세기 몽골군에 의해 멸망할 때까지 10명의 황제를 옹립하며 이곳을 중심으로 자신들의 문자를 가지고 수준 높은 서하 문화를 꽃피웠었다. 몽골의 서역 정벌에 참여치 않는다는 이유로 상국(上国)이었던 몽골의 침략을 받게 되었고 운(运) 없게도 이 전쟁에서 대칸(大汗) 징기스칸이 사망함에 따라 몽골의 잔인한 보복을 불러 글자 그대로 국가와 민족 자체가 철저하게 멸망함으로써 역사 속으로 사라져 버렸다. 서하(西夏)의 흔적들은 그들의 황제 9명의 능원과 140개의 부장 묘가 흩어져 있는 서하능원(西夏陵园)에서 찾을 수 있다. 은천 시내에서 멀지 않은 서하의 성산(圣山). 하란산(贺兰山) 동쪽 기슭의 동서 5km, 남북 10km의 넓은 지역에 흩어져 있는 서하왕릉(西夏王陵)은 189년 동안의 화려했지만, 비극적으로 끝난 서하왕국의 영화와 몰락을 극적으로 보여주고 있다.

　서하능원에는 원래 흙으로 쌓은 9좌의 황제능과 140여 좌의 배장묘(陪葬墓)가 있는데 이미 몽골의 침입 당시에 처절히 파괴되었고 명(明)나라 때 이곳에 주둔했던 군인들이 다시 한번 훼손하여 원형을 찾아보기는 어렵다. 아직 늠름히 황야에 듬성듬성 서 있는 거대한 토총(土塚)들의 흔적만으로도 당시 서하의 국력과 위세를 짐작하고도 남음이 있다. 사실 근래에 화려하게 복원된 유적에서보다도 이렇게 역사와 세월의 흔적들이 고스란히 남아있는 폐허의 유적 속에서 어쩌면 더욱 많은 역사의 진솔한 이야기들을 들을 수 있을 것이다.

모래 산이라 낙타도 있다.

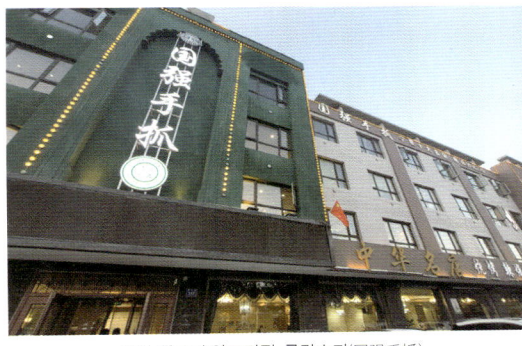
은천 최고의 양고기집, 국강수과(国强 手抓).

능원은 무척 넓다. 버스를 타고 주요 유적지를 죽 돌아보았다. 6호 황제릉은 파괴와 훼손의 역사 속에서도 나름 그 모습을 의연히 유지하며 서하능원의 대표적 유적으로 알려져 있다. 흙으로 층층이 쌓은 20여 m의 거대한 원추형 봉분과 그 봉분을 둘러싸고 있는 능궐의 담벼락과 제실기단 유적들은 보는 이에게 많은 상상력을 발휘하게 한다. 인상적인 것은 유적지 곳곳에 쌓아 놓은 커다란 벽돌 무더기들이었는데 파괴될 대로 파괴되고 사라질 대로 사라져 버린 유적지이지만 그래도 파편으로 무수히 남아있던 벽돌이나 기와의 조각들을 커다란 철창 속에 모아 놓은 것이었다. 따가운 햇빛 아래, 찾는 이들도 많지 않은 서하능원을 천천히 돌아보자니….

사막의 비바람 속에서 오늘도 세월의 무게를 총총히 쌓아가는 수많은 토총(土塚)이 1,000년 전 사라져버린 제국의 영화를 굵은 목소리로 이야기해주는 듯하였다. 잘 보존된 유적도 역사요, 흩어진 사연들에 묻힌 유적들도 역사일 터이니 오늘 우리들은 1,000년 후 어떠한 모습으로 이 시대를 증거해줄지 자못 궁금해지기도 한다.

서하문자비편.

능원 곳곳에 흩어져 있는 배장묘들.

하란산 용맥(龙脉)과 6호 능묘.

하란산(贺兰山)은 알고 있을까?
여기 누운자의 영(榮)과 욕(辱)을….

섬서성

연안(延安)

섬서성 연안의 혁명박물관.

연안(延安)
공산혁명의 성지(聖地)

　서하(西夏)의 고도(古都) 은천(银川)을 떠나 주(周), 수(隋), 당(唐)나라 등 9개 황조(皇朝)의 수도였던 서안(西安)으로 가는 길에 중국 공산혁명의 성지(聖地), 연안(延安)을 돌아보기로 했다. 연안은 섬서(陕西)의 북부, 험악하기로 소문난 황토고원의 분지(盆地)에 있는 작은 동네였는데 이곳이 세계적으로 유명해진 것은 1930년대 후반 모택동(毛泽东)이 지휘한 홍군(红军)이 25,000리(9,600km)의 대장정(大长征)을 마치고 이곳에서 홍군의 조직을 재건 확대하고 소비에트 해방구를 건설했다는 사실과 항일(抗日)과 국공 내전을 이끌며 결국에는 국민당군에게 승리하게 되는 근거지이자 공산혁명의 중심지가 되었기 때문이다.

홍군의 大长征 노선도. 9,600km(바이두).

현재의 중국(중화인민공화국)을 이해하기 위해서는 중국의 유구한 역사와 사상, 문화를 이해하는 것도 중요하지만 무엇보다 공산혁명 100년의 과정, 그리고 현재 중국을 통치하고 있는 중국 공산당의 구조와 사상의 전개 과정을 이해하는 것이 무엇보다 중요하다. 그중에서도 중국 국가 수립과 중국 공산혁명 과정에서 가장 중요한 사건인 대장정(大長征)을 먼저 이해해야 한다. 신중국 설립의 기반이 된 사건이기도 하지만 현재까지 중국 공산당의 정신세계를 관통하고 있는 골간이 되는 사건이기도 하기 때문이다. 1930년대 초반 일본에 동북 지역을 통째로 내어주면서도 오로지 공산당 격멸에 목숨을 걸었던 장개석(蔣介石) 국민당군의 대공세에 밀려 괴멸적 피해를 보게 된 공산당과 홍군(紅軍)은 마지막으로 기댈 지역이었던 강서, 복건성 지방의 소비에트마저 포기하고 남은 군대를 수습하여 목적지도 정하지 못한 채 국민당군의 포위에서 벗어나려는 대탈출 작전을 감행하게 된다.

설산을 넘는 홍군의 장정(長征)을 그린 작품(바이두).

외세(일본)의 침략과 사상적인 분열로 극심한 혼란의 시기에 소비에트 공산주의 국가를 건설하려는 공산당과 집권 세력인 국민당 사이에는 천하의 패권을 놓고 대결전이 벌어지게 된 것이다.

탄탄한 국내 조직 기반과 미국 등 서방의 지원까지 받고 있던 국민당 군대를 각지에 흩어진 노동자나 농민을 규합하여 간신히 세력을 유지하고 또 체계적인 조직이나 물자 등이 절대적으로 부족한 공산당이 상대하기에는 중과부적인 상황이었다. 이렇게 공산당 활동의 주 무대였던 상해 공산당 중앙 조직이 국민당 공격에 의해 와해되자 그들이 마지막 기댈 곳은, 모택동과 주덕(朱德)의 지도하에 강서성과 복건성을 중심으로 건실히 세력을 넓히고 있던 강서(江西) 소비에트뿐이었고 이곳에 공산당 지도부가 집결하자 당연히 장개석 국민당의 집중 공격을 받게 된다.

국민당군의 대대적인 4차 공격까지 잘 막아내긴 했으나 엄청난 피해를 보게 된 공산당 홍군 지도부는 남은 군대 약 10만 명을 이끌고 정강산(井冈山)의 근거지를 출발하여 목적지도 정하지 못한 채 대탈주를 시작했다. 쫓겨 가는 탈주 과정에서 국민당군의 집요한 공격을 막아내면서 지형이 험한 광서, 귀주, 사천, 감숙성을 거쳐 1년 넘게 9,500km의 모진 행군으로 11개 성을 거치며 섬서성의 연안(延安)에 도착했다. 이곳에 새로운 근거지이자 해방구를 건설함으로써 공산혁명의 중심지가 중국 남부지역에서 서북지역으로 옮겨지게 되는 것이다.

이 길고 참혹했던 대 행군에서 공산 홍군은 엄청난 피해를 보았다. 순전히 도보

홍군의 전사에 기록된 보정교 탈취 작전(바이두).

와 말(马)로만 이동하면서 비행기까지 동원하여 끈질기게 추격하는 국민당군과 치열한 전투를 벌여야 했다. 처음 정강산을 출발한 10만여 명의 홍군 중 포로로 잡힌 3만여 명과 6만여 명 이상의 사상자를 내고 최종 연안(延安)에 도착한 인원은

6,000명에 불과했다. 그중에서도 중간에 보충된 인원을 제외하면 처음 출발하여 마지막까지 장정에 성공한 인원은 3,000명에 불과했으니 그 희생과 참상이 어떠했을지 짐작하고도 남음이 있겠다. 이러한 참혹한 피해를 겪었으니 군사적으로는 대단히 실패한 작전으로 평가할 수도 있겠으나 중국에서의 공산혁명 수행이라는 대(大) 전략상에서는 11개 성을 지나며 그때까지는 공산주의가 무엇인지도 모르고 있던 각 지역 인민들에게 공산 사상을 전파하는 파종기(마오쩌둥의 표현)가 되었다.

연안에 도착하여 해방구(解放区)를 건설하면서 그때까지 볼 수 없었던 순수한 열정으로 인민의 나라를 건설하기 위한 새로운 사회제도를 시도했다. 당시 부정부패와 무능, 분열로 찌들어있던 국민당 정부와 차별화되는 모습을 보여줌으로써 전국 각지에서 혁명사상에 동조하는 지식인들과 젊은이들이 대거 합류하게 되었다. 결정적인 공산혁명 세력 확장의 계기가 되었다는 점에서는 대단히 성공적인 전략적 이벤트로 평가받게 된 것이다. 무엇보다 연안에서의 소비에트 건설을 통해 봉건사상과 전근대적인 사회 시스템에서 해방되어 그들이 순수하게 건설하려 했던 이상적인 공산주의 사회를 가시적으로 보여주었기에 인민들의 동조를 얻고 공산혁명에 동참하려는 사람들이 참여하는 계기가 되었다. 이런 점에서 신중국 건국 후 대약진운동, 문화혁명 등 계급투쟁의 암흑기가 있었음에도 당시 연안에서의 해방구 건설의 순수성과 열정은 인정하고 평가되어야 할 것이다

또 하나, 대장정의 중요한 의미는 장정 전에는 중앙에서의 입지가 크지 않았던 모택동이 공산당의 당권과 군권을 장악하게 되는 결정적인 계기가 되었다는 점이

연안에 도착하는 대장정의 리더들.

연안에서 새로운 해방구를 건설하는 홍군.

연안 시절 없었던 것 10개. 탐관오리, 토호, 도박, 기생, 첩, 거지, 사리사욕, 식량 마찰, 무리한 국채 발행, 의기 소침.

상해에서 당권을 장악했던 보고(博古).

장국도와 모택동.

다. 비록 1921년 중국공산당 창당 주역 중 한 명이었으나 상해를 중심으로 구성된 당 중앙과는 투쟁노선을 달리하며 지역 지도자에 불과했던 모택동은 귀주성의 준이(遵义)에서 개최된 중앙위원회 정치국 전체회의에서 국민당군에 패퇴하게 된 원인이 당 중앙의 잘못된 정책 노선에 있음을 비판하고 무조건적 후퇴가 아닌 전략적 계획에 따른 후퇴와 게릴라식 유격전을 통한 대응 전략의 전환을 주장했다.

준이회의에서 모택동의 이러한 주장은 주은래(周恩来), 임표(林彪), 주덕(朱德), 팽덕회(彭德怀) 등 당 군(党军) 참석자들의 지지를 받게 된다. 그때까지 당권과 군권을 장악하고 있던 보고(博古)와 코민테른에서 파견한 군사고문 오토 브라운(李德)을 밀어내고 당과 군의 막강한 리더로 자리매김하며 이후 공산당을 이끌게 되는 결정적 계기가 된 것이다. 홍군이 연안으로 가게 된 이유는 연안을 중심으로 서북(西北) 지역에는 류지단(刘志丹)과 허중훈(许仲勋. 시진핑 주석의 아버지)이 탄탄한 소비에트를 건설해 놓았기 때문이다. 국민당군에 쫓기며 사천성과 청해성 방면으로 가서 해방구를 건설하자는 또 한 명의 거물 장국도(张国焘)의 제안을 거부하고 어려운 상황에서도 그 수하의 8만 명 군사와 결별하면서까지 연안으로 옮겨 간 것은 결과적으로 세력을 재건하여 국공내전의 승기를 잡고 모택동의 일인 권력을 더욱 강화하는 계기가 되었다.

　연안 정착 후 전개되었던 열정적이고 순수했던 소비에트 해방구 건설과 전국에서 공산혁명에 동조한 수많은 지식인과 젊은이들의 합류, 천우신조의 서안사변으로 성공한 2차 국공합작, 항일전쟁 수행, 미국의 젊은 기자 에드거 스노우(『중국의 붉은 별』 저자) 등을 활용한 해외에 대한 선전 활동 등 이후 공산혁명을 성공적으로 이끌게 되었다. 결국 1949년 중국에 중화인민공화국을 수립하게 되는 다이내믹한 역사가 흥미진진하게 펼쳐지게 되는 거점이 바로 연안이다. 이런 맥락에서 연안은 누가 뭐라 해도 중국 공산주의 혁명의 성지(圣地)이니 멋진 풍경은 없더라도 결코 지나칠 수 없는 곳이다. 2021년 7월 1일은 중국 공산당 창립 100주년으로 전국적인 경축 열기가 고조되어 있는데 7월 4일 연안에 도착하니 도시 전체가 역시나 홍색 물결로 축제 분위기가 물씬 풍긴다. 덕분에 호텔 값도 만만치 않다.

　은천에서 합류한 동생 쩐깡(振罡)과 함께 혁명기념관을 관람했다. 당연히 기념

오성홍기(红旗)가 가득한 연안 시내 풍경.

관의 규모는 엄청났고 혁명 당시의 많은 유물과 유물에 얽힌 사연들이 전시되어 있었기에 책으로만 만나던 혁명 주역들의 흔적들을 직접 보게 된 것은 마치 역사의 현장 바로 그 자리에 있는 듯한 느낌을 받았다. 시대별로 많은 기록 사진들과 유물들이 전시되어 있다. 나름 책에서나 보아 알던 공산 혁명가들의 옛날 모습을 생생하게 보게 되니 반갑기도 하다. 여러 사진과 설명문을 보며 오랜 시간 따분해하는 아내에게 이런저런 두서없는 설명을 해주었더니 가만히 듣고 있던 아내가 뭔 당치 않는 질문을 툭 던진다.

"당신, 중국 사람보다 중국 역사를 더 많이 알아?"

다음 행선지인 황하의 대폭포 호구폭포(壺口瀑布)로 향했다. 일정은 호구폭포를 거쳐 서안(西安) 동쪽에 위치한 중국 5악(五岳) 중 하나인, 중악(中岳) 화산(华山)까지 가는 것으로 잡았다. 호구폭포는 섬서성과 산서성의 경계를 이루며 흐르는 황하가 표고차에 의해 만들어 놓은 곳으로 유유히 황토고원을 흐르던 황하가 갑자기 푹 꺼지며 만들어진 거대한 폭포다. 무척 유명한 곳이라 규모가 압도적이다. 포효하는 황하의 누렇고 거대한 물결은 왜 황하(黄河)가 중국 문명의 젖줄이고 모친하(母亲河)인지를 스스로 증명하고 있는 듯하다. 오후 느즈막까지 황하의 거센 물결을 감상했다. 쩐강 동생의 과감한 운전 습관 덕으로 조금 일찍 목적지에 도착했다. 우리는 화산(华山) 자락의 멋진 맛집(우리집 마당, 咱家院子)에서 놀라운 현지식 저녁 식사를 즐길 수 있었다.

연안 시내를 바라보는 모주석 동상과
붉은 모자를 쓴 관람객들.

연안 맛집 노연안(老延安)에서의 식사 시간,
민속공연도 한다.

에드가 스노우가 쓴 『중국의 붉은별』

외국에 중국 혁명을 알린 미국 기자 에드가 스노우와 모택동.

장정에 참여했던 여홍군. 모택동의 부인 류하진과 주은래의 부인 등영초도 장정을 함께한 혁명 동지들이다.

심각하게 전시물을 관람중인 농공당원(農工黨員) 쩐깡 아우.

호구폭포의 거센 물결, 건너편은 산서성이다.

쏟아지는 폭포를 감상하는 사람들.

맛이 놀라운 저녁식사, 가격은 더욱 놀랍다 . 11가지 음식이 전부 177위안(약3만원).

함양(咸阳)

한(汉), 당(唐)의 28 황제가 묻힌 곳

많은 한국인이 중국에서 가장 가보고 싶어 하는 유적지 중 첫 번째로 꼽히는 곳은 아마도 그 유명한 진시황릉(秦始皇陵)의 지하 궁전과 병마용(兵马俑)이 있고 수, 당의 문화가 찬란하게 꽃피었던 섬서성의 서안(西安)일 것이다. 서안에서 서북쪽으로 30km 밖에 떨어져 있지 않은 곳에 최초의 통일제국 진(秦)나라 150년간의 도읍이자 진(秦), 한(汉), 당(唐) 황제들의 능묘 28좌가 무더기로 산재하는 고대 황릉의 도시 함양(咸阳)이 있다. 더불어 이곳에는 4,900개가 넘는 지정 문화 유적들이 존재하나 서안의 그늘에 가려져 있다. 서안으로 가는 길이라면 꼭 시간 여유를 갖고 돌아봐야 할 곳이다. 중국 고대국가 주(周)나라, 최초의 통일제국을 세운 진(秦)나라, 당나라까지 관중(关中)으로 불리는 이곳 서안, 함양 지방을 중심으로 번성했다. 시대 상황에 따라 동주(东周), 한나라(汉), 수나라 때에는 낙양을 중심으로 한 중원(中原) 지역과 그 역할을 주고받으며 중국 역사의 주요 무대를 이루었다. 송나라가 거란과 금나라에 쫓겨 남쪽으로 천도한 후 약 1,000년간 역사의 주 무대를 항주(송), 남경(명)이나 북경(원, 청)에 내주었으니 함양은 주나라에서 5대 시대에 이르는 1,500년의 중국 고대 역사가 고스란히 남아있는 곳이다.

함양(咸阳)에서는 진시황릉의 명성에 가려져 있지만, 그 자체로도 엄청난 한(汉), 당(唐) 황제들의 어마무시한 능원을 돌아보는 것이 의미 있는 일이다. 제일 먼저 도착한 곳은 한나라를 세운 고조 유방(刘邦)의 손자이자 한나라의 4대 황제인 한경제(汉景帝)와 그 황후가 합장된 한양릉(汉阳陵)이다. 한경제는 중국 고대 역사에서 당나라 태조의 정관의치(贞观之治)와 함께 태평성세로 꼽히는 '문경의치(文景之治)' 시대를 이끈 성군이다.

한경제의 양릉(阳陵). 가로세로 140m의 방추형 봉분.

양릉(阳陵)의 규모는 중국 황제의 능묘답게 엄청난 규모이다. 능궐과 부장묘들을 모두 합친 능원의 넓이는 12㎢에 이르며 사람 손으로 쌓아 올린 방추형 봉분의 넓이가 가로, 세로 각 140m에 이르는 엄청난 규모를 자랑한다. 재미있는 것은 고속도로가 양릉(阳陵)의 묘원을 정확하게 둘로 가르며 능원 가운데를 지나간다는 것이다. 아마도 제대로 된 유적 발굴도 진행하지 않은 상태에서 먼저 도로를 만든 것으로 짐작된다. 이렇게 유서 깊은 역사 도시에서 얼마나 많은 유적이 이런 개발

진시황의 여산릉 전경, 가로 세로 각 500m(바이두).

과정으로 인해 사라져 버렸을까 생각하니 씁쓸해진다.

아무리 황제의 능묘라 하더라도 무려 2,300여 년 전에 조성된 능일진데 그 규모가 정말 놀랍다. 하기야 이보다 100여 년 앞서 70만 명을 동원하여 건설하였다는 진시황의 여산릉(驪山陵)은 가로세로 500여 m이고 높이만 해도 100여 m에 이르니 중국 황제의 권위와 위상이 어떠했을지 상상이 되긴 한다. 다만 이런 불가사의한 유적들을 보자면 놀라움과 동시에 이것들을 만들기 위해 얼마나 많은 백성의 노고와 희생이 있었을까 하는 안쓰러움이 교차하는 건 나만의 주제넘은 감상일지 모르겠다. 아무튼, 거대한 능원과 봉분의 규모에 충분히 놀랄 새도 없이 지난 30여 년간 진행된 발굴에서 발견된 87개의 외장갱(外藏坑) 중 일부인 10개의 지하 갱도를 이용해 만든 지하 박물관은 더욱 놀랍다.

외장갱은 봉분을 사방으로 둘러쌓고 지하에 만든 갱도인데 봉분의 바깥쪽으로 뻗어 있으며 그 길이는 각기 다르다. 각 갱에는 황제가 살아있을 때와 똑같이 사후에도 수많은 신하의 시봉을 받으며 화려한 생활을 영위하기를 기원하는 의미에서 많은 물품과 사람, 가축, 군사들을 도기(陶瓷)로 만들어 매장해 놓았다. 물론 그 규모 외에 더 놀라운 것은 진시황제의 병마용에는 못 미치겠지만, 이러한 토용(土俑)을 이용한 부장품 문화가 진시황릉에만 있었던 것은 아니었다는 사실이다. 병마용이나 능묘의 조성 문화와 격식 그리고 그 전통이 한나라에 와서는 어떻게 변하였는지를 비교해 보는 재미가 있다.

양릉 능묘 주변의 외장갱 양식과 규모를 보자니 진시황릉에는 이미 발굴된 병마

지하 갱도 박물관.

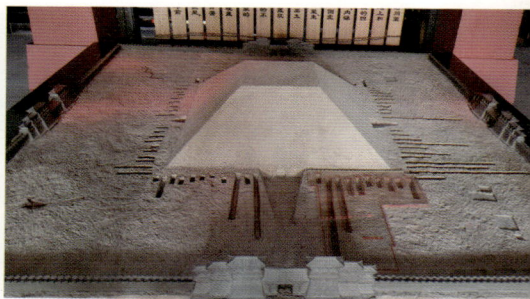

양릉의 방추형 봉분 모형: 봉분 주변 사방으로 뻗은 갱도들이 외장갱이다. 오른쪽 아래 붉은 선이 지하박물관으로 공개된 곳이다

갱도에 부장된 토용들. 진시황의 병마용 토용들보다는 규모가 작지만 조금은 귀엽기도 하고 인간미가 느껴진다

황제의 무덤에 바쳐진 수많은 가축의 토용들. 94m의 갱도(13호갱)에 황제에게 바쳐진 가축 토용, 돼지 455마리, 산양 235마리, 개 458마리 등. 총 1,391마리.

용들을 제외하고도 그의 사후세계를 보좌하기 위한 많은 시종과 신하, 화려한 생활을 생존했을 때와 다름없이 유지하기 위한 용품, 가축, 동물 등 아직 발견되지 않은 어마어마한 유물들이 지하에 잠자고 있을 것이란 확신이 들기도 한다. 여기서 보는 것들이 단순히 분묘 외곽의 갱도일 뿐이니 상상력을 발휘해보자!

　3월 강소성 양주(扬州)에서 참관했던 엄청난 규모의 한왕묘(汉王墓)는 봉분 내부를 발굴한 것으로 그저 당시 한 지역을 관할하던 일개 제후의 묘였다. 그러니 천하의 주인인 천자(天子) 황릉은 그 규모의 웅장함과 격식의 엄중함에 가히 비교하기 어려울 것이다. 더불어 그 수많았던 황족들과 제후들 그리고 그 가족 친지 형제, 고관대작들까지 자신들의 인생과 공적을 과시하기 위해 곳곳에서 오랜 세월 경쟁적으로 화려한 묘를 만들었을 터이니 아직도 중국 땅에는 상상할 수 없을 정도로 많은 유물이 묻혀있을 것이라는 생각도 든다. 관람객도 뜸하고 에어컨의 시원한 바람이 빵빵하게 나오는 지하 갱도 박물관을 놀라움으로 관람하고 나왔다. 비록 땡볕이지만 외경스런 마음으로 가로, 세로 140m의 봉분을 한 바퀴 천천히 돌아보았다. 봉토 주변으로는 돌을 길게 놓아 지하 외장갱의 모습을 표시하여 놓았는데 앞으로 대를 물려 발굴해야겠다는 생각이 든다. 그래도 2,000년이 넘는 세월을 뛰어넘어 후세에게 역사를 이야기해주는 유물이 있어 과거와 직접 연결되고 대화할 수 있음에 감사할 뿐이다.

토용의 모습. 아담한 사이즈로 남녀 구별이 뚜렷하다.   부장 당시 옷을 입힌 토용 모습. 나무로 만들어 끼워 넣었던 팔과 옷은 사라졌다.

　두 번째는 당나라 고종(高崇)과 그의 배우자이며 중국 역사상 유일한 여성 황제 측천무후(武则天)의 합장묘인 건릉(乾陵)으로 향했다. 당나라는 한나라로부터 삼국시대, 위진 남북조, 오호 16국, 통일 수나라 등 400여 년을 지난 618년 건립되어 한나라 이후 중국 역사에서 가장 강성한 세력과 문화를 자랑했던 왕조이다.

　그중에서도 측천무후(무측천)는 중국의 역사에 남는 악녀로도 알려져 있다. 권력을 위해서는 어떤 권모술수도 마다치 않았고 자신이 낳은 자식까지 자기 손으로 희생시키는 악행을 감수하면서까지 아버지(태종)부터 아들(고

당, 고종과 측천무후의 합장릉, 건릉(乾陵).

종)의 총애를 얻게 되었고 황후를 폐위시키고 자신이 직접 황후의 자리에 오르게 된다. 결국은 황제 자리에 올라 당나라 종실들을 절단(?)내고 82세로 사망할 때까지 15년간 절대권력을 휘둘렀던 철의 여인이었다.

이러한 철의 여인이 남편보다 20년이나 더 살면서 그의 남편과 함께 묻히기 위해 조성한 곳이니 얼마나 대단하게 만든 곳일까 상상이 간다. 먼저 건릉은 해발이 1,000m가 넘는 자연의 산을 이용하여 묘실을 만들고 능원을 조성하였다. 이전까지는 사람들이 직접 흙을 쌓아 올려 봉분을 만드는 방식이었으나 비용이 많이 들고 만들 수 있는 규모도 한계가 있는지라 아예 명당자리에 있는 자연의 산봉우리를 이용하여 조성(因山为陵)하게 된 황릉이다.

먼저 남쪽으로 동서 양편에 대칭으로 두 개의 낮은 봉우리가 북쪽의 주봉(主峰)을 보호하는 모습이다. 두 봉우리를 지나면 주봉까지 널찍한 사마도(司马道)가 나 있고 양쪽으로는 코끼리 낙타 등 동물 석상들과 문무 대신들의 석상이 즐비하게 서 있다. 주봉 앞에 이르면 커다란 석 사자상 한 쌍과 61개의 반신상(潘臣像, 원래 64개)이 좌우에 도열해 있다. 고종의 장례식에 참석했던 주변국의 사신들을 새겨 놓은 것이라 한다. 희한한 것은 61개 석상의 머리가 모두 없다는 것이다. 전해지는 이야기에 따르면 명나라 때 이곳을 덮친 강진에 훼손되었다거나 이곳에 왔던 외국의

당고종의 건릉. 5km의 사마도(司马道) 양쪽에는 동물들과 문무상들이 도열해 있다.

사신이 자기 조상들이 이곳에서 남의 황제의 묘를 지키고 있는 것에 격분해 부숴버렸다는 설 등이 전해지고 있다고 한다. 일정한 시기에 엄청난 물리적 충격으로 머리 부분을 타격하여 훼손된 것은 틀림없는 듯하다. 모든 사신상 등짝에는 그들의 온 나라와 사신의 직급이 쓰여 있다고 하기에 유심히 살펴보았다. 몇 군데에서 글씨가 보이기는 하나 식별은 안 되는 상태였다. 고종이나 무측천 모두 중국 역사에

당고종 이치(李治). 측천에게 무수히 속아 당한 것을 보면 이렇게 늠름한 모습이 아닐 듯하다.

또 다른 이치의 초상, 이런 의지 박약한 초상도 남아있는데 이 그림이 원작일 듯(바이두).

무측천(武则天)의 초상 강인하고 독살스런 그녀의 스토리와 무척 잘 맞는 이미지다.

이름을 남긴 황제들이다 보니 능침 앞에는 여러 가지 스토리가 새겨진 두 개의 커다란 비석이 좌우로 서 있다. 하나는 황제릉의 격식에서 최초로 황제의 공적을 적어 세웠다는 고종의 술성기비(述圣记碑)와 자신의 평가를 역사에 맡긴다며 아무 글자도 적어 넣지 않은 무자비(无字碑)를 세운 무측천의 대담한 기개가 대비되기도 한다.

건릉은 당 황조의 황제릉 중 유일하게 아직 도굴당하지 않은 것으로 알려져 있다. 황소의 난을 일으킨 황소로부터 중화민국 시절의 국민당 군벌까지 역사적으로 여러 번 대규모 도굴이 시도되었으나 견고함과 운 때문에 모두 실패하였다 한다. 신중국 성립 이후에도 1958년 지역 농민들이 석재를 채취하던 중 우연히 지하의 묘실에 이르는 묘도구(墓道口)가 발견되어 발굴을 진행하다가 유물 보존의 기술적 한계를 느낀 정부에서 발굴을 중지시켰다고 한다. 예술을 좋아했던 고종이 같이 묻어 달라고 유언했다는 전설적인 명필 왕희지(王羲之)의 난정서(兰亭序)가 매장되어 있을 것으로 기대하고 있다. 더운 날씨와 딸리는 체력을 핑계 삼아 주봉 중간까지 말을 타고 올라갔다. 주봉의 중간 능선에서 내려다보니 이런 대규모 스케일의 능묘를 건설할 생각을 했다는 자체가 참으로 경이로웠다. 건릉을 참관하고 마을로 내려오면 건릉의 배장묘 17좌 중 하나인 영태공주묘(永泰公主墓)가 발굴, 전시되고 있다. 무엇보다 지상에서 묘실에 이르는 묘도(墓道)의 양쪽에 프레스코 방식의 벽화에 그려진 당시 미인들의 모습이 마치 살아있는 듯 생동감이 있어 인상적이었다.

건릉(乾陵)에서 유래된 것이 틀림없을 건현(乾县)의 시내, 쩐강(振罡)의 노력으로 발견한 허름한 순두부(豆腐脑) 집에서 맛난 순두부 세 그릇씩을 후루룩 해치우고 오늘 황제능묘의 순례를 마감하기로 했다.

영태공주묘도 양쪽의 프레스코 벽화.

▲일괄 참수된 형상의 반신상(潘臣像). 허리채가 동강난 것도 있다. 굉장한 힘으로 물리적 타격을 가한 듯하다.

◀모든 석상의 등 뒤에 출신국과 관직들이 적혀있다.

하남성

낙양(洛阳)

관림(关林) 정원에 관우의 덕을 칭송한 '관공부(关公赋)'.

낙양(洛阳)

함곡관(函谷关)을 넘어 중원(中原)의 역사를 만나다

중국 5,000년 역사 중 1,000년 전 송나라 이후 중심지가 대륙의 동쪽으로 옮겨가기 이전까지 중화 문명이 발원하고 중국의 역사가 발전된 중심 무대는 섬서성의 서안을 중심으로 하는 관중(关中) 지역과 하남성(河南)의 낙양(洛阳)을 중심으로 하는 중원(中原) 지역이었다. 중국의 중세 이전 역사는 이 지역 패권을 놓고 자웅을 가리며 써 내려간 스토리가 연결된 것이다. 아직 유적이나 유물로 실증되지 않은 하(夏)나라를 제외하면 상(商)나라는 하남성 안양(은허) 지역에 그 유적을 남겨놓았고, 주(周)나라는 관중 지역에서의 동주(춘추시대)와 낙양으로 천도한 후의 서주(전국시대)로 나뉜다. 통일 진(秦)나라의 중심은 관중의 함양(咸阳)이었고 한나라는 다시 관중에서의 전한(前汉)과 중원에서의 후한(后汉)으로 구분된다.

천하삼분의 삼국시대 무대도 중원 쟁탈전이었다. 이후에도 낙양에 도읍했던 수(隋), 장안(서안)에 도읍했던 당(唐), 위진(魏晋) 남북조, 5대 10국까지 수많은 고대 왕조에서 방어에 유리한 천혜의 자연환경과 너른 평야를 가진 곡창지대인 이곳을 누가 차지하느냐가 천하의 패자를 결정하는 관건이었다.

이 관중지역과 중원지역을 나누는 분기점에 함곡관(函谷关)이 있다. 중국에 있는 수많은 관문 중에서도 산해관(山海关), 호로관(虎牢关), 검문관(劍门关)과 함께 가장 유명하다. 예전부터 『열국지』, 『삼국지』 등 중국의 역사책이나 소설을 읽다 보면 너무나 자주 언급되는 곳이라 과연 어떤 곳인가 하는 궁금증이 있었기에 꼭 한번 가보고 싶었던 곳이다.

함곡관은 또 험준하기로 유명한 지역이라 '한 주먹의 진흙으로도 가히 방어할 수 있다(一丸泥封函谷關)', '천하제일험관(天下第一险关).'라는 말이 있을 정도로 난

영화 세트장을 연상시키는 영보시의 함곡관 입구.

공불락의 요새로 알려진 곳이다.
  수많은 역사적 패권 대결의 무대 중에서도 전국시대 6국의 합종군이 진나라와 대결했던 곳이기도 하다. 당(唐) 이세민이 수(隋)나라와 건곤일척의 대회전을 벌인 곳이다. 또한 항우가 진(秦)을 치기 위해 넘었던 곳이고, 동탁이 반대 세력에 밀려 낙읍(洛邑)을 불태우고 장안으로 도망갈 때 지나간 길이기도 하다.

  이번에 이곳에 와서야 알게 된 사실인데, 함곡관 유적 터는 두 곳에 있었다. 도덕경(道德经)을 함곡관 문지기에게 남겨놓고 표표히 사라진 노자출관도(老子出关图)에 나오고, 맹상군이 진나라를 탈출할 때 닭 소리를 내어 문을 열게 했다는 계명구도(鷄鳴狗盜)의 고사(故事)가 나오는 한(汉)나라 이전의 터는 섬서성의 접경지대인 삼문협(三门峡)에 있다. 『삼국지』에 자주 나오는 다른 하나는 후한의 광무제가 만들었다는데 낙양시 근처의 신안현(新安县)이라는 곳에 있었다.
  마차 하나 지나가기 어렵다는 험준한 산속 계곡을 상상하며 삼문협 영보(灵宝)시에 있는 옛 함곡관 터에 도착했다. 그런데 웬걸, 황하 지류로 보이는 작은 개천가 허허벌판에 현대식으로 복원한 터가 있는 것 아닌가! 대체 험관(险关)은 무슨 험관이란 말인지 실감이 나지 않는다. 문화유적이라는 설명은 거창하게 되어 있으나 문틈으로 본 함곡관 유적에는 옛 모습이 없다.

수천 년 사이에 지형이 변한들 얼마나 변하기에 험산이 평지가 되었단 말인가! 분명히 고증이 잘못되었거나 관광객 유치를 위해 자리를 옮겨 재건해놓은 것이 아닐까 하는 생각이 든다. 게다가 유적의 품위라곤 전혀 느낄 수 없이 재건해놓은 입구의 문을 슬쩍 들여다보니 반반한 화강암으로 넓게 깔아놓은 길만 휑하게 나 있었다. 결국 1인당 70위안이나 되는 입장료를 내고 들어가 봐야 할 하등의 이유를 찾을 수가 없어 멀리서 노랗게 보이는 커다란 노자상(老子像)만 보고 발길을 돌렸다.

겸제 정선의 「노자출관도에 그려진 함곡관.

현재 중국인에게 이곳은 오랜 세월 천하의 패권을 놓고 자웅을 가렸던 역사의 현장이라기보다는 그저 노자가 머물며 도덕경을 저술했던 문화적 유적지로 기억되고 있는 듯하다. 물론 웅장한 옛 관루(关楼)가 있으리라 기대한 것은 아니었지만 그래도 유서 깊은 돌 기단이나 성벽 일부라도 좀 남아있을 것으로 기대했었는데 문 앞에 전시된 사진들을 보니 옛것은 아무것도 남은 게 없는 듯하다. 복원해놓은 것들도 조잡한 수준이라 상당히 아쉬웠다.

아쉬움을 남기고 나오는 길은 시장기도 더하는 것 같다. 허름한 동네 식당 앞에 사람들이 줄지어 서 있다. 무슨 맛난 게 있을까, 나도 따라서 줄을 섰다. 좁은 주방에서 덩치가 커다란 총각이 머리에 수건을 동여매고 화덕에 햄버거 비슷한 밀가루 빵을 열심히 굽고 있다. 금방 구운 바삭하고 고소한 밀가루 빵에 다진 돼지머리 고기를 넣은 중국식 햄버거 육막(肉馍)인데, 8위안짜리 두 개로 맛있게 민생고를 해결하고 다시 길을 재촉

다진 돼지머리 고기를 넣은 중국식 햄버거 육막(肉馍).

했다. 오늘의 목적지인 낙양에 이르기 전에 또 다른 하나의 함곡관 터가 내비게이션 화면에 잡힌다. 부지런히 액셀레이터를 밟아 도착했는데, 그만 5시를 넘기고 말았다. 당연히 문은 굳게 닫혀있다. 한함곡관유지(汉函谷关遗址)라는 간판이 크게 적힌 유적지를 멀리서 바라보는 것으로 기대했던 옛 함곡관과의 만남은 마감해야 했다.

옛 이름이 낙읍(洛邑)인 낙양은 중국 7대 고도(古都) 중 하나이다. 주나라에서 5대 10국에까지 장안(서안)과 번갈아가며 중국 제국들의 수도를 담당했던 곳이다. 선비족의 나라 북위(北魏)가 이곳으로 수도를 옮겨 건설한 유명한 용문석굴(龙门石窟)이 있고, 중국 최초의 불교 사찰인 백마사(白马寺), 관우의 무덤인 관림(关林), 그리고 낙양 고성(洛阳古城) 등 유명한 유적들이 있다. 예전에 왔을 때 용문석굴을 돌아보며 문화혁명 시절 험악한 파괴의 흔적에 마음이 많이 아팠던 기억이 있다. 또 치통 때문에 엄청나게 고생했던 기억이 겹치는 곳이다. 당시에 가보지 못했던 관림과 백마사를 돌아보기로 했다.

중국에서 관우(关羽)는 이미 신(神)의 반열에 오른 인물이다. 공자가 문성(文圣)이라면 관우는 무성(武圣)으로 추앙받고 있다. 충정과 의리의 화신이고, 집안의 안녕을 지키고 재물을 가져다주는 재신(财神)으로 집집마다 가게마다 그의 조상(雕像)과 초상(肖像)을 모시고 있다. 어떻게 역사 속의 한 인물이 이렇듯 신의 반열까지 오르게 된 것일까? 여러 가지 이유가 있겠지만 송나라 이후 여러 황제가 그에게 관작과 시호를 내리다 보니 죽은 지 천년이 넘는 시간 동안 관공(关公), 관후(关侯), 관왕(关王), 관제(关帝)로 급격

관제(关帝)상 관림을 찾은

히 승진되었고, 묘호도 관묘(关庙)에서 황제급인 관릉(关陵), 신급(神级)인 관림(关林)으로까지 승급되어 이후에는 더 이상 올라갈 직급도 없을 것 같다. 중국에만 이미 200여 곳에 오래된 관우의 사당, 즉 관제묘(关帝庙)가 있다고 한다. 그중에서도 낙양의 관림(关林)은 가장 급수가 높은 곳이다. 일단 명칭 자체가 황제의 능보다 더 고귀한 림(林)을 쓰고 있는데 림(林)자를 쓰는 다른 한 곳은 공자님을 모시는 곡부(曲阜)의 공림(孔林)이 있다. 한마디로 성인인 공자님 급이라고 보면 될 것이다. 여기에 관우의 묘가 만들어진 사연은 이렇다. 위, 촉, 오가 천하를 놓고 자웅을 가릴 때 관우는 오(吳)의 손권(孙权)에게 사로잡혀 참수(斩首)당하게 되는데, 손권이 위의 조조(曹操)에게 책임을 넘기기 위해 참수한 관우의 머리를 그에게 보냈고, 평소 관우를 크게 존경하고 있던 조조는 관우의 머리에 침향목(沉香木)으로 몸을 만들어 붙여 이곳에 무덤을 만들어 주었다는 것이다. 관림으로 들어서면 붉고 높은 벽으로 둘러쳐진 사당이 있고, 사당 마당에는 천하 최고의 재물 신에게 끊임없이 향(香)과 지전(纸钱)을 태워 바칠 수 있도록 만든 커다란 분향소가 있다. 재물 신전에는 면류관을 쓴 관우의 근엄한 조각상과 유비, 장비와 함께 있는 모습의 조상(雕像)도 있다. 신전을 관통해 나오면 관우의 머리를 묻어둔 분묘인 관림(关林)이 나오는데, 이 자리에 서면 사람들은 표정과 행동거지가 사뭇 경건해진다. 우리 부부도 최고의 재신 관제께 경건한 마음으로 금박지전도 태우고 향도 올리며 빌어본다. '절대 떼돈(!)은 필요 없으니 그저 우리 두 사람이 돈 걱정 안 하고 평생 여행이나 다닐 수 있을 만큼만 재복을 주십사!' 경건하게 빌어본다.

낙양의 또 다른 대표 유적인 백마사

관림(关林) 입구. 문 앞을 지키는 철 사자상이 특이하다.

와불상(卧佛)은 보았어도 금침을 덮고 누워 계신 관공상은 처음 본다.

忠孝勇仁이 크게 쓰여 있는 관림.

(白马寺)는 중국 최초의 불교사원이라고 전해진다. 한(汉)나라 명제(明帝)가 어느 날 꿈속에서 석가모니를 만나고 천축국으로 불경을 구하러 사신을 보냈는데, 사신들이 대월국(아프간)에 도착했을 때 인도 승려 가섭마등(迦葉摩騰)과 축법란(竺法蘭)을 만나게 되고 불경까지 구해 그들과 함께 백마를 타고 돌아왔다고 한다. 명제가 이들을 위해 지어준 절이 백마사이다. 두 스님이 이곳에서 불경을 번역하고 중국에 불교를 전파하는 불사를 이루었다고 하는 유서 깊은 절이다. 현재 백마사에 있는 불전(佛殿)들은 명나라 때의 건축이라고는 하지만 어찌 된 일인지 절간의 안정감과 경건함은 별반 느껴지지 않는다. 목전 중국의 여러 사원이 그렇지만 절집도 평지에 있고 산사의 아취는 기대할 수 없다. 절집에 이르는 길 주변은 거의 시장판이고, 돈 없는 중생들은 부처님께 향 하나 피우기 어려울 정도로 입장료가 비싸니, 이는 정녕 부처님이 바라시던 바는 아닐 듯싶다. 백마사는 중국 최초의 불교사원이라는 역사적 의미를 지니고 있어서 불교의 국제적 교류가 이루어지는 장소의 역할도 많은 듯하다. 경내에는 불교를 믿는 국가에서 기증한 각국 전통 양식의 사원들도 세워져 있다.

적토마상을 전시한 마정(马亭), 관우의 사당에 적토마가 빠질 수는 없다

추적추적 뿌리는 비를 맞으며 후덥지근한 절간을 돌아보고 있는데 맨 뒷마당에 호젓한 다원(茶园)이 하나 보인다. 무거워진 다리도 쉴 겸 차 한 잔을 주문하자 울력하시는 보살 한 분이 나서며 이곳은 차가 무료(免费)란다! 아미타불!

피곤한 중생에게 차 한 잔의 보시가 천 귀절 불경보다 부처님의 보살행을 더욱 실감 나게 한다. "말은 고만하시고(止语) 차나 한잔하고 가시게나(吃茶去)…!"

백마사 후원 찻집에서의 차 한잔과 止语

사당의 뒷편 향나무 두 그루, 세 갈래의 도원결의백(柏)과 용이 하늘로 올라가는 모습의 승천백(柏).

관우의 머리가 모셔져 있는 무덤▲
方丈은 선원(禪院)과 강원(講院) 율원(律院)을 모두 갖춘 큰 사찰의 최고 어른이다.▶

백마사 입구.

안양(은허, 安阳)
전설 속 상(商)나라의 존재를 증명해 준 곳

　중국 7대 고도(古都)란, 시안(西安, 서안, 옛 장안), 베이징(北京, 북경), 뤄양(洛陽, 낙양), 난징(南京, 남경), 카이펑(開封, 개봉), 항저우(杭州, 항주. 옛 임안(臨安), 안양(安陽, 옛 은허(殷墟)를 말하는데 중국 역사상 국가의 중심지인 수도의 역할을 해낸 유서 깊은 지역들이다. 이 중에서 하남성의 안양(安阳)은 우리에게 꽤 생소한 지역이다. 사실 이곳을 목적지로 하여 중국 여행을 하는 한국 사람들은 별로 없을 것이다.

은허에서 발굴된 상나라의 갑골문.
갑골에는 아주 작은 글씨가 새겨져 있다.

　안양(安阳) 주변에 태항산(太行山)이라는 명승이 있다. 그 자락이 하도 넓어 태원(太原), 평요(平遙) 등 산서성(山西省)의 유명한 유적지를 따라가면서 들리거나 아니면 하남성의 낙양, 서안 등 황하 남쪽 유적지를 따라 여행하면서 들러볼 수는 있을 것이다. 그러나 이곳을 주 목적지로 정했다면 하남성 북쪽으로 한참 올라와야 하기에 일부러 와 보기에는 편한 지역이 아니다. 옛 이름이 은허(殷墟)인 이곳은 중국 역사에 기록된 두 번째 왕조인 상(商)나라의 마지막 수도가 있던 지역이다. 한자의 원형인 고대 문자(甲骨文)가 새겨진 수많은 갑골(거북의 등껍질과 동물의 뼈)이 발견된 역사적인 곳이기도 하다. 『사기(史記)』를 비롯한 중국 역사서에는 5,000년 중국 역사 초기 3왕조를 하(夏), 상(商), 주(周)로 기록하고 있는데 하(夏)나라는 아직 실제 존재했다는 실증적 유적이 발견되지 않았다. 은(殷)이라 불리기도 했던 상(商)나라는 20세기 초 이곳 은허(殷墟, 안양)의 유적들이 발굴됨으로써 전설 속 왕조에서 벗어나 역사적 실존이 증명되었기에 중국 고대 역사를 기원전 1,600년 전까지 500년 이상 앞당기게 된 기념비적인 중국 10대 발굴 중 하나로 기록되고 있다. 상나라의 존재를 실증하게 된 이 지역의 발굴이 시작된 계기는 아주 우연한 것이었다. 청나라 말 한 금석학자가 북경의 한약방에서 학질(말라리아)의 특효약으로 팔리고 있던 약재인 용골(龙骨, 거북 껍질이나 짐승의 뼈)에서 이상한 글자들을 발견하고 이를 추적하기 시작하게 되면서부터였다. 이 용골의 원산지를 추적하니 하남성의 안양이었다. 이곳을 발굴하면서 대량의 갑골문과 청동기, 주거지, 궁전터, 고분들이 발굴되면서 상나라의 마지막 수도였음이 밝혀지게 되었다.

몽골제국을 제외하고 역사상 가장 큰 강역을 갖게 된 현재의 중화인민공화국은 경제·사회가 안정되기 시작한 80년대 이후 중국 역사 연구의 물리적(지역적) 범위를 어떻게 정할 것인가 하는 문제를 심각하게 고민하게 되는데 이는 역사상 수많은 왕조가 명멸하고 각기 크고 작은 다른 영역을 지배했던 대륙 국가로서 당연한 고민일 수 있었다. 많은 토론과 고민 끝에 끌어낸 결론은 현재 중국 영토 내 모든 역사를 그들의 역사로 규정짓자는 것이었다. 그리고 대대적인 정부 지원으로 현재 영토 내 모든 역사를 중국 역사로 만드는 작업, 즉 '역사 공정'을 시작하게 되는 것이다. 당연히 역사상 가장 넓은 범위의 영토를 가진 지금 시기에 56개나 되는 모든 민족의 역사를 현재 중국의 역사로 만든다는 것에 무리가 따르게 마련이다. 이러한 무리한 목표를 이루기 위해 또 다른 무리한 논리를 개발하게 되는데, 그중 하나는 중국 내 56개 민족을 하나의 중화민족(中华民族)으로 묶는 '통일적 다민족국가론(统一的多民族国家论)'인데, 이 이론이 나온 이후 사회 전반에 '중화민족'이라는 말이 자주 쓰이게 되었다. 이런 논리라면, 또 다른 다민족국가인 미국에도 통합 아메리카 민족이 있을 수 있다는 뜻으로 해석될 수도 있다. 다른 하나의 논리는 하나의 민족 역사라도 현재 두 나라 강역에 분산되어 있다면 두 나라가 같이 공유할 수 있다는 '일사양용론(一史兩用論)'이다. 한마디로 고구려 역사도 중국 땅에 있는 것은 중국의 역사요 한국 땅에 있는 역사는 한국의 역사일 수 있다는 것이다. 민족의 역사를 강역에 따라 물리적으로 분리시키는 모순이 발생한다. 이런 목적과 논리를 배경으로 중앙 정부 주도하에 진행된 중요한 역사공정이 있다. 먼저 중국의 고대 신화 속 삼황오제(三皇五帝)의 고대 역사를 사실로 살려내는 '중국고대문명탐원공정(中国古代文明探源工程)'이다. 다른 하나는 하, 상, 주의 역사를 시기별로 구체적으로 규정하고 사실화하려는 '하상주단대공정(夏商周斷代工程)', 그리고 역사적으로 명확한 지배체제를 구축하지 못하였던 동북 지역(东北)과 서북 지역 즉 신장 위구르 지역의 역사를 중국의 역사에 편입시키는 '동북역사공정(东部历史工程)'과 '서북역사공정(西北历史工程)' 등이 그것이다.

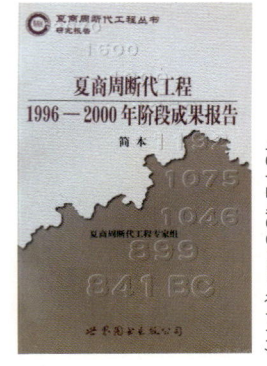

하상주단대공정 보고서(하영두).

 이번 여행 계획 중 은허(殷墟)를 꼭 가봐야 할 곳 리스트에 넣어놓기는 했었다. 하지만 허허벌판의 발굴지에 몇몇 지하 묘터들과 집터들이 있는 곳일 터이니 수백 km 먼 길을 돌아서 꾸역꾸역 가봐야 할 가치가 있을 것인가 고민이 되기도 한다. 하지만 함양, 서안, 함곡관, 낙양, 개봉 등 중국 주나라부터 송나라에 이르는 주

은허유적지 박물관 입구.

요 고대 역사의 발원 지역을 거쳐 왔는데 그 최고(最古) 정점에 있는 은허(殷墟)를 보지 않으면 안 될 것 같은, 자칭 역덕의 의무감이 데보라를 안양으로 몰게 하였다. 결론부터 말하면 아주 훌륭한 선택이었고 백문이 불여일견, 생생한 상나라의 역사를 눈으로 확인할 수 있었던 기회가 되었다. 또 하나의 이유는 상나라는 동이민족(東夷民族)이 만든 왕조이기 때문에 이를 확인하기 위한 것이기도 하였다.

은허(殷墟) 유적지는 예상했던 대로 그리 크지 않은 하천 변 너른 벌판에 흩어져 있었다. 담이 둘러친 유적지로 들어가기 전부터 이곳저곳에 발굴의 흔적들이 갑골 형태의 기념비로 남아있었다. 유적지는 크게 세 부분으로 나누어지는데 먼저 지하 발굴터를 이용하여 지하에 조성한 은허박물관(殷墟博物館), 마차와 말이 발굴된 차마갱(车马坑), 갑골이 대량으로 발굴된 터를 보존한 갑골굴(甲骨窖)이다. 발굴터의 지하에 건설된 은허박물관에는 생각보다 많은 유물이 전시되어 있었다. 그 가치도 아주 값지고 풍성하다. 특히 당시의 갑골 유물들을 잘 볼 수 있게 전시해 놓았다. 거기에 쓰여 있는 글자들도 탁본 확대하여 현대의 한자와 비교해놓은 것들은 수준 있어 보인다. 이곳에 전시된 다양하고 풍성한 제기, 무기, 악기 등 청동기 발굴 유물들은 그 모습이 아름답기도 하지만 그 표면에 새겨진 정교한 문양들은 갑골로 하늘의 뜻을 점치던 미개한 신권의 시대였는데도 어쩌면 청동기 주물 작품들의 제작 기술과 예술성이 이리도 높았을까 경이롭기까지 하다. 특히 하나의 고분에서 발견된 청동기 유물은 많은 것은 100여 점에 달하기도 해 당시 매장된 사람의 권세와 화려했던 매장 문화를 살펴볼 수 있다.

박물관에는 동시대에 사용하던 석기와 토기들도 같이 전시되어 석동병용기(石铜并用期)의 연장 시대였음을 보여주고 있다. 특히 작은 옥기(玉器)들과 장신구 중에는 북방의 홍산문화에서 보이

은허박물관에 전시된 청동기의 정교한 문양.

는 옥저용(玉猪龙)과 옥환(玉环) 등이 있는데 이는 황하문명보다 최소 1,500년에서 4,000년까지 앞서는 최고(最古)의 북방 홍산문화(红山文化)가 중원문화의 기원이 되는 앙소문화(仰韶文化)와 용산문화(龙山文化)에 큰 영향을 미쳤음을 실증적으로 보여주고 있다. 유적지의 차마갱(车马坑)에는 은허의 여러 곳에서 발굴된 상나라의 마차 유물과 그와 함께 발견된 말(马)과 순장된 마부(사람)의 유골까지 전시되어 있는데 순장 문화의 전통이 얼마나 오래되었는지, 그리고 이후 토용으로 변환되어 진(秦)과 한(汉) 분묘에 묻히게 되었는지 그 근원을 잘 보여주고 있다. 유적지에는 대량으로 발굴된 모습을 그대로 재현해 놓은 듯한 갑골굴(甲骨窟)이 있다. 이미 15만 개나 발굴되었다는 갑골 중 한 무더기의 갑골 유품을 발굴 당시의 모습 그대로 전시해 놓았다. 당시 얼마나 많은 갑골이 생활 속에서 사용되었는지 잘 보여주는 유물이다. 갑골 유물들은 주나라를 거쳐 춘추시대의 유적에서도 자주 발굴되는데 뼈로 점을 치는 골복(骨卜)문화는 산동반도와 황해를 따라 만주 지역과 한반도에서도 많은 복골(卜骨)이 발견되는 것으로 보아 상나라를 포함하여 동북 지역의 동이족들이 건설한 고대국가의 공통된 풍습이었음을 유추하게 한다.

   3,500여 년 전으로 거슬러 올라가 고대국가 상나라의 실체를 직접 눈으로 확인한 것은 유구한 황화문명이 고대국가로 이어져 수많은 왕조를 만들어낸 중국 역사의 원점이 황하강 유역인 이곳과 그 주변이었음을 실감하게 된다. 은허답사는 책에서 만나는 죽은 역사가 유적과 유물을 통하여 3,000년 전 살아있는 역사를 직접 확인할 수 있었던 뜻깊은 여정이었다. 그 의미는 역시 이 한마디로만 표현할 수 있으리라. "역사는 살아있었다!"

산서성

태항산의 괘벽공로(挂壁公路).

진중(晋中)
태항산맥 넘어 진상(晋商)의 고향을 가다

　오늘은 상(商)나라의 고도 은허(殷墟)의 유적이 있는 안양(安阳)에서 출발해서 서쪽으로 거대한 태항산맥을 뚫고 진상(晋商, 산서성의 옛 상인)의 화려한 대갓집들이 즐비한 산서성(山西) 진중(晋中)으로 간다. 산서(山西)성은 전통적으로 중국 대륙의 정치, 경제의 중심 지역이었던 중원(中原) 지역과 원나라 이후 중심 지역이던 북경(北京)을 연결하는 주도로(主路)가 성(省)의 가운데를 관통하기에 예로부터 교통로를 따라 상업(商业)과 북방 지역과의 무역(贸易)이 발전하며 엄청난 거상(巨商)들을 많이 배출해낸 곳이다. 춘추시대엔 오패(五霸) 중 하나인 진(晋)나라의 땅이었고 걸핏하면 북방 민족들과 처절한 대결을 하던 무대이기도 하였으나 때로는 교류와 협력을 통한 융합을 이뤄냈던 지역이기도 하다. 동쪽으로는 600km의 태항산맥으로 하남, 하북성과 경계를 이루고 서쪽으로는 내몽고 오르도스(鄂尔多斯) 지역에서 남하하여 삼문협에서 서쪽으로 급하게 꺾여 흐르는 황하(黄河)가 L자(字) 형태로 감싸는 중국 내륙 중앙 지역에 있다.

교가대원(乔家大院).

상가대원(常家大院).

이 지역은 옛 진(晉)나라 지역이었기에 별칭으로 진(晉)이라 부르기도 하는데 이 지역에서 발달한 상업은 예로부터 광동상인(潮商), 안휘상인(徽商)과 더불어 3대 상방(商帮)으로 인정되고 있는 산서상인(晉商)을 만들어내었다. 특히 명, 청조(明清)를 거치며 최전성기를 구가한 진상(晉商) 출신의 거부들은 산서성의 교통 요충지 곳곳에 자신들만의 엄청난 궁궐 급 저택(大院)을 건설하여 놓았는데 지금까지도 잘 보전되어 명, 청조의 고 건축미를 완벽하게 감상할 기회를 선사하고 있다.

이런 저택들은 그 저택을 소유했던 주인장의 성(姓)을 따서 이름을 부르는데 대표적인 곳으로는 장예모(张艺谋) 감독이 대표적인 명화 <홍등(大红灯龙高高挂)>을 촬영한 무대인 교가대원(乔家大院), 지금은 진상문화(晉商文化) 박물관으로 변신한 거가대원(渠家大院), 삼진(三晉)에서 규모가 가장 커 삼진제일원(三晉第一院)으로 불리는 왕가대원(王家大院), 중국 제일의 유상(儒商) 저택인 상가장원(常家庄院) 등이 있다. 이 전통미 농후한 대저택들은 지금도 많은 역사 드라마와 영화 그리고 다큐멘터리를 찍는 무대를 제공하고 있으며 명, 청 시대의 문화와 분위기를 고스란히 느끼려는 수많은 관광객이 몰려드는 곳이다.

'지하의 유물은 섬서성(陝西)에 있고 지상의 유물은 산서성(山西)에 있다'는 말이 있듯이 산서성은 역사 문화 유적이 즐비한 곳이기에 20년 전 처음 중국에서 배낭여행을 할 때 거쳐 갔던 곳이기도 하다. 무엇보다 산서성의 성도(省都)인 태원(太

거가장원(渠家庄院)

왕가대원(王家大院)

原) 아래쪽에 명, 청 시대의 옛 성 마을 모습을 거의 그대로 보전하고 있는 평요(平遥)고성이 있다. 평요를 처음 보았을 때의 감동은 지금도 잊을 수가 없다. 마치 바로 400년을 거슬러 올라 옛 세상으로 들어가는 느낌이었다.

역사 유적지 돌아보기를 좋아하는 나는 그 후에도 가족과 함께 다시 한번 산서성을 찾아 배낭여행을 왔었다. 당시에는 평요고성과 더불어 황하강변의 호젓한 옛 마을 적구고전(碛口古镇)과 황토고원의 전통 토굴 마을인 이가산촌(李家山村), 거대한 협곡의 절벽 위에 아슬아슬한 도로와 제비집처럼 매달린 사원들을 만들어 놓은 면산(绵山) 등을 찾아 돌아보면서 깊은 감동을 받았기에 특히 애정이 많이 가는 지역이기도 하다. 그래서일까, 이번 여정을 계획할 때 가능한 이전에 가보았던 지역은 제외하였으나 이곳 태항산과 근처의 유서 깊은 옛 마을은 꼭 다시 들러 보고 싶었다. 안양에서 산서성에 이르는 길은 태항산맥 중간을 넘어가야 한다. 태항산은 그 어마어마한 자락에 더욱 어마어마한 비경들이 곳곳에 숨겨두고 있다. 태항산의 풍경만 제대로 돌아보려 해도 족히 한 달은 넘게 걸릴 듯하다.

안양의 은허(殷墟) 유적을 돌아보고는 계속 쏟아지는 비를 피해 산서성으로 넘어갔다. 가는 길에 만날 수 있는 길목 도시 임주(林州)에서 이틀을 보내며 날이 좋아지기를 기다렸다. 하지만 시시각각 돌변하며 간헐적 폭우를 쏟아붓는 불안정한 날씨는 태항산을 넘어갈 적당한 시간을 내어주지 않는다.
"에라. 일단 출발하자. 비는 피해 다니면 되지!" 드라이빙 자유 여행가의 근거 없

평요고성(平遥古城)

적구고전(碛口古镇).

이가산촌(李家山村), 당대의 유명 화가 오관중(吴冠中)이 머물며 창작 활동을 한 곳으로 유명하다.

는 호기를 발동하여 길을 나섰다. 모험과 안전이라는 충돌하는 두 가지 가치를 모두 따라가야 하는 자유 여행가에게 가끔은 용기 있게 판단하고 행동하는 호기도 필요하다. 태항산에는 비경을 간직한 작은 산길들이 산맥 굽이마다 즐비하다. 궂은 날씨다. 열심히 지도에서 찾아낸 산길을 따라 경치를 감상하며 태항산을 넘어가고자 했으나 폭우 때문에 초입부터 바리케이드로 길이 막혀 있다. 후다닥 핸들을 돌려 우회로를 따라가다 보니 중국인들이 '세계 8대 기적' 중 하나라고 과장하여 부르는 홍기거(紅旗渠) 기념관이 나타난다. 깊은 산속에 인공으로 조성된 홍기거(紅旗渠)는 수백 년 전부터 이곳 하남성 임주(林州) 지방에 엄청난 고통을 주었던 고질적 가뭄 문제를 해결하기 위해 건설된 수로(水路)다. 산서성의 탁장하(浊漳河)로부터 태항산을 넘기는 수로(水路)를 만들어 물을 끌어들이는 엄청난 역사(役事)로 건설되었다. 산을 뚫고 다리를 놓아 수로를 만들고 물을 끌어들여 해발 2,000m의 태항산을 넘기는 이 대역사(大役事)의 주수로(主水路)는 길이가 71km나 된다. 작은 지류까지 다 합치면 무려 1,500km에 이르러 인간이 하늘에 만든 수로, 즉 인공천하(人工天河)라고 불리기도 한다. 처음 이 수로의 건설을 계획할 때는 7만 명을 일시에 동원하여 1인당 1m씩만 수로를 파면 3개월이면 완성할 수 있겠다는 지극히 중국적(中國的)이고 단순한 생각으로 시작했다고 한다. 공사 초기부터 지형의 난

마을 청년들이 끌과 망치로 5년 간 만들어 세상과 연결했다는 태항산의 괘벽공로(挂壁公路).

이도와 기술적 난관으로 계산은 어긋나고 결국은 10년 세월에 걸쳐 총 30만 명이 동원되어 완공되었다. 1,000개의 봉우리를 깎고 151개의 다리를 건설하고 211개의 암벽 터널을 뚫었고 공사 중 사망자만 81명에 달하였으며 여기에서 나온 흙과 돌만 하더라고 광동성의 광주(广州)에서 북경(北京)을 거쳐 흑룡강성의 하얼빈(哈尔滨)까지 중국을 남북으로 관통할 수 있는 가로세로 2×3m의 벽을 쌓을 수 있는 양이라 한다.

　먹줄을 튀기며 망치와 삽을 가지고 성취한 이 엄청난 대역사 과정을 기록한 다큐멘터리를 본 적이 있다. 화면에는 수로를 파러 산을 오르는 남녀노소의 웃는 모습만 보였지만 그 고생은 참으로 형언하기 어려웠을 듯하였다. 과거 만리장성이나 진시황릉 등 중국의 엄청난 역사적 유적들도 이렇게 백성들의 피와 땀으로 만들어졌으리라 상상이 된다. 대륙굴기와 중화부흥을 강조하고 있는 작금 중국에서는 인민들의 사회주의 홍색정신이 어떻게 발현될 수 있는가를 잘 보여주는 현장이 되고 있다. 이미 투쟁과 단결 정신의 승리를 보여주는 역사성을 인정받아 최고 등급(5A)의 국가급 관광지가 되었고 애국사상과 단결 정신을 고양하는 홍색 교육 기지로 역대 국가 영도(领导)들이 모두 방문하였던 곳이기도 하다. 하지만 이곳도 폭우

영가의 수로(바위)

때문에 3일간 폐관(闭关)이란다! 다시 우회로를 거쳐 암벽 길을 통과하고 15km에 이르는 엄청나게 긴 터널을 지나자니 비구름은 잦아들고 해까지 언뜻언뜻 비추는 하남성의 장치(长治)시가 나타난다.

이곳에서 태항산의 명승구인 홍두협(红豆峡)과 청룡협(青龙峡)을 돌아보고 산서성의 고도 진중(晋中)으로 향할 것이다. 홍두협(红豆峡)과 청룡협(青龙峡)으로 향하는 태항산의 구절양장 협곡의 2차선 길 주

잔도가 건설 당시 기록 사진(바이두)

변 역시 장관이다. 가히 '중국의 그랜드캐니언'이라 불릴 만한 대협곡이다. 90도 직각으로 서 있는 암벽 사이로 구불구불 난 길을 드라이빙하는 것은 참으로 신나고 경이로운 경험이다. 예전 흔들리는 버스를 타고 이 길을 지나간 기억이 어렴풋하게 떠오른다. 다시 보아도 어찌 이런 길이 있을까 경이롭기만 하다. 예전에 계곡 속에서 하루를 머물렀던 홍도협을 지나 청룡협 입구에서 바라보는 비 내리는 경관은

홍두협 가는 길. 절벽이 길 위로 쏟아질 듯하다.

한 폭의 산수화를 보는 듯 표현하기 어려운 경관을 연출한다. 태항산 비경을 뒤로 하고 400km를 북쪽으로 더 달려 진상(晋商)의 고향 진중(晋中) 시의 유차(楡次)에는 어스름 저녁이 되어서야 도착했다. 진중(晋中)은 산서성의 중심부에 위치하며 역사적인 유적이 즐비한 평요현(平遥县), 개휴현(介休县), 기현(祁县) 등이 있는 유서 깊은 곳이다. 코로나 전에는 한국 여행객들이 많이 왔었다는 고급스러운 호텔에서 천천히 여독을 풀고 다음 날은 유차(楡次)의 옛 성(老城)을 돌아보기로 했다. 유차에는 옛 유적들과 새로 복원, 재건한 구식 건축물들이 큰 면적을 채우고 있었다. 그중에서도 중국 민간신앙의 사당 모습이 잘 남아 있다는 성황묘(城隍庙)와 또 하나의 잘 보존된 관아인 유차 현오(县衙)에서 숨겨진 옛 모습을 찾아보는 즐거움을 누렸다. 성황묘(城隍庙)는 저승세계, 즉 명계(冥界)를 관장하는 염라대왕 성황신(城隍神)을 모시는 곳이다. 제사 의식 등에서 도교(道教)의 영향을 받기는 하였으나 현

구름 걸린 청룡협의 기막힌 풍경.

유차현오의 본관인 정무대청.

성황묘 전각 안의 수호장군. 결연한 표정이 압권이다.

명왕전(冥王殿). 명부(冥府)에서 죽은 영혼을 맞이하는 명관(冥官) 모자에는 "너도 왔구나(你也来了)"라고 쓰여 있다.

정판교가 쓴 성황묘 현판 글씨가 오묘하다.

지의 전통 민속 신앙과 밀접히 연결되어 있는데 우리의 전통 성황당이 전형화(典型化), 체계화한 듯 전형적인 도교(道教)의 도관(道館)과는 분위기가 확연히 다르다.

우리가 많이 들어왔던 성황당과 성황신의 중국 버전을 보는 듯하여 감회가 새롭다. 우리의 전통 무속과 연이 깊은 많은 이야기가 형상화된 모습을 눈으로 확인할 수 있다. 젊은 남녀의 인연을 이어주는 월하노인(月下老人), 자손을 점지해주는 자손보생원군(子孫保生元君), 연옥(炼狱)의 모습, 저승사자(勾魂使者), 60갑자(甲子)의 각 수호신 등등. 특히 죽음 이후 환생이 정해질 때까지 연옥에서 죗값을 치르는 모습을 형상화해놓은 명부전이 참 재미있다.

다음은 역사가 오래된 이 지역의 지방 관청인 유차현아(榆次縣衙)이다. 중국에서 가장 보전이 잘되고 규모도 최대인 현급(县级, 한국의 군청) 관아(官衙)라고 한다. 관아의 배치나 건물의 구조, 정원의 모습 곳곳에서 목민관(牧民官)들이 추구해야 할 덕목(德目)과 지켜야 할 계율(紀律)을 상징성 있게 녹여내고 배치해두었기에 이런 정신들이 표현된 상징을 하나하나 찾아가는 재미가 쏠쏠하다.

진상의 고향 진중의 고찰을 마무리한 후 다음은 산서성의 북쪽에 1,200년 전 요(辽)나라 때 순전히 목재로만 만든 65m 높이의 아름답고 장엄한 불궁사석가탑(佛宮寺释迦塔), 일명 응현탑(应县塔)과 중국 4대 불교 석굴 중 가히 최고봉이라 할 대동(大同)의 운강석굴(云冈石窟)을 친견(亲见)하러 간다.

홍두협 가는 길목의 국수집. 산서성은 국수의 고향이다.

응현목탑(应县塔)과 운강석굴(云冈石窟)
불교 석굴 문화의 정화(精华)

   3월 7일 장춘을 떠나 주유열국(周游列国) 대장정을 시작한 지 136일째를 맞았다. 이제 산서성을 지나면 북경을 거쳐 장춘에 돌아갈 날이 머지않았기에 집으로 돌아간다는 안도감과 여행이 끝나간다는 아쉬움이 묘하게 교차하고 있다. 사천, 청해, 감숙성을 거쳐 오며 대자연의 경이로움을 섭렵하고 섬서성의 서안으로부터 황하와 중원을 따라온 무게감 있는 중국 역사 기행도 이번에 돌아볼 응현(应县) 석가탑(释迦塔)과 대동(大同)의 운강석굴(云冈石窟)을 지나면 어느 정도 마무리될 것이다. 여행도 생활이 되어버리면 새로운 곳에 대한 탐험과 모험이라는 설렘보다는 그저 또 하나의 낯선 곳을 만난다는 피곤함과 매너리즘에 빠지게 될 수도 있다. 한 번 더 정신을 가다듬고 에너지를 끌어올려 1,000년 세월을 넘어 꿋꿋이 역사를 증거하고 있는 두 곳의 살아있는 역사에 경배를 드리러 간다.

   산서성의 북부, 내몽고와 경계를 이루고 있는 삭주(朔州)시 응현(应县)에 불궁사(佛宫寺) 석가탑(释迦塔)으로 불리는 응현목탑(应县木塔)이 있다.

   동북 유목민족의 한 갈래인 거란족의 대영웅 야율아보기(耶律阿保機)가 만주와 몽고 초원을 통일했다. 지금의 내몽고 바림우기(巴林右旗)를 상경(上京)으로 하여 세운 나라이자 북송(北宋)과 천하를 양분하며 군신(君臣)의 관계를 맺어 북방 민족 최초로 한족(汉族)의 송(宋)으로부터 조공을 받았던 북방 민족의 나라가 요(辽)나라다.

   이 요나라(1056년) 때 만든 현존하는 세계 최고(最古)이자 최고(最高)의 목탑(木塔)이 응현목탑이다. 요(辽)나라는 우리 민족과도 관계가 깊다. 발해를 침략하여 멸망시켰으며 고려를 여러 번 침입하여 서희(徐熙)의 강동육주 수복 담판과 강감찬 장군의 귀주대첩이라는 영웅담을 만들어낸 나라이기도 하다. 중원(中原)의 한족들

1,100년의 세월, 얼마나 많은 사연이 있었을까. 1930년대 응현목탑(바이두).

은 흉노, 돌궐, 위구르, 선비, 거란, 몽고, 여진족 등 동북방(東北)의 유목민족이 세운 국가들을 그들의 중화역사에 넣어 계산하면서도 그들이 새운 위(魏), 연(燕), 요(辽), 원(元), 청(淸)나라는 은연중에 문화 수준이 떨어지는 야만의 시대라고 치부하

웅장미와 함께 안정감 넘치는 비례를 보여준다.

탑신에는 54개의 편액이 걸려 있다. 天下奇景은 명 무종(武宗)의 친필이다. 아래쪽 정직(正直)이 맘에 와닿는다.

탑 1층 내부의 본존불.

려는 경향이 농후하다.

  응현목탑은 요나라 초기(1056년) 건축되어 이미 1,100년의 세월을 지났음에도 그 축조 기술과 예술성 면에서 시대를 뛰어넘는 탁월한 수준을 보여준다. 이탈리아의 피사의 사탑, 프랑스의 에펠탑과 더불어 세계 3대 명탑으로 꼽힌다. 석탑(石塔)인 피사탑보다는 10m 이상 높고 축조 시기도 150년 더 오래되었다. 철탑인 에펠탑과는 그 차원이 다르다. 응현목탑은 철제 못 하나 쓰지 않고 목조 결구(結構) 방식으로 만든 순(純) 목탑이다.

  높이만 해도 67m에 달하며 외부에서 보면 5층 탑이다. 그러나 내부는 실제로는 9층으로 구성되어 있다. 내진 설계까지 적용된 목탑 축조 기술의 결정판이라 할 수 있다. 우리나라에서 가장 오래된 목 구조물이 700년 전 고려 중기 건축된 부석사 무량수전(无量寿殿)이다. 고려 때 몽골의 침입 시 소실된 신라 황룡사 9층 목탑을 재건하는 것이 현대적 기술과 장비로도 어렵다고 한다. 그보다 더 오래전인 1,100

여 년 전에 이러한 거대하고 완벽한 목구조물을 축조하여 지금까지 잘 보전되고 있다는 것은 거의 기적에 가까울 듯하다. 건축에 문외한이라 기술적 측면은 잘 모르겠으나 고속도로 출구를 빠져나와 응현(応县)에 들어서면서부터 멀리 보이기 시작한 탑을 눈앞 가까이서 알현하는 순간 그만 말문이 막히고 말았다. 이런 느낌은 수십 년 전 불국사에서 완벽미의 대명사 석가탑(释迦塔)을 볼 때 느꼈던 깊은 감흥을 다시금 떠오르게 한다.

　높이 5m의 너른 돌 기단 위에 올려진 목탑은 높이와 넓이의 조화, 그 둘레와 처마의 비례감, 그 규모의 거대함에도 절대 흐트러지지 않는 안정감, 탑신 곳곳에 걸린 편액들과 대련들의 하모니, 검붉은색으로 변한 목재가 1,100년 세월의 에이징을 거쳐 뿜어내는 위압감과 절대 미감으로 보는 이로 하여금 그저 '억~~ 이건 뭐지!' 하는 경외감에 빠져들게 한다. 동서양을 막론하고 지고(至高)의 예술 작품으로 신을 경배하고자 했던 옛 고인(古人)들의 노력이 있었기에 현대의 우리는 그 작품을 통하여 시간을 뛰어넘어 옛사람들과 예술적, 종교적 공감을 느낄 수 있음에 그저 감사할 뿐이다.

탑의 뒷편 절에서 본 탑의 뒷태, 벽에 쓰인 글 그대로 장엄한 불법의 조화(庄严, 法相)가 느껴진다

어찌 보면 그저 잘 지어진 목탑 하나일 뿐이겠지만 1,000년 시간을 지나며 새로운 생명이 부활하고 이 지역과 여기 사는 사람들의 가치까지 규정해 버릴 수 있는 영물(靈物)이 되었으니 이 탑에서 발견되었다는 두 과(顆)의 부처님 진신 치아 사리(舍利)와 함께 또 다른 1,000년을 잘 버텨가기를 진심으로 치아의 주인이신 부처님께 빌어볼 뿐이다.

응현목탑에서 발견된 부처님 진신 치아 사리 2과 (바이두).

응현탑을 알현한 후 그 이름 자체가 참 고상한 대동(大同)으로 향했다. 대동(大同)은 지역의 명칭이기도 하지만 중국인들이 가장 중요하게 추구하며 최종적으로 도달해야 할 이상사회(理想社会) 즉 대동사회(大同社会)를 나타내는 말이기도 하다. 산서성 북단에 있는 대동(大同)시는 또 하나의 북방 민족인 선비족이 건설한 북위(北魏) 시대의 수도다. 당시 이곳에서 꽃피운 불교문화가 만들어

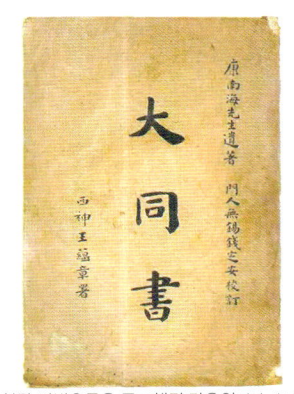

청말 변법운동을 주도했던 강유위(康有为)의 저서대동서 大同书.

놓은 걸작 운강석굴(云岗石窟)이 있는 곳이기도 하다. 운강석굴은 인도에서 중국으로 전파된 불교가 네팔, 티베트, 감숙, 하서주랑 등 그 전파 루트를 따라 확산되어 가며 곳곳에 엄청나게 많이 만들어 놓은 석굴 문화 예술의 정수(精髓)이자 결정판이라 할 수 있다.

필자는 이번에 세 번째 운강석굴을 찾게 되었다. 드넓은 중국 땅을 나름 열심히 돌아보았다 생각하지만 같은 곳을 세 번 이상 가본 유적지는 홍산문화(红山)의 발원지 적봉(赤峰), 고구려의 천년 고도 집안(集安)을 포함하여 딱 세 곳뿐이다.

처음은 2004년 배낭여행을 했을 때이고 두 번째는 작년(2020년) 직장 후배들과 함께 내몽고를 거쳐 장춘으로 돌아가는 자동차 여행의 반환점으로 삼았던 곳이며

이번에 10년 중국 생활을 같이한 나의 반쪽을 모시고 주유천하 역사 여행의 후반부를 장식하고 있다. 비록 매번 올 때마다 그 느낌과 감동이 새롭기도 하지만 여행 후반 거의 한 달을 중국 역사의 현장들을 좇아 오면서 아내에게 이곳을 보여주지 않고는 불교문화와 분리할 수 없는 중국 역사를 이해시키기 어렵다고 생각했음이다. 운강석굴은 낙양(洛阳)으로 천도하기 이전의 위나라(북위) 시절 100여 년에 걸쳐 대동시의 서쪽 무주천(武州川)의 남쪽 사암(沙岩) 절벽을 파서 만든 석굴 사원이다. 길이는 1km에 달하며 대굴(大窟) 21개, 중굴(中窟) 20개를 비롯하여 수만 개의 작은 불감을 파고 불상을 조성해 놓은 곳이다. 돈황의 막고굴(莫高窟), 낙양의 용문석굴(龙门石窟)과 함께 중국의 3대 석굴 중 하나이지만 개인적인 평가로는 규모나 예술성에 있어 다른 석굴을 압도하는 최고의 걸작으로 생각된다.

2004년 처음 이곳에 올 때는 주변에 석탄 탄광이 많았던 까닭에 석탄을 실은 큰 트럭들이 줄을 잇고 온통 시커먼 석탄 먼지를 뒤집어쓴 집들이 많았다는 느낌을 지울 수 없었는데 이번에 보니 유적지 앞에까지 진을 치던 무질서한 상가들이 싹 정리되었고 커다란 주차장과 현대적인 부속 시설들이 잘 갖춰진 깨끗한 관광지가 되어있다. 보기는 좋은데 어째 인간 냄새는 좀 빠진 듯하여 괜히 아쉬워지는 건 '쇠고기는 좋은데 백정이 싫다.'라는 무책임한 떠돌이 여행객의 이기심 때문인지도 모르겠

운강석굴은 길이 1km가 넘는 사암 절벽을 파고 조성하였다.

보수 중인 철망 뒤로 불상의 영롱한 눈빛과
신비의 미소가 대비된다.

1930년 대의 운강석굴사진(바이두).

제5굴과 금박과 채색이 선명한 대불상.

석굴의 천정에 직접 조각한 부조상들이 가득하다.

다. 운강석굴의 40여 개 석굴 중 건축 초기에 만들어진 중요한 석굴을 담요석굴이라 부르는 16굴~20굴까지 5개이다. 굴 안에는 5대 불(석가불, 미륵불, 아미타불, 약사불, 비로자나불)을 조성해 놓았다. 사암 절벽을 파고 들어가 큰 동공(洞空)을 만들고 동공 안의 바위를 파내면서 13~16m에 이르는 거대한 좌불상과 입불상들을 조각한 것인데 그 규모와 예술성은 보는 이로 하여금 저절로 경건한 불심과 이 작품을 만든 인간의 수고로움에 대해 경외심을 일으키게 한다.

　그중에서도 전면(前面)이 떨어져 나가 외부로 노출되어있는 제20굴의 본존불의 인상은 헬레니즘의 영향으로 거의 고대 그리스의 대리석 조각을 보는 듯하다. 콧잔등이 이마와 일직선으로 연결되어 전형적인 아리안족의 인상을 풍기시는 부처님이다. 불교와 함께 실크로드를 따라 서양 문화가 유입되고 융합되었음을 극명하게 보여준다. 암튼 꽃미남 부처님이다. 굴 내부의 벽에는 본존불을 호위하는 보살들의 조각들도 있고 전체 벽면을 장식한 크고 작은 불감과 불감속의 작은 부처상이 반복되며 변주되는 모습은 주제(테마)를 끊임없이 반복하며 변주하여 감동의 수치

제17굴. 채광과 출입을 위해 뚫어 놓은 석창과 묘한 대비를 이룬다.

밖으로 노출된 제20굴.꽃 미남 부처님.

를 최고조로 끌어올리는 고전음악의 대위법(対位法)을 시각적으로 형상화한 듯하다. 설계한 고인(古人)들의 의도한 바일지는 모르겠지만 본존불의 위대함과 존엄을 최고조로 끌어올리는 시각의 대위법이라고 할 수 있을 듯하다. 20굴 앞 벤치에서 무거워진 다리를 잠시 쉬면서 보니, 그래도 중국 유적 중 인기 순위 톱10에 들 유명 유적지인 걸 감안하면 관람객이 정말 많지 않다. 이번 여정 내내 느끼는 바이지만 코로나가 준 최고의 선물은 중국 여행의 해결 불가능한 대난제(大难题) '런타이뚜어(人太多, 너무나 사람이 많아)!'에서 해방시켜준 것이다. 역병에 고생하시는 백성들께 욕먹을 일이겠지만… 우리에겐… 땡큐… 코로나!!다.

무한 변주를 반복하는 시각의 대위법(対位法)이 느껴진다.

석굴내 불상의 눈동자는 이런 사기로 만들었다.

최종편
우하량(牛河梁)

건평현의 우하량 홍산문화 유적지

우하량(牛河梁)
인류의 가장 오래된 요하문명(辽河文明)과 홍산문화

　은허, 함양, 서안, 낙양, 개봉. 중국 역사를 관통하는 고도(古都)를 지나고 산서성의 북쪽 귀퉁이에서 1,000년이 훌쩍 넘는 응현목탑(应县木塔)과 1,600년 전의 운강석굴(云冈石窟)을 돌아보았다. 그리고 나니 우리나라에서는 상상하기 힘들었던 1,000년 세월, 그 시간의 무게감조차 어느덧 무덤덤해진다.

우하량 유적지에서 발굴된 여신상(복제품).

근 300여 년 사이에 수차례의 왜란(倭乱), 호란(胡乱), 일제의 잔혹한 침탈과 민족상잔의 전쟁을 거치며 처절하게 파괴되었고 게다가 남북으로 두 동강까지 나버린 현재의 우리에겐 600년 전 고려(高麗)의 역사만 해도 현실감이 확 떨어지는 옛이야기로 다가오지 않는가. 불과 2~300년 이전의 유물이나 유적들도 많다고 하기 어려운 현실일진대 곳곳에 1,000여 년을 가볍게 넘기는 유적과 유물이 산재한 중국 역사 문화유산의 두께와 깊이에 진한 부러움을 느끼지 않을 수 없다. 물론 이 대륙에도 최근 150여 년의 세월 동안 엄중한 외세의 침입과 약탈이 있었고 항일전쟁과 내전의 참화로 5,000년을 버텨왔던 무수한 유적과 유물이 파괴되었다. 무엇보다 불과 4~50년 전 광란의 문화대혁명(文化大革命) 기간에는 중국인 자신들의 손으로 엄청난 문화유산을 파괴해버리는 참혹한 시기를 겪기도 했다. 그렇다 할지라도 아직도 많은 유적과 유물이 보전되어 있다는 사실은 중국, 그들의 물리적 강역(疆域)의 광대함과 오랜 세월을 지나며 첩첩이 쌓인 역사의 두께와 깊이가 얼마나 두껍고 깊은 것인지 말해주고 있다. 이번 여정에 2만 5,000km 141일간의 대장정을 마무리하는 최종 목적지는 유구한 유적지가 즐비한 중국에서 조차 어떠한 지역도 감히 비교할 수 없는 무려 8,500~5,500여 년 전의 신석기 시대 역사를 증거 하는

요하(辽河), 바이두.

인류 최고(最古)의 시원(始源) 문명인 요하문명(辽河文明), 그중에서도 후기 문명을 대표하는 홍산문화(红山文化)의 중심지 우하량(牛河梁)으로 정했다. 또 다른 의미를 찾게 해줄 절정의 코스이길 믿어 의심치 않는다.

5,000년 전 유라시아, 아프리카 대륙의 큰 강을 중심으로 발생한 인류의 4대 고대 문명 중에서도 황하문명(黃河文明)은 끈질긴 생명력을 유지하며 한 번도 단절되지 않고 발전하여 현재까지 유일히 이어지고 있는 유일한 고대 문명이다.

당연하게도 중국인들의 황하문명에 대한 자부심은 대단한 것이다. 입장 바꾸어 생각해 보아도 5,000년을 이어온 인류 최고 문명의 주체(主体)인 국가와 민족이 큰 자부심을 느끼는 것은 충분히 이해되고 인정할 만한 일이다. 그런데 19세기 말부터 중국 대륙 동북 지역의 큰 강 요하(辽河) 유역을 중심으로 발견되기 시작한 또 하나의 고대 문명 요하문명(辽河文明)은 세계 고고학계에 인류 고대 문명사를 새로 써야 하는 엄청난 충격을 던져주게 된다. 이유는 이 요하문명이 황하문명보다 물경 1,000년~3,500년을 앞서는 인류 최초의 문명으로 확인되었기 때문이었다. 더욱 대단한 것은 요하문명은 당시 이미 체계화된 계급사회를 이루었고 나름의 발전된 기술과 분업화가 진행되었으며 이러한 영향은 이후에 발생한 앙소(仰韶)문화, 용산(龙山)문화 등 황하유역 문명에 큰 영향을 미쳤다는 것이 발견된 유물과 유적들을 통하여 확인 증명되었다는 사실이다.

요하문명의 발견은 인류 고고학적 측면에서도 세계 4대 고대 문명을 앞서는 인류 최고(最古)의 문명이 새로이 발견되었다는 엄청난 의미가 있었지만, 화하족(华夏族, 한족)이 건설한 황하문명에 대한 엄청난 자부심을 가지고 있던 중국(한족) 사회와 역사학계의 입장에서는 그들이 전통적으로 이민족, 즉 북쪽 오랑캐(东夷族, 동이족)의 땅으로 치부하던 만리장성 한참 북쪽에서 황하문명에 수천 년을 앞서는 발달 된 고대 문명이 발견되었다는 것은 마냥 좋아할 수만은 없는 미묘하고 엄중한 충격이었다.

협의로는 홍산문명이라고도 불리는 요하문명이 처음 발견된 것은 1906~1908

년까지 내몽고 적봉(赤峰) 지역을 돌아본 한 일본의 고고학자 '토리이 류조'에 의해서다. 그가 이곳에서 발견하고 수집한 신석기 유적과 유물들은 당시에는 어떤 의미인지 정확히 알 수 없었으나 일본으로 돌아간 후 발행한 『몽고여행(蒙古旅行)』이라는 책에 이 지역에서 발굴한 유적과 유물들을 소개하면서 이 지역에 엄청난 고대 문명이 존재했을 수 있다는 의문을 제기한 것이 계기가 되어 위대한 홍산문명의 일각(一角)이 세상에 모습을 드러내기 시작한 것이다.

홍산문명을 처음 소개한 일본의 고고학자 토리이 류조(鸟居龙藏).

중국 전야 고고학의 창시자 양사영(梁思永).

중국에서 20세기 초는 외세의 침탈과 전쟁, 신해혁명 등 중국 역사상 격동기를 겪는 기간으로 여유 있게 역사를 연구할 사회적 여건이 충족되지 못하였다.

1930년대 들어서야 청말 변법 운동의 혁명가 중 한 명인 양계초의 아들이자 당시 하버드대에서 고고학을 전공했던 '양사영(梁思永)'이 열하(热河)와 내몽고 주변의 유적을 돌아보고 이곳에 엄청난 신석기 문명이 있었음을 추정하는 연구 보고서를 발표하게 된다. 이후 신중국이 수입된 1950년대 말 이 보고서에 주목한 당시 북경대학 고고학과의 교수들과 연구진이 이 지역을 조사한 후 발전된 고대 문명이 있었음을 실제적으로 확인하였고 유적이 집중적으로 발견되는 적봉(赤峰)시에 있는 붉은산 홍산(红山)의 이름을 빌려 이 지역에서 발견된 고대문명을 홍산문화(红山文化)라고 칭하게 되었던 것이다.

이후 1980년대가 돼서야 정부 차원의 본격적인 발굴은 시작되었고 홍산문화의 실체가 모습을 드러냈다. 이 지역에서만 지금까지 1,000여 곳이 넘는 유적지가 발굴되면서 역사학계에서도 명실상부한 인류 최고의 문명으로 인정받게 되었다. 실로 이러한 엄청난 역사의 발견이 불과 40년 전에야 그 실체를 세상에 드러내게 되었다는 것이 참으로 아이러니하다.

우하량(牛河梁) 유지박물관.

이 홍산문화의 발견은 우리나라 역사학계에도 큰 반향을 일으키게 되는데 요하 동북 지역(요동지역)은 전통적으로 우리 고대 민족(예맥족)을 포함한 동이 민족의 강역이었음은 주지의 사실이고 5,000년 이전에 이 지역에서 국가 형태를 구성하고 존재했던 유일한 사회가 우리 역사의 시원인 고조선(古朝鮮)이므로 기원전 2333년을 개국 원년으로 하는 고조선의 역사 시기와 후기 홍산문화를 대표하는 '하가점 상층 문화'와는 그 시기가 절묘하게 일치하는 것이다.

더불어 중국 역사서에 기록된 고조선의 역사 기록과도 여러 부분에서 부합하게 되므로 신화로 치부되어 오던 고조선의 역사가 역사적 사실로 증명될 수도 있는 근거가 발견된 것일 수 있기 때문이었다.

우리 고대 역사가 한반도 내에만 존재했었다는 고정관념을 신주단지 모시듯 하는 일제의 반도사관(식민사관)에 경도된 강단 사학계에서는 인정하려 하지 않고 있지만 이미 우리나라의 의식 있는 많은 재야 사학자들은 홍산문명을 우리의 고대 역사와 연결시키려는 연구를 진행하고 있다. 유교를 국시로 하여 소중화(小中华)를 자처하며 독립적이고 자주적인 역사를 정립하지 못했던 조선왕조와 식민 지배를 정당화하기 위해 우리의 고대사를 한반도 내로 묶어 놓으려 했던 일제강점기를 거치며 아쉽게도 우리의 상고사와 관련된 많은 사료가 때로는 우리의 손에 의해 때로는 외부의 압력에 의해 폐기되고 사라져 버렸다.

우리 상고사의 강역과 거의 모든 유물·유적이 북한과 중국의 동북지역에 있는 현실에서 사료조차 없이 역사를 연구한다는 것은 지극히 어려운 일이긴 하다. 한중수교 이후 양국 간 교류가 수월해지고 수많은 중국의 역사 기록들에 비교적 손쉽게 접근하게 됨으로써 최근 들어서야 우리 고대 역사를 실증적으로 밝히려는 연구와 노력이 속도를 낼 수 있게 된 것이다.

이러한 우리 연구자들의 상고사 연구 작업과 성과는 현재 중국영토 내의 모든 역사를 그들의 역사로 만들기 위해 여러 역사공정을 진행 중인 중국 사학계와의 충돌을 피할 수 없게 되었다. 정부의 대대적인 정책적 지원을 받으면서 풍부한 역사 기록과 유적과 유물들도 그들의 땅에 보유한 중국과 역사의 진실 밝히기 경쟁을 하기 위해서는 우리도 많은 학계의 통일된 노력 그리고 정부의 전폭적이고 지속적인 지원이 필요할 것이다.

누가 뭐라 하여도 우리 역사는 우리가 지켜야 한다. 지금 철저하게 연구하고 밝혀놓고 기록해 놓지 않으면 불과 100년이 지나지 않아 왜곡되고 가공된 역사가 정설이 되지 않는다 단언할 수 있을 것인가!

학문적 관점에서 역사를 해석하고 바라보는 데는 다양한 시각이 있을 수 있겠으나 자신의 역사를 자신들 눈으로 바라보고 적극적으로 해석하는 것은 절대 편협한 일이 아니다. 특히 자신의 역사를 후손들에게 제대로 가르치는 것은 무엇보다 중요하다. 수년 전 역사 교과서 논란에 따라 학문적 다양성을 핑계로 수많은 검정 교과서를 만들어 역사교육을 파행시켰던 사실에서도 알 수 있듯이 자신들의 정체성과 연결되는 역사관을 정략적 논리로 해코지하고 난도질하는 우를 범하지는 말아야 할 것이다.

역사는 되돌릴 수 없고 되돌려지지도 않는다. 하지만 세월에 묻힌 역사의 팩트를 찾아내고 사실을 탐구하는 것은 중국이나 한국 구별 없이 후손들이 해야 할 당연한 일이다. 현재 이곳이 중국의 영역이라고 한민족 고대 역사의 강역이었다는 사실을 부정할 필요도 없고 또 과거 우리 역사의 무대였었다고 해서 현재의 명확하고 실체적 사실에 영향을 미쳐야 할 이유도 없다. 과거는 과거, 현재는 현재, 역사는 역사일 뿐인 것, 역사는 대리석의 문양처럼 규정된 것이 아니다. 흐르는 강물처럼 지금도 이어지며 만들어지고 있는 것이니 그저 역사 연구에는 실사구시(实事求是)하는 자세를 견지할 일이다.

서론이 길어졌지만, 세계 고대 문명사나 중국, 한국의 역사에도 이렇게 중요한 홍산문화의 후기 유적지 우하량(牛河梁)은 요녕성(辽宁)의 건평현(建平县)에 있다. 산서성의 대동(大同)을 출발하여 북경에서 이틀을 지내고 요녕성을 거쳐 장춘으로 돌아가는 마지막 여정을 요하문명의 핵심 건평현(建平)의 우하량(牛河梁)으로 정한 것은 이번 여정을 의미 있게 마무리하고자 하는 마음 때문이다.

북경은 2012년부터 1년 동안 머물며 직장 생활을 했던 곳이고 수시로 출장을 다니던 곳이라 낯설지는 않다. 옛 동료들과 만나 그간 받은 도움과 우정에 진한 감사의 마음을 전하고 동료애를 나누었다. 오랜 친구(老朋友)를 만나 정을 나눈다는 것은 언제나 즐겁고 행복한 일이다.

북경에 올 때면 자주 들르는 곳이 한 때는 6만 명의 예술가가 모여 살며 창작 활동하던 통주(通州)의 예술구 송장(宋庄)이다. 이곳에는 오래전부터 우정을 나누던 몇몇 화가(画家) 친구들이 항상 반가이 맞아 준다. 이미 중견의 수준을 넘는 작가의 반열에 올라 의욕적인 작품 활동하는 친구 박광섭(朴光燮), 구군(邱君), 장환(蒋换) 작가 친구들과 시간 가는 줄도 모르고 예술에 취하고 정감을 나누었던 북경의 시간이 항상 그립다.

북경에서 요령성 건평(建平)까지는 400여 km 거리이다. 여유 있게 북경의 왕징(望京)을 출발하여 어스름 녘에야 요즘은 중국에서조차 보기 드문 브라운관 TV가 떡하니 버티고 있는 해묵은 건평의 낡은 호텔에 여장을 풀었다. 요녕성만 해도 동북 3성에 속하고 길림성과 맞붙은 지역이라 북경 이전의 지역과는 분위기가 다르다. 딱히 뭐라 표현하기 쉽지는 않은데 동북 지역의 조금은 터프하고 세련되지는 않지만, 인간적이고 정감 있는 분위기가 확연히 느껴진다고 할까?

송장(宋莊)의 작가 친구들 蔣煥, 朴光燮.

아… 25,000km, 16개 성을 돌아 드디어 동북(东北) 땅에 돌아왔다는 안도감이 든다!!!

1983년부터 정부 주도하에 대대적으로 발굴되기 시작한 우하량(牛河梁) 유적지는 2003년에야 발굴을 완료하였는데 두 곳의 주요 발굴지가 있다. 하나는 중국인의 시조 여신상(女神像)이 발견된 여신묘(女神廟)인데 이곳에서 발견된 옥 눈동자(玉眼)가 박힌 흙으로 만든 여신상의 얼굴은 5,000년 전 숭배의 대상이 되었던 여신의 모습을 극적으로 보여주고 있다. 또 다른 한 곳은 신을 모시는 사원(庙)과 하늘에 제사 지내는 제단(坛) 그리고 귀족 등 유력자들을 묻은 무덤(冢) 등 여러 곳이 동시에 발굴되어 이미 당시 사회가 계급적으로 분화되어 있었고 분업이 이루어졌으며 강력한 중심 권력이 존재하여 초기 국가 단계로 들어갔음을 증명하는 곳이다. 지금은 보기에도 엄청난 공사비와 노력이 들어갔을 거대한 철제 돔을 설치해 유적지를 보호하고 있는데 중국 정부에서도 이 유적지를 무척 중시하고 있음을 짐작할 수 있다.

무덤에서 유골이 그대로 발굴되다.

더불어 이곳에서는 많은 옥기도 발견되었는데 옥을 소장하고 몸에 지니기를 좋아

돔형 보호각 내의 발굴 유적지.

하늘을 표현하는 둥근 제단(坦).

복원된 여 제사장의 모습.

땅을 상징하는 사원터(庙).

하는 중국인들의 옥문화(玉文化)의 원류가 홍산문화이며 그중에서도 이곳에서 많이 발견되는 다양한 모양의 옥저룡(玉猪龙)은 시간이 흐름에 따라 변형되어 중국의 용(龙)이 되는데 중국 용봉(龙凤) 문화의 원류라고 해석하기도 한다.

지금은 비록 중국 땅 깊숙이 존재하지만 먼 옛날 우리 고조선 역사의 현장일 수도 있겠다 생각하며 바라보는 우하량(牛河梁)의 돌무지들은 절대로 끊길 수 없는 5,000년 역사를 슬며시 이야기해 주는 듯하고 속 깊은 옥(玉) 눈동자와 낮은 콧잔등, 튀어나온 광대뼈가 우리의 모습과 너무나도 닮은 여신께서는 '기특한 나의 후예가 여기까지 찾아왔구나' 대견스러워하시는 듯하여 돌리는 발걸음을 가볍게 한다.

의미 있는 우하량 유적지를 뒤로하고 드디어 장춘(长春)으로 향한다. 오늘 저녁이면 장춘에 도착할 것이고 그리웠던 장춘의 한식당 용수산(龙秀山)의 된장찌개와 삼겹살을 폭풍 흡입할 것이다.

불현듯, 141일 2만 5,000km, 18개 성(省)을 지나온 이번 여정이 후루룩 창문을 스쳐 간다. 나 스스로 대견하고 오랜 시간 기나긴 여정에 줄 곳 나의 옆을 지켜준 나의 반쪽에게 무한히 감사하다. 그저 이 작은 꿈의 실행이 또 다른 인생의 버킷리스트를 채우고 이루어 가는 큰 출발점이 되기를 바랄 뿐이다.

여보, 이제 용수산에 된장찌개, 삼겹살 먹으로 가자!

너도 수고했다. 데보라 (Deborah)~!!

장춘에 도착하여 바로 달려간 한식당 용수산.

에필로그

새로운 여행을 꿈꾸며

　이 책은 우리 부부가 2021년 3월 7일, 길림성 장춘을 떠나 2021년 7월 25일 다시 장춘으로 돌아올 때까지 141일간, 18개 성, 25,000km를 돌아본 중국 대륙의 자동차 자유여행을 기록한 것이다. 여러 가지 이유로 여행을 떠날 때 의욕적으로 계획했던 24개 성 35,000km의 여정을 전부 다 돌아보지는 못하고 일정이 좀 줄어들기는 했지만 이 여정만으로도 우리 부부의 인생 버킷 리스트 맨 위쪽에 소중히 간직해 왔던 작은 꿈을 실현할 수 있었다는 사실에 스스로 감사하고 대견한 마음 가득하다.

　이번 여행을 되돌아보면 휘몰아치는 코로나 팬데믹의 아우성 속에서 중국 대륙의 구석구석을 찾아다니는 장기간의 자동차 자유여행, 그것도 외국인에게 절대 우호적이지 않은 중국 현지의 여행 환경과 변방의 외진 곳으로 이어지는 미지의 여정, 항상 부족한 정보, 지속적인 차량 이동에 따른 위험과 피로를 생각하면 무모한 도전을 한 게 아닐까 하는 생각에 마음이 덜컥 내려앉기도 했다. 하지만 큰 어려움이나 사고 없이 긴 여정을 안전하게 마무리했고 지금은 지나온 여행 과정을 찬찬히 되새기며 정리하는 즐거운 시간을 보내고 있으니 그저 이번 여정과 우리 부부를 둘러싼 모든 것에 감사할 뿐이다.
　이 책은 이런 감사의 마음으로 여행 기록을 남겨 우리 부부의 맨 위쪽 인생 버킷 리스트를 실현한 기쁨을 오래 간직하고 여행 중에 느끼고 배운 생각들을 혹시 우리와 같은 꿈을 꾸고 있을 보통 사람들과 나누고자 한다.

　'인생여행'을 꿈꾸는 보통 사람들이 생각하는 여행 필수 요소는 무엇일까? 아마도 많은 사람의 대답은 경제적 여유와 시간 그리고 건강으로 정리될 듯하다. 물론 세 가지가 필수요소임은 부정할 수 없다. 하지만 인생을 청년의 준비기와 중장년의 활동기 그리고 노년의 휴식기로 나눈다면 인생에서 이 세 가지 필수요소가 동시에 부합하고 충족되는 시간을 갖는다는 건 결코 쉬운 일이 아닐 듯하다. 하지만 운이 좋아 이 세 가지 요소가 모두 충족되는 상태가 되었다고 하더라도 이것들을 노잣돈으로 삼아 멋진 인생 여행에 도전하거나 실행하는 이들이 많아 보이지는 않는다.

　항상 배고프게 여행을 꿈꾸며 살았던 우리 부부에게, 지금까지 떠났었던 여행의 매 순간들을 떠올려 보면, 항상 무엇인가 부족한 상태(대부분 시간과 돈의 문제)였지 단 한 번도 모든 조건이 풍성하게 충족되었던 적은 없었던 듯하다. 그래도 적지 않은 여행을 즐길 수 있었던 것은 때가 되었다고 생각할 때, 너무 이것저것 따지지 않고 그냥 떠났다는 것이다. '그냥 떠남'은 여행이란 명제를 '~ 만 있다면'이라는 조건부에서 '~ 이 부족하더라도'라는 무조건적 가치로 자리를 치환해 준다.

생각해보면 이번 여행 출발 전에도 빨리 귀국해 여러 가지 세컨드 라운드를 준비해야 한다는 적지 않은 마음의 부담, 코로나가 기승을 부리는 상황에서 과연 멀고도 낯선 길을 갈 수 있을까 하는 두려움과 막막함, 빨리 뵈어야 할 연로하신 부모님 생각 등 발길을 막는 갖가지 이유를 찾을 수 있었겠지만 '그냥 떠남'을 선택함으로써 꿈은 실현되었고 발길을 잡을 것 같았던 상황들도 기우가 되어 인생 세컨드 라운드를 시작하는 멋진 출발점이 될 수 있었다. '그냥 떠남'이란 상황을 파악하지 못하는 무모함이 아니라 더욱 중요한 것을 선택하는 용기와 결단일 수 있는 것이라 생각한다. 중국 역사와 문화는 학창 시절 감명 깊게 읽었던 『삼국지』와 『명심보감』을 접한 이후 항상 마음과 생각의 한 자락에 자리 잡고 있었던 듯하다. 중국 고전과 역사에 관심이 많았고 마흔이 넘어서는 중국어를 좀 배워보기도 하였으나 이렇듯 오랜 기간 중국에서 살면서 중국 대륙을 주유할 기회와 인연이 있을 줄은 생각조차 하지 못했다. 직장에서 파견 주재원으로 처음 길림성 장춘에서 중국 생활을 시작한 이후로 북경, 심양을 거쳐 다시 장춘에서 임무를 마감할 때까지 10여 년 동안 많은 중국 친구들을 사귀었고 중국 역사와 문화를 공부하며 적지 않은 곳을 돌아보게 되면서 쑥스럽게도 중국 친구들에게 중국통(中國通)이라는 칭찬도 듣게 되었으니 내 인생에 중국과의 인연이 보통은 아닌 듯싶다.

내가 이곳에 살면서 경험했던 중국은 '하나의 나라'라기 보다는 '하나의 세계'였다고 표현하고 싶다. 이런 표현은 단순히 땅덩어리가 크고 인구가 많다는 하드웨어적 대국주의를 말하려는 것이라기보다는 세상의 지리적 크기가 알려지기 훨씬 전부터 수천 년 역사 속에서 문화 언어조차 다른 수많은 민족과 왕조들이 명멸하면서도 그들에게 중국은 세상의 전부이자 천하(天下)였기 때문에 생길 수밖에 없는 세계관과 가치관 때문일 것이다. 장대하고 유구한 역사의 과정에서 만들어진 그들의 세계관과 가치관은 통일 국가를 이루지 못한 기독교 문화의 유럽과 짧은 역사를 가진 미국으로 대변되는 서방의 시각으로는 결코 전체를 해석해내기가 어려울 것이라는 생각이 든다. 이 문제는 옳고 그름의 문제도 아니고 우와 열을 가릴 수 있는 문제도 아니며 분석과 기술(記述)의 문제는 더더욱 아니기 때문이다. 어쩌면 서양인들보다는 역사적, 문화적 공감대가 넓고 사상과 윤리, 정치 사회제도 등 여러 방면에서 공통점을 지니고 있으면서도 자유 민주정치 시스템하에서 산업화를 성공시켜 서방세계의 일원으로 성장한 한국 사람들이 좀 더 객관적인 시각에서 중국의 현재를 분석하고 설명할 수 있으리라 생각되기도 한다. 작금 한국과 중국 간에는 예전에는 상상하기 어려웠을 많은 경제 사회의 교류가 진행되고 있지만 더불어 양국 사이에 야기되고 있는 많은 충돌과 갈등도 해결해 가야 한다. 그런데 과연 우리 사회에 중국에 대한 객관적이며 심도 있고 전면적인 이해가 존재하는지 의문이다. 중국과 오랜 인연을 맺고 나름 중국을 알려는 노력을 꾸준히 해온 사람으로서 이 여행기를 통하여 이런 중국에 대한 이해를 푸는 조그만 실마리라도 제공했으면 하는 바람이다.

'하나의 나라'를 전면적으로 이해한다는 것은 그 나라 사람들도 하기 어려운 일이다. 하물며 '하나의 세계'인 중국을 이해한다는 것은 누구도 쉽게 할 수 있는 말이 아닐 것이다. 하지만 모두를 이해할 수는 없을지라도 중국을 이해하기 위해 가장 필요한 부분인 문화 사상과 역사, 공산주의를 이해하고 공부하는 것이 중요하다. 이렇게 딱딱한 공부를 더 딱딱한 책상에 앉아서 하기보다는 즐거운 우리들의 여행을 따라가며 중국 대륙 곳곳에 흩뿌려져 있는 많은 왕조와 역사적 인물들과 그들이 남겨 놓은 별들 만큼이나 많고 재미있는 스토리의 흔적들을 찾아서 끼우고 맞추어 가는 여정은 그 자체로 멋진 과정이 될 것이다. 나라와 나라, 백성과 백성 사이에 교류와 이해를 증진시키는 데는 전문적인 분석과 지식이 필요한 것은 아니다. 서로의 감성 속에 당연히 존재하고 있을 서로에 대한 긍정적 존중과 이해를 끄집어 내어 증폭만 시킬 수 있다면 인위적인 정책이나 노력 없이도 충분히 성공할 수 있으리라. 중국은 인류 고대 문명 발상지의 하나로 현재까지도 면면히 이어져 발전해온 문명 대국이기에 당연히 존중받을 자격이 있고 한국 또한 20세기 이후 경제와 정치의 기적을 이루어 선진국 대열에 들어선 나라이므로 누구에게나 존중받을 충분한 자격이 있다고 믿고 있다.

이번 여행 중 중국의 외진 변방과 작은 시골에서도 쉽게 느낄 수 있었던 중국인들의 한국과 한국 사람들에 대한 우호적인 감정은 한편으로는 이웃이기에 생길 수도 있었을 부정적 감정을 덮고도 남을 만큼 강력하고 두터운 것이었다. 이번 여행은 필자가 그간 공부해왔던 중국에 대한 지식을 현장에서 확인하고 중국과 중국인들에 대한 이해를 더욱 깊게 하는 기회였음에 감사한다. 이러한 느낌을 앞으로 중국 여행을 꿈꾸고 있을 미지의 베가본드들과 공유하고 싶을 뿐이다.

현재 대한민국은 섬나라로 볼 수 있다. 유라시아 대륙과 연결을 끊어 놓은 북한이라는 존재 때문이겠지만 현재 한국은 반도국가 이거나 대륙과 연결된 나라라고 보기가 어렵다. 그리고 한국전쟁 이후 태어난 우리 세대는 대륙과 연결된 나라에 산다는 자각조차 없이 살아왔다. 하지만 이번 여행에서 새삼 느낀 점은 우리는 유라시아 대륙과 분명 연결된 대륙 국가이고 잠시 떨어져 있지만, 미래는 반드시 대륙국가로서 발전해가야 한다는 당위에 대한 절실한 자각이었다.

우리 민족 역사의 한 장이 멋지게 펼쳐졌던 곳이 중국 대륙이었다. 옛 만주라 불리던 길림성과 요녕성에 점점이 산재한 고구려, 발해의 유적지들뿐 아니라 5,000년 역사를 뚫고 불과 100년 전에야 그 얼굴을 세상에 내어 비친 홍산문화의 유적들은 전설로 굳어지고 신화가 되어버린 우리 고조선과 열국의 시대가 실재하였음을 그 모습 자체로 증거해 주고 있다. 앞으로 우리와 우리의 후손들이 잃어버린 우리의 고대 역사를 밝히고 찾아야 하겠다는 소명감이 중국을 넓게 알아가면서 우리의 마음속에 더욱 깊어지는 아이러니한 경험을 하게 된다.

귀주성과 사천성의 고원지대와 공산 혁명의 성지 섬서성 연안을 거치면서 느낀 것은 중국은 누가 뭐라 해도 사회주의 국가라는 사실이고 이 나라는 결코 간단하게 세워진 나라가 아니라는 것이다. 따라서 그들의 건국 정신이자 이데올로기인 공산주의를 포기한 적이 없으며 공산주의의 이상을 실현하는 과정에서 필요한 자본주의 시장경제를 빌려와 자신들의 경제발전 수단으로 쓰고 있을 뿐이다. 여기에서 우리가 중국을 보는 근본적인 오해가 시작된다. 지난 30년 사이 한중간 민간 교류와 경제적 교역이 깊어지고 커지다 보니 외형적으로는 우리 사회의 모습과 별반 달라 보이지 않을 수 있겠지만, 그들은 공산당의 영도라는 핵심 가치를 절대로 내려놓을 수 없는 완고한 사회주의 정치 체제이다.

바로 이 관점에서 자유민주 체제와는 근본적으로 다르다는 것을 인정하고 우리가 중국을 바라보고 이해하고 교류하고 협력을 진행하는 출발점으로 삼아야 한다. 그리하여야 중국의 실체적 가치와 필요성을 직시할 수 있기 때문이고 과거 수백 년간 소중화(小中华)를 외치며 뼛속 깊이 각인된 사대 의식을 뽑아내고 철없는 정권의 무모한 짝사랑의 오류도 개선하여 진정한 실사구시(实事求是)라는 양국 관계를 정립할 수 있으리라 생각하기 때문이다. 주제넘게도 이번 여행을 자칭 '주유(周游)'라고 부른 이유는 이번 여정이 단순한 '관광'이나 '투어(Tour)'가 아니고 중국의 땅과 사람 그리고 그들의 생생한 생활의 속살을 보고 싶다는 마음을 담고 짧게는 지난 10년 중국의 생활 속에서 길게는 『삼국지』와 『명심보감』을 감명 깊게 만났던 학창 시절에서부터 항상 마음 한구석에 남아서 끊임없이 나의 인문학 욕구를 자극해 주던 중국이라는 화두를 그 대륙의 구석구석을 돌며 직접 확인하고 싶다는 강력한 욕망 때문이었다. 물론 보통의 필부와 그 아낙이 특별할 것도 없는 한바탕 여행길에서 이렇게 많은 명제를 하나씩 들추며 짚어 간다는 것은 능력도 주제도 훌떡 뛰어넘는 일이겠지만 '까짓것 하는 데까지 해보지….'라는 겁 없는 욕심 때문에 그래도 이만한 기록을 남긴 게 아닌지 스스로 위안 삼아 보기도 한다.

여행이든 생활이든 대부분의 지나간 일들은 추억이라는 너울을 쓰게 되면 신기하게도 스스로 미화되고 아름다워진다. 힘들고 어려웠던 일이라면 그 기억의 강도는 더욱 세지고 또 다른 추억을 만들어갈 수 있는 에너지가 될 것이기에 이번의 주유열국은 앞으로도 우리가 다시 도전해야 할 또 다른 인생 여행의 자양이 되고 거름이 될 것이다. 여행을 떠날 때도 여행을 마치고 내가 있던 자리로 다시 돌아왔을 때도 형제들과 친구들이 나에게 주었던 부러운 시선과 따뜻한 격려를 결코 잊을 수가 없다. 여행을 마치고 돌아온 지 일 년이 다 되어 가고 있지만. 원고를 탈고하려는 이 순간에 담고 싶은 의미는 그들의 따뜻했던 시선과 격려에 작은 보답하고 싶은 마음이다.

이 여행 기록은 여행 기간 평균 이틀에 한 꼭지씩을 적어 '은퇴 노마드의 주유열국'이라는 개인 블로그에 올려 공개하였다. 몇몇 친구들과 이름도 알지 못하는 몇몇 열혈독자들이 생겼다. 141일의 여정 내내 하루 평균 180km를 이동했지만, 목적지도 수시로 변경되었으니 긴 시간을 운전하는 수고와 매일매일 머무를 숙소를 구하는 것이 제일 큰 고역이었다. 그래도 해 떨어지기 전에 운전은 끝낸다는 원칙에 충실했기에 나름 여유있는 저녁 시간을 이용해 꾸준히 여행기의 연재를 마칠 수 있었던 것 같다. 매일 저녁 운전을 끝내고 숙소에 도착하면 아내와 함께 숙소 주변을 어슬렁거리며 저녁 공양을 위해 나름의 맛집을 찾아본다. 입 짧은 아내는 매번 두부, 콩나물이나 감자볶음이 필수였고 나는 양을 가늠할 수 없는 현지 음식 중 한 두 종류의 요리를 선택해야 했다. 탁월한 선택으로 소문에서나 들었던 현지의 풍미를 즐길 때도 있었지만 어떤 날들은 기름만 질퍽한 볶음요리에 느끼한 입맛만 다셔야 할 때도 있었다. 그래도 낯선 곳에서 하루의 일정을 정리하고 감사하는 시간, 현지의 백주 한 잔이 주는 위로와 안위는 참으로 따뜻했다. 가끔 반주 수준을 넘어서는 바람에 아내의 잔소리를 모자란 안주로 대신하기도 했지만 말이다. 식사 후 숙소에 돌아오면 하루의 일정을 마감한 안도감이 피로와 함께 엄습함에도 불구하고 그때부터 노트북을 켜고 그날의 기록을 쓰기 시작해야 했다. 사실 여행 중에 여행기를 이틀에 한 번꼴로 연재한다는 것은 필력이 대단한 전문 여행 작가가 아니면 함부로 도전할 일이 아니었다. 그날 돌아본 곳과 경험한 것들을 하나씩 자료 찾고 생각을 정리하여 글을 쓰고 적당한 사진을 골라 편집하여 글에다 붙이고 지명이나 인명, 고유명사들에 중국어를 병기하고 전체적인 맞춤법과 띄어쓰기를 맞추어 포스팅까지 하고 나면 새벽 2~3시를 훌쩍 넘기기 일쑤였지만 포스팅을 끝내고 자리에 누우려 부스럭댈라 치면 "다 썼어?"하고 벌떡 일어나 방금 올린 따끈따끈한 여행기를 제일 먼저 읽고 열혈 독자가 되어준 아내가 없었다면 이 글도 책으로 펴낸다는 것은 언감생심이었을 것이다. 이번 여정은 '젖은 손이 애처로운~' 아내에게 헌정하는 의미이기도 했기에 우리의 인생 여행을 평생 기억하고 사시라고 여행기까지 짝으로 드리나이다~.

2021년 3월 9일, D-1, 노마드의 꿈 편

"먼 여행길에 행운과 건강이 함께 하길… 이글의 마침표에 정성과 기도를 함께 담습니다."

2021년 9월 6일 최종회, 인류의 가장 오래된 요하문명, 우하량 편

"벌써 아쉬운 최종회네요. 다소 투박하지만, 인간미 물씬 풍기는 동북. 반가운 마음으로 동북의 흥미로운 홍산문화를 접합니다. 그중에서도 동이족과 연계된 대한민국의 역사와 원류가 절묘합니다. 대단원의 마무리가 한국 역사의 판이 홍산문화를 통해서 통쾌하게 바뀌길 기대하게 합니다. … (중략) … 그간 블로그를 기다리면서 행복과 용기를 나누어 주셔서 오히려 감사했고 더욱 힘이 되었습니다. 빛나는 경험과 인생의 역사를 남기셨습니다. … (중략) … 남겨진 사진 한 컷 한 컷이 중국이었고 역사이고 예술이며 고단한 현지의 자화상이었습니다. 재미와 분위기만이 아닌 사람 냄새가 있어서 좋았고 주유를 따라가는 독자로서 내내 행복하고 설레었음을 고백합니다. 진심을 꾹꾹 담아서 완주를 축하드립니다.
-친구 박창순 군의 블로그 답글 중에서

직장생활을 하며 좋은 친구까지 얻는다는 것은 쉬운 일이 아니다. 그것도 여러 방면에서 서로 공감을 나누며 어려울 때 서로를 응원하고 '은퇴 후에도 같이 살아요'하고 손가락 걸고 약속하는 좋은 친구는 더욱 어렵다. 전 여정을 동행한 아내 외에 여행을 출발하기 전 (3월 9일, D-1 노마드의 꿈)편부터부터 마지막 최종회(2021년 9월 6일 최종회, 인류의 가장 오래된 요하문명, 우하량)까지 전 일정을 맘으로 함께하며 포스팅한 모든 글에 감동스런 장문의 댓글로 응원을 보내준 또 한 명의 동행자이자 동료였던 제주의 친구 박창순에게 진심으로 감사의 마음을 전한다. 이 책이 세상에 나온다면 그것은 아내와 친구 창순의 끊임없는 격려가 나를 세워준 세 개의 기둥 중 두 개가 될 것이다. 여행엔 욕심이 남부럽지 않아도 얼마나 부족하고 험한 글이란 걸 알기에 책 만드는 걸 못내 저어하던 나에게 용기와 격려를 듬뿍 주신 여러분께도 감사의 마음을 전하고자 한다. 특히 만년 청춘 프로 여행가 노만영 회장님, 홍산문화를 알려주시고 역사의식을 일깨워주신 김석동 위원장님, 중국과 소중한 인연을 맺어주신 임영호 형님 그리고 항상 용기를 주는 친구 화수군에게 마음의 감사를 드린다. 더불어 허접한 글을 멋진 책으로 엮어 주신 도서출판 아웃룩 정경화 편집장께도 감사함을 전하지 않을 수 없다.

2022년 4월
윤규섭, 이순홍

아름다운 同行, 못다 나눈 이야기

"영원한 동행(同行), 함께 갑시다."

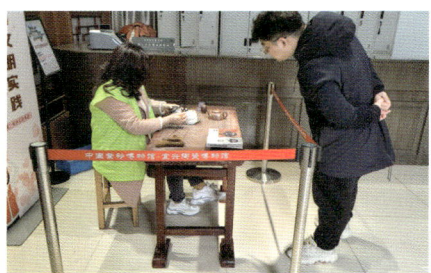

아름다운 同行, 못다 나눈 이야기

또 하나의 동행, 데보라